外交学院中央高校基本科研业务费专项资金资助

SHOU ZHENG YU
CHUANG XIN

守正与创新

高校思想政治教育理论与实践

主　编 / 钟媛媛

副主编 / 武林杰　宗　敏
袁和静　王洁敏

中国传媒大学出版社
·北京·

目录
CONTENTS

思想政治教育理论与实践

青年践行马克思主义的四重维度　　武林杰 / 3

以学生工作为切入点,有效提升思想政治教育亲和力　　李　哲 / 7

中医专业学生职业信仰的内涵及培育路径　　袁和静　王家红 / 15

“大学生心理素质教育”教学模式探索　　宗　敏 / 25

医学生思想政治素质状况调查与教育模式建构　　袁和静　刘　杰　李秀果 / 31

两岸高校学生心理健康教育比较研究　　宗　敏 / 41

思想政治理论课教学改革创新

高校思想政治理论课实践教学模式研究
——以“校内调研”实践教学模式为例　　王洁敏 / 49

警惕高校思想政治理论课教学中的“过度”创新　　钟媛媛 / 54

把握事、时、势精准提升思想政治理论课亲和力
——以北京中医药大学为例　　李丽娜 / 61

高校思想政治理论课开展主体体验式教学的现实诉求及对策分析
袁和静　杨延圣　李秀果 / 70

“马克思主义基本原理概论”课的 PBL 教学模式探索　　李丽娜 / 78

将社会主义核心价值观融入“思想道德修养与法律基础”课教学的思考 钟媛媛 / 88
从众心理对大学生思想政治理论课学习的影响
——由一次课堂提问引发的思考 王洁敏 / 95

核心价值观和传统文化研究

刍议社会主义核心价值观的三个价值层面及实践路径 孟维巍 马媛叶 / 105
忠诚、使命、奉献
——中国外交人员核心价值观的伦理学释义 钟媛媛 / 113
拓展培育社会主义核心价值观的有效载体
——大学生思想政治理论网络学习共同体研究 王洁敏 / 121
社会主义核心价值体系的特殊体现
——谈外交人员核心价值观 姜 琳 宗 敏 / 131
我国外交人员核心价值观践行路径探析 钟媛媛 / 139
传统诚信家训的历史探究及其当代教育启示 武林杰 / 145
儒家个人诚信伦理的价值纬度探究 袁和静 金焕玲 刘 杰 / 155
乡村振兴战略下乡村优秀传统文化的价值再认识 苏 静 戴秀丽 / 161

道德理论研究

法治与德治相结合的正当性证成 王淑芹 武林杰 / 173
道德教育在何种意义上可抵制道德冷漠 袁和静 / 180
论道德冷漠及其纠正 杜 凡 / 185
“道德绑架”探析 王洁敏 / 194
现代法治视域下的德治意蕴 王 娟 / 203

思想政治教育理论与实践

青年践行马克思主义的四重维度

武林杰[①]

【摘要】青年践行马克思主义，要以民族复兴为践行目标，坚定理想信念，正确把握人生方向；要以充实自我为践行基础，用马克思主义武装头脑、提升素养；要以时代发展为践行路径，立足中国特色社会主义建设实际提升自我；要以国际格局为践行视界，树立世界眼光、拓宽国际视野。

【关键词】青年；马克思主义；信仰

作为不断发展的开放的理论，马克思主义始终站在时代前沿，探索新课题、回应新挑战，在实践中永葆青春。青年是国家发展的中坚力量，他们内心是否真正具备马克思主义信仰，直接关系到新时代中国特色社会主义事业能否顺利推进。

一、胸怀理想：以民族复兴为践行目标

根据马克思主义唯物史观，社会存在决定社会意识，但是社会意识对社会政治、经济具有反作用。社会意识反映了一定阶级的价值取向，具体到社会个体而言，在某种程度上可以转化为社会主体的精神、情感及意志，并以此来支配和引导其社会行为，而理想无疑是社会主体精神层面的重要组成部分。

青年践行马克思主义，应坚定理想信念，将共产主义信念与人生选择相结合。正所谓志当存高远，青年唯有树立崇高的理想，才能正确把握人生方向，继而更好地实现自我价值。青年一代作为社会主义事业的建设者和接班人，是否胸怀远大理想，关系

① 武林杰，首都师范大学马克思主义学院讲师，研究方向为道德教育。

到中国特色社会主义事业的成败。青年将个人理想与国家使命相结合,应注重将人生理想信念融入国家和民族的伟大事业之中。当代青年的理想信念及人生选择应有明确的指向,应与国家、民族和时代的要求相贴合。青年在成长过程中应注重将提升自我、完善个人理想信念同实现中华民族伟大复兴中国梦的国家层面理想信念紧密结合。这就需要青年在准确把握当代中国现实国情的基础上,运用马克思主义科学理论武装头脑、提升素养、指导实践。

二、笃学不倦:以充实自我为践行基础

一个真正的马克思主义者无不是其所处时代重视学习、充实自我的典范。列宁同志在马克思主义者需自我充实的问题上明确指出,“如果有一个人说自己是共产主义者,同时又认为自己根本不需要知道其他任何事物,那他就根本不能成为共产主义者”。无论是马克思、恩格斯,还是列宁,这些伟大的理论先驱之所以能够在他们所生活的时代高瞻远瞩,把握社会发展规律,并以理论引领和推动社会实践,与他们能够始终坚持勤奋学习、敏于思考有着极为密切的关系。

青年践行马克思主义,应将理论学习与对自身世界观的改造相结合。理想信念不是凭空树立的,而是需要经过系统的学习,它的门槛很低,只要心怀对国家、对民族、对社会主义事业和全人类的热忱,就具备了基本的条件;它的门槛又很高,哪怕在经年累月的学习和实践之后,多数人也不敢说自己已成为一位坚定的马克思主义者。重视学习、充实自我是一个真正信奉马克思主义的人必须具备的基本态度,正如伟大革命导师马克思所说,“在科学上没有平坦的大道,只有不畏劳苦沿着陡峭山路攀登的人,才有希望达到光辉的顶点”。

随着时代的发展和互联网的广泛应用,意识形态斗争越发激烈,这对我们的学习提出了更高的现实要求。青年唯有通过不断提升马克思主义理论素养,才能为正确世界观、人生观和价值观的形成提供有力支撑。因此,青年必须持之以恒地学习马克思主义经典著作及其观点、方法和具体内容,从经典中体悟原理;同时还应学习马克思主义辩证思维、实践态度和革命精神,在新的时代、新的条件下不断夯实自身的马克思主义理论基础。

三、扎根现实：以时代发展为践行路径

马克思主义是实践的理论，而非一种空想或空谈的理论。实践性是马克思主义理论区别于其他理论的显著特征。马克思主义是不断发展的开放的理论，其开放性主要表现在马克思主义始终站在时代前沿，聆听时代声音，了解时代状况，破解时代难题，引领时代发展，并随着时代的发展而不断深化。这种开放性使得马克思主义中国化的推进能够随着马克思主义相关理论同中国不同阶段的具体实践相融合而不断深化，并逐步形成一套完整科学的理论体系，为社会实践进一步向前发展提供科学指引。实践是青年树立马克思主义坚定信仰的重要途径。“任何一种信仰只有符合客观发展规律才能说服人，进而升华为个体的精神力量，并融入行为实践中。”青年践行马克思主义，同样需要扎根现实，将个人奋斗与社会实践相结合。从革命时期的“井冈山精神”“延安精神”，到建设时期的“铁人精神”“两弹一星精神”，当年的革命者和建设者充满奉献精神乃至牺牲精神的行动，无一不为当代青年树立了榜样。他们用实际行动告诉我们应该如何将马克思主义理论融入具体的、现实的社会活动中，在实践中不断提升自身马克思主义素养。

现阶段的中国特色社会主义伟大实践无疑是新时代青年践行马克思主义最好的机遇与平台。在马克思主义的指导下，青年对新时代、新事物的观察能力、理解能力和接受能力进一步增强。构建马克思主义信仰，青年不仅需要端正态度，把握时代前沿，以扎实态度进行理论学习与学术创新，更要直面时代潮流与社会现实，扎根中国特色社会主义建设需要。特别是青年对工作、住房、教育、医疗、养老等社会热点问题拥有更直观的感受，对“互联网+”、大数据、人工智能、共享经济等新技术新手段有更敏锐的触觉，从而更能提出新问题、找到新答案。

四、放眼全球：以国际格局为践行视界

青年践行马克思主义，还应树立世界眼光，在世界格局变化中展现青年一代的进取精神。世界历史理论是马克思主义唯物史观的重要组成部分。19 世纪中叶，马克思在《德意志意识形态》一书中通过对世界市场和世界交往的系统分析指出，“各个相

互影响的活动范围在这个发展进程中越是扩大,各民族的原始封闭状态由于日益完善的生产方式、交往以及因交往而自然形成的不同民族之间的分工消灭得越是彻底,历史也就越是成为世界历史”。在全球化趋势不断加强的当今世界,青年同样需要具备全球视野,从世界历史的角度来看待和解构当前社会现实问题,既要从整个人类社会发展的纵向角度来进行历史溯源,同时也要从现代世界格局变化的横向角度来进行现实思辨。正是通过树立这样一种世界眼光,以一种开放的精神对待人类创造的一切文明成果,青年才可以不断拓展他们的思维空间和思辨能力,并在解析世界性现实问题的具体实践中深刻理解马克思主义重要内涵,继而提升青年正确判断和把握国际社会发展潮流的能力,为自身发展拓宽国际视野。

青年践行马克思主义,就要持之以恒学习马克思主义理论,主动提高自身理论水平,自觉树立共产主义理想信念,投身中国特色社会主义建设实践并在实践中推动马克思主义发展。这不但是国家对于青年的殷切期盼,也是新时代青年所应承担的历史使命。

【参考文献】

[1]习近平.决胜全面建成小康社会 夺取新时代中国特色社会主义伟大胜利——在中国共产党第十九次全国代表大会上的报告[EB/OL].(2017-10-18)[2019-01-20].http://politics.people.com.cn/n1/2017/1028/c1001-29613514.html.

[2]马克思,恩格斯.马克思恩格斯全集:第44卷[M].2版.北京:人民出版社,2001.

[3]郑晨.让马克思主义深扎青年心中[J].人民论坛,2018(36).

以学生工作为切入点，有效提升思想政治教育亲和力

李 哲①

【摘要】外交学院作为外交部唯一直属高校，外交特色鲜明、外语优势突出，为中国特色大国外交培养了大量政治立场坚定、专业素质过硬、外语水平突出的一流人才。学生工作作为日常思想政治教育的“主阵地”，紧紧围绕学校党委工作大局和学校一流学科建设，扎实落实“立德树人”根本任务，逐步形成了具有外院特色的工作模式和工作方法。本文阐释了学生工作对思想政治教育的积极作用，对我校学生工作进行了经验总结和问题梳理，并对今后的工作方向提出了设想。

【关键词】学生工作；亲和力；协同育人；思想政治教育

2019年3月18日，习近平总书记在学校思想政治理论课教师座谈会上强调：“要坚持显性教育和隐性教育相统一，挖掘其他课程和教学方式中蕴含的思想政治教育资源，实现全员全程全方位育人。”[1]学生工作作为隐性教育的重要组成部分，要深刻领会和落实习近平总书记讲话精神，结合高校思想政治教育工作实际，发挥自身主体优势、资源优势、育人功能，与思想政治理论课（以下简称“思政课”）教学工作同向同行、协同育人，全面提升思想政治教育实效，为党和国家培养担当民族复兴大任的时代新人。

一、学生工作对思想政治教育的重要意义

学生工作和教学工作都是高校“立德树人”的重要工作。在思想政治教育过程

---

① 李哲，外交学院学生处副处长，研究方向为大学生思想政治教育。

中,既要发挥思政课“主渠道”的作用,也要充分发挥学生工作在日常思想政治教育中的“主阵地”作用,以学生为本,将思想政治教育融入学生的学习、生活、实践,“给学生心灵埋下真善美的种子,引导学生扣好人生第一粒扣子”。学生工作因其独特优势,对提升思想政治教育的亲和力、针对性和实效性具有重要意义。

(一)能有效提升思想政治教育的亲和力

学生工作的本质就是以“学生”为核心开展的管理、教育、引导、服务工作,贯穿于学生从入学到毕业的整个大学生涯和学习、生活、实践的各个方面。学生工作者和学生在近距离、长时间、经常性的陪伴、关心、引导中形成了亦师亦亲亦友的亲密关系,使思想政治教育更加亲近、和谐。

首先,学生工作具有坚实的情感基础。学生工作者是学生大学期间接触最多的人,也是对学生家庭背景、心理状态、学习态度、生活情况等最了解的人,对学生倾注了大量的时间和精力,能够把握学生成长规律,是学生最为信任和依赖的人。学生工作者愿意通过了解学生的内心世界,帮助并引导学生走向成熟,成长成才。学生也愿意向自己的班主任、辅导员等学生工作者吐露自己的心声,寻求帮助和解决问题的答案。

其次,学生工作具有融洽的沟通氛围。共同的话语体系是良好沟通的开始。学生工作者在教育、引导学生的同时,也学会了学生之间的话语体系,了解了微信中不同表情符号反映的心理状态,了解了诸如“打酱油”“扎心”“猪猪女孩”等网络流行语的内在含义,能够以学生的语言解读并宣传思想政治理论,在平等、轻松、融洽的沟通氛围中开展思想政治教育。

最后,学生工作具有灵活的工作方法。学生工作的育人功能主要体现在日常点滴事务中,工作方法可以因人而异、因时而异、因事而异,可以融入思想教育、人际交往、心理健康、党团建设、创新创业、生涯规划等各项具体工作,更加贴近学生实际。

(二)能有效提升思想政治教育的针对性

2017 年 12 月,中共教育部党组印发的《高校思想政治工作质量提升工程实施纲要》中提出,“充分发挥课程、科研、实践、文化、网络、心理、管理、服务、资助、组织等方面工作的育人功能,挖掘育人要素,完善育人机制,优化评价激励,强化实施保障,切实构建‘十大’育人体系”。学生工作在“十大”育人功能方面既有连贯性,又有全面性,能够根据不同学生、不同问题、不同成长阶段有针对性地开展思想政治教育。

一是不受教育形式限制。学生工作中开展思想政治教育并不像传统教学工作，没有固定的教学大纲、教材，完全根据教育对象需求选择合适的教育形式，可以是理论学习，也可以是实践锻炼；可以是以教师为主导的教育，也可以是以学生为主导的自我教育；可以是线下教育，也可以利用移动互联网实现网络教育。

二是不受教育时间和地点限制。课堂集中教育的方式有利于学生系统化的理论学习，但也在一定程度上限制了学生受教育的时间和地点，往往因注重全班学生的普遍教育，而忽略了学生个体的特殊需要。学生工作打破了课堂对教育学生的限制，能够有效利用课余琐碎时间，根据学生的实际状况和实际需要随时随地开展思想政治教育，长葆思想政治教育的活力和热度。

三是不受教育对象限制。学生工作中开展思想政治教育不局限于某个班级、某个专业、某个院系，根据教育对象数量可以是个体教育，也可以是团体辅导；可以是小到一个寝室的团体教育，也可以跨专业、跨院系开展教育；可以针对一个人一个小问题开展教育，也可以针对某个团体某个阶段的共性问题开展教育。

（三）能有效提升思想政治教育的实效性

“亲其师，才能信其道。”学生工作者作为学生最亲近的师长，开展工作时能够了解学生、尊重学生，从学生感兴趣的热点问题出发，贴近学生的思想实际、生活实际、情感实际，与学生产生强烈的心理认同和情感共鸣，进而使思想政治理论内化于心、外化于行，让思想政治教育在“春风化雨，润物无声”中发挥实效。

贴近学生的思想实际。大学生思想政治状况主流是积极、健康、向上的，但世界观、人生观和价值观仍然处于形成时期，在面对社会热点和难点问题时还需要精心引导。学生工作者在同学生交流的过程中，更容易把握学生的思想状态，了解学生的思想困惑，尤其是在引导学生积极入团入党方面，能够帮助学生端正态度，树立崇高理想，坚持“四个自信”，努力成长为有理想、有本领、有担当的新时代青年。

贴近学生的生活实际。大学生自从进入校门，就面对着学习方式的转变、宿舍纠纷的协调、学业和社团的平衡、人际交往的技巧、职业生涯的规划等一系列问题。学生工作以“学生”为主体，以“问题”为导向，引导学生解决成长过程中遇到的实际问题，学会做人，学会做事，不断成长。

贴近学生的情感实际。大学生虽然生理上已经成熟,但是心理尚未完全成熟,面对困难和挫折时往往承受能力较弱,仍然需要情感的呵护和心理的疏导。学生工作者能够利用自身资源优势,比较全面地了解学生情况,在尊重学生人格和个性的基础上,以学生情感易于接受的方式开展引导和教育,进而达到动之以情、晓之以理的效果。

二、学生工作在日常思想政治教育中的实践

我校学生工作坚持以习近平新时代中国特色社会主义思想为指导,紧紧围绕学校党委工作大局和学校一流学科建设,坚持外交特色办学方向,构建"大学工"联席会议模式,进一步提升了学校思想政治教育的针对性和实效性。

(一)坚持党的统一领导

习近平总书记在党的十九大报告中指出:"坚持党对一切工作的领导。党政军民学,东西南北中,党是领导一切的。"在学校党委的统一领导下,学校把学生工作作为开展学生日常思想政治教育的"主阵地"和落实"立德树人"根本任务的关键环节,围绕"培养什么人、怎样培养人、为谁培养人"这个根本问题,"用新时代中国特色社会主义思想铸魂育人,引导学生增强中国特色社会主义道路自信、理论自信、制度自信、文化自信,厚植爱国主义情怀,把爱国情、强国志、报国行自觉的融入坚持和发展中国特色社会主义事业、建设社会主义现代化强国、实现中华民族伟大复兴的奋斗之中"[2]。

发挥基层党组织战斗堡垒作用。以基层党组织建设工作凝聚和团结广大学生,将思想政治教育贯穿入党启蒙、发展、教育和管理等一系列工作中。积极开展党性党风党纪教育,认真贯彻执行"三会一课"制度和"两学一做"活动。紧紧围绕改革开放40周年、中华人民共和国成立70周年重大节庆节点,丰富学生工作载体形式,让学生潜移默化地接受思想政治教育。

"国势之强由于人,人材之成出于学。"学生党员是学生中的先进群体,在政治上、思想上、纪律上都更加进步。一方面,保持对学生党员的高标准、严要求,让他们坚定共产主义信仰,牢固树立政治意识、大局意识、核心意识、看齐意识。另一方面,积极发挥学生党员先锋模范作用,让他们用自己的能力影响身边的学生,带动其他学生成长。

(二)坚持外交特色办学

在思想政治品德方面,坚持"立德树人,德育为先",特别重视学生的爱国情操和思想品德教育,强调全员全程全方位人才培养理念,坚持"站稳立场、掌握政策、熟悉业务、严守纪律"十六字校训精神,形成了我校长期重视思想政治教育的良好传统和特色。

在开阔学生国际视野方面,充分利用直属外交部的优势,邀请外国元首、政要、资深外交官、著名学者,来校举办各种学术讲座、报告,与学生面对面交流。积极组织外交外事实践活动,如"一带一路"国际合作高峰论坛、亚太经合组织领导人会议周、亚信非政府论坛首次年会、G20 峰会协调人会议、APEC 会议等重大国际赛会,培养学生忠于祖国和人民的坚定信念与政治素养。

在打造特色品牌活动方面,开辟了全方位、高层次、长效化的思想引航路径,以理想信念教育为核心,以社会主义核心价值观为引领,开展了一系列内容充实、形式多样、时效性强的主题教育活动。在第二课堂,形成了以北京国际模拟联合国大会、全国大学生外交外事礼仪大赛、全国高校新闻发言人大赛、提案中国·全国大学生模拟政协提案大赛和全国高校模拟外交谈判大赛等"五大赛会"为主的具有外院特色的系列品牌学生活动。

(三)构建"大学工"联席会议模式

坚持定期召开各院(系、部)和各职能部门参加的学生工作联席例会,主管学生工作的学校领导出席会议,各院(系、部)总支书记、辅导员,以及学生处、后勤办、教务处、保卫处、团委、学生公寓、心理咨询中心等部门负责人在汇报工作的同时,还就重要问题进行讨论,提出解决办法,保证了学生工作的信息交流沟通畅通,有利于各院(系、部)总支书记、辅导员以及各行政职能部门负责人之间交流工作经验、掌握学校动态、协同开展工作。

坚持定期召开辅导员工作例会,学生处、团委、心理中心和各院(系、部)辅导员参加,学生处、团委部署具体工作,大家共同研究学生管理具体问题,及时发现问题、解决问题。

充分发挥新媒体优势,建立学生工作微信群、辅导员工作微信群,学工部(处)、各院(系)和校团委通过微信公众号或学生微信群及时发布官方重要信息,加强学生工作者之间、学生工作者与学生之间的网上互动交流,及时掌握学生思想动态和网络舆情,并对学生开展思想引领、学习指导和生活辅导。

三、对今后工作的几点思考

(一)加强学生工作队伍建设

一支理想信念坚定、理论水平过硬、工作能力突出、“可信、可敬、可靠、乐为、敢为、有为”的学生工作队伍是开展好学生工作,尤其是做好学生日常思想政治教育的关键。

一是政治要强。学生工作者作为学生的主要引路人,首先要做到坚定对马克思主义的信仰,对社会主义和共产主义的信念,对中国特色社会主义道路、理论、制度、文化的自信,用马克思主义理论武装自己,并坚定地用马克思主义理论指导实践、推动工作、引导和教育学生。

二是情怀要深。学生工作者既要热爱祖国,心系民族,也要热爱教育事业,对待学生工作充满热情和激情,同时还要心怀学生,用心对待每一位同学,努力帮助学生解决每一个问题,把学生成长成才作为一切工作的出发点和落脚点。

三是思维要新。学生工作涉及的内容相对比较繁杂,必须深刻领会思想政治教育理论,了解和掌握学生特点,把握学生成长成才的规律和教育教学的规律,用大学生喜闻乐见的形式、想听爱听的语言才能真正引导和教育学生。

四是视野要广。学生工作者在开展思想政治教育时,不仅需要教育学、心理学等专业知识,也要有关注时政、解读时政的能力,更要有纵横古今中外的视野,才能为学生解读理论、解答困惑、解决问题,真正赢得学生的信服。

五是自律要严。学生工作者作为学生健康成长的指导者和引路人,必须首先明道、信道,然后才能理直气壮地传道,任何时候都要做党的坚定支持者和马克思主义的坚定传播者。

六是人格要正。“治人者必先自治、责人者必先自责、成人者必先自成。”学生工作者只有具备崇高的人格品质,才能真正吸引学生、感染学生、赢得学生、教育学生。

(二)探索学生工作和思政教学协同育人机制

学生工作是通过党团组织、主题教育、日常事务等对学生开展教育,思政课是系统地开展马克思主义教育,二者虽然形式不同,但是殊途同归,都是为了"立德树人",为了培养社会主义事业合格建设者和可靠接班人。学生工作和思政教学协同育人,既可以为学生工作者提供科学的理论指导,又可以为思政课教师提供与学生紧密联系的生动素材,进而提升思想政治教育的整体效果。

一是学生工作者融入思政课教学。学生工作队伍正在逐步职业化、专业化和专家化,他们掌握了学生学习、生活、实践过程中的生动素材,在开展日常思想政治教育工作中积累了丰富的、卓有成效的实战经验,然而理论水平和科研能力还有待提高。学生工作者可以通过旁听思政课、担任思政课助教、与思政课教师共同申报科研项目等方式,融入思政课教学。

二是邀请思政课教师承担部分学生工作。思政课教师受教学时间和教学方式的限制,很难了解学生平时的思想困惑和实际困难,教学案例因不够贴近学生实际而影响授课效果。可以邀请思政课教师担任辅导员、班主任或者学业导师,将年轻教师的职称晋升与辅导员任职经历挂钩,进而提升思政课教师参与学生工作的积极性。

三是加强学生工作和思政课教学的全面融合。学生工作和思政课教学要同向而行,彼此联系、相互融合、共享阵地、优势互补。思政课教学从教学活动设计、案例设计等方面融合学生工作,学生工作体现思想政治教育专业理论,构建以思政课为主渠道,党课、团课、主题班会等为辅的多渠道、系统化高校思想政治教育体系。

(三)鼓励学生开展自我教育

"授人以鱼不如授人以渔。"学生是思想政治教育的对象,也是思想政治教育的主要参与者。通过发挥学生主体作用和自主能动性,更能把思想政治教育转变为一种学生的自我需要和自我觉醒,进而外化为学生良好的行为习惯和自觉行动。

自我认识是自我教育的开始。"君子博学而日参省乎己,则知明而行无过矣。"思想政治教育应该引导学生自我思考、努力学习,争做马克思主义理论和社会主义核心价值观的坚定信仰者、积极传播者、模范践行者,在日常学习、生活和实践中,自觉将马克思主义作为指导思想,用马克思主义科学理论解决实际问题。

自我激励是自我教育的动力。俗话说,榜样的力量是无穷的。积极发挥学生党团干部、三好学生、奖学金获得者等学生身边榜样的激励作用,分析、分享榜样成就故事,让其他同学在学习马克思主义科学理论时有方向、有目标。

自我实践是自我教育的检验。鼓励学生积极参加社会实践活动,在实践中巩固专业知识,积累思想感受,了解国情社情,进而增强学生的社会责任感,让思想政治教育潜移默化地入脑入心,并转化为实际行动。

四、结语

学生工作作为高校“立德树人”的重要工作,对提升高校思想政治教育亲和力具有重要意义。在中国共产党的统一领导下,要通过加强学生工作队伍建设,发挥学生工作者的积极性、主动性和创造性,建立学工、教学、教务、后勤、保卫等部门协同育人工作体系,特别是实现思政课“主渠道”和学生工作“主阵地”的有机联动,激励大学生自我教育,切实提升思想政治教育实效性,真正为党和国家培养德智体美劳全面发展的社会主义建设者和接班人。

【参考文献】

[1]习近平主持召开学校思想政治理论课教师座谈会强调:用新时代中国特色社会主义思想铸魂育人 贯彻党的教育方针落实立德树人根本任务[N].人民日报,2019-03-19(1).

[2]习近平主持召开学校思想政治理论课教师座谈会强调:用新时代中国特色社会主义思想铸魂育人 贯彻党的教育方针落实立德树人根本任务[N].人民日报,2019-03-19(1).

中医专业学生职业信仰的内涵及培育路径

袁和静[①] 王家红[②]

【摘要】中医药的守正与创新离不开中医药人才的培养,而人才培养的关键在于职业信仰的建构与培育。中医专业学生的职业信仰内涵培育要从中医专业学生的特殊身份与院校教育特点出发,挖掘传统资源,特别是以《大医精诚》为考察样本,培养中医专业学生的信念、使命、责任和担当,促进中医专业学生以精诚之心守护中医,以传承创新守正中医,以仁爱之心善待患者和以诚挚之心治病救人;同时,通过专业强基、课程建构、职业伦理和实践教育等环节来具体培育中医专业学生的职业信仰。

【关键词】中医专业学生;职业信仰;大医精诚;职业伦理

2020年9月23日,国务院办公厅发布的《关于加快医学教育创新发展的指导意见》专门提到要“培养仁心仁术的医学人才”,要“传承创新发展中医药教育”。党的十八大以来,党中央高度重视中医药的传承和创新,出台系列政策文件扶持中医药健康稳定发展。特别是新冠肺炎疫情暴发以来,中医药发挥了显著作用,正如习近平总书记所言,“中西医结合、中西药并用,是这次疫情防控的一大特点,也是中医药传承精华、守正创新的生动实践”。在疫情防控常态化情形下,中医药在国家健康保障与人民健康服务方面具有更加艰巨的使命和任务。中医药长远发展离不开人才培养。中医药人才是关系中医药未来发展的根基力量,是落实中医药传承与创新的关键保障。而在中医药人才教育和创新能力培养过程中,职业信仰培育至关重要,只有信仰坚定、信念明确,才能更好地培养仁心仁术的医学人才。本文主要讨论中医药人才培养过程

① 袁和静,北京中医药大学马克思主义学院副院长,研究方向为思想政治教育。
② 王家红,北京中医药大学人事处,研究方向为思想政治教育。

中中医专业学生的职业信仰培育和建设问题,唯有让中医专业学生笃信中医,才能更好地传承中医、守护中医、弘扬中医和发展中医,从而加速中医药的科技创新发展。

一、理论探索:职业信仰内涵分析

探讨中医院校职业信仰培育,首先需要挖掘与界定中医专业学生职业信仰的内涵。而探索中医专业学生职业信仰,关键是如何认识信仰。

(一)“诚”与“信”:信仰的核心语意

在古代汉语中,“诚”“信”互训,“诚”与“信”经常被连在一起使用。《说文解字》道:“诚,信也。从言,成声”;“信,诚也。从人,从言”。“诚”与“信”是理解信仰内涵的核心语词。《说文解字》语“诚”,是“实”的意思,就是真实,实在,没有虚假,侧重内心透彻,情感真实,纯粹至诚,通透明达。如《荀子》所言,“君子养心莫善于诚”。《礼记·大学》说:“欲正其心者,先诚其意。”宋代学者周敦颐也认为“诚”具有道德本体和本原的意义,所谓“诚,五常之本,百行之源也”。孟子讲“诚”,其为“天之道”“人之道”,所谓“诚者,天之道也;思诚者,人之道也。至诚而不动者,未之有也;不诚,未有能动者也”,从天道诚信来进一步说明人必须诚信的道理。

“信”是儒家美德的重要组成部分,《论语》载:“子以四教:文、行、忠、信。”“信”是“内诚于心”和“外信于人”的统一,《礼记·大学》谓:“诚于中,而形于外。”将“诚”装在心中,思想与行动统一,才能获得他人与社会的认可,获取深层次的“信任”。可以说“信”是道德的基础,是人际交往、社会和谐、国家安定的重要道德力量。“诚”与“信”共同构成了“信仰”的核心语意。

(二)精神与力量:信仰的价值功能与建构意义

信仰是在“诚”与“信”基础上的进一步升华。信仰“是人们对其认定体现着最高生活价值的某种对象的始终不移的信赖和执着不渝的追求”[1]。弗洛姆曾说:“信仰是一个人的基本态度,是渗透在他全部体验中的性格特性,信仰能使人毫无幻想地面对现实,并依靠信仰而生活。”[2]信仰对于生活、对于人生、对于精神世界都具有重要意义。信仰可以“为人生提供一个最高的价值观念,提供一个关于人生行为善恶的最高标准,从而将人的各种零散的信念和价值观念统一起来,形成一个有序的价值观念的系统,成为规范一个人全部人生活动和行为的基本框架”[3]。信仰还是知识、情感和意志的综合与统一,正如哲学家乌那穆诺所言:“信仰,它毕竟是一种复合的心态,本身包含有认识的、逻辑的、理性的成分,以及情感的、生命的、感伤的、非理性的成分……”[4]

人的发展与成长离不开信仰,信仰主要从精神与力量层面给予人动力支持。刘建军曾指出信仰是人对于价值确定性的追求,他认为信仰具有定力作用、动力作用、指向作用、支撑作用、慰藉作用、提升作用和凝聚作用等。基于信仰的重要作用,本文认为:首先,信仰是存在于每个人心中的一种力量,会在不同时期不同境遇下产生重要的能量,激发出强大的意志与活力;其次,信仰是具有强大动力支撑的精神活动,它不同于法律、制度、规范和道德等标准,作为一种精神动力力求实现思想、精神、行动的高度统一,精神的力量是无穷的,有了精神的激励与支持,才能有行为上的正确和应当;最后,信仰是一份寄托,拥有科学的信仰,可以让自己的心灵有归宿,精神有寄托,实现真正的内在自助与“出彩”成长。正如罗曼·罗兰所讲:“整个人生是一幕信仰之剧。没有信仰,生命顿时就毁灭了。坚强的灵魂在驱使时间的大地上前进,就像石头在湖上漂流一样。没有信仰的人就会下沉。”[5]

(三)职业信仰:信仰主体的价值追求和承载对象

受中国传统文化的影响,中国人对于信仰的理解更多关注信仰主体的精神境界、内心感受和情感执着。而我们讨论信仰的建构,需要有一个价值承载与信仰追求对象,职业信仰的培育正是将信仰对象建立在职业这一重要承载对象之上,让信仰力量在职业发展方向、职业目标建立、职业奋斗献身等层面发挥其重要作用。职业信仰是人们对于所从事职业意义与发展的信仰与崇拜,是关于职业价值的终极关怀和最终追求。[6]因此,职业信仰是人们对未来自己所要从事职业的坚定向往和执着追求,不单纯把职业看作谋生手段,而是视为一生追求、实现人生价值的舞台。马克思在《青年在选择职业时的考虑》中指出:“在选择职业时,我们应该遵循的主要指针是人类的幸福和我们自身的完美。不应认为,这两种利益是敌对的,互相冲突的,一种利益必须消灭另一种的;人类的天性本来就是这样的:人们只有为同时代人的完美、为他们的幸福而工作,才能使自己也达到完美。”[7]职业信仰的建立,是个人价值与社会价值的统一,在职业追求与职业发展中实现为人类幸福和自身完美的结合。

生命所系,性命相托,医学生的职业信仰不同于其他行业群体,有其特殊性,因为其职业信仰不仅关系到自身的职业发展与成长,还密切关系到人的生命价值与医疗事业发展。医生这个职业应该更加重视境界与信仰的建构。医学的目的、国家健康事业发展和救死扶伤的特殊使命都决定了医学生建立崇高职业信仰的重要性和必要性,决定了医务工作者不仅要具有更高的利他意识和无私情怀,而且要拥有更高的职业价值追求,深度理解医学的意义、生命的价值、健康的重要和医生的使命。因此,作为一名医学生,既然选择了从医,就应该树立坚定的职业信仰,热爱职业,救死扶伤。

(四)"仁心仁术":中医专业学生职业信仰建构目标

中医作为中国传统医学,承载着中国古代人民同疾病作斗争的丰富经验和深邃理论,是人类知识宝库中的瑰宝。现在我们需要更好地守护和发展中医,建立对中医事业发展的"职业信仰"。

中医人坚守对于中医事业传承与弘扬的坚定信仰,要以"大医精诚"为核心进行职业信仰建构,培育拥有仁心仁术的中医药人才。孙思邈所讲的"大医精诚",其中"精"是指至精至微的医术,指向"仁术",而"诚"是指至诚至善的医德,指向"仁心"。孙思邈在其《千金要方》中说:"人命至重,有贵千金,一方济之,德逾于此。"孙思邈作为中国医德史上的"百代之师"和"药王",其职业精神值得挖掘和学习。正如中国南北朝梁代阳泉在《物理论·论医》中指出的,"夫医者,非仁爱之士,不可托也,非聪明理达,不可任也,非廉洁淳良,不可信也。是以古之用医,必选名姓之后,其德能仁恕博爱"。

二、中医专业学生职业信仰维度分析:基于《大医精诚》的考察

中医专业学生作为新时代中医事业发展的先锋力量,更加需要坚定为中医药事业不懈奋斗的崇高信仰,建立高尚的理想信念、过硬的政治素质、坚定的职业信仰,从而为中医药事业的长远发展贡献力量。本研究从《大医精诚》文本出发,考察中医专业学生职业信仰内涵。

（一）信念：以精诚之心守护中医

中医专业学生职业信仰体系构建首先需要以“大医精诚”为核心。《大医精诚》讲：“世有愚者，读方三年，便谓天下无病可治；及治病三年，乃知天下无方可用。故学者必须博极医源，精勤不倦，不得道听途说，而言医道已了，深自误哉！”学医的人必须广博深入地探求医学的渊源，并精心勤奋，毫不厌倦。因此，中医专业学生要刻苦钻研业务，精研医术，精益求精，孜孜不倦，触类旁通，提高医疗技术水平，深入探究医学渊源，用心精微。《大医精诚》中的“详察形候，纤毫勿失，处判针药，无得参差”“不得多语调笑，道说是非”“唯当审谛覃思”等都充分表达了对于医术的严谨和精益求精的要求。孙思邈强调的“精”体现在两点：“至精至微”和“精勤不倦”。一方面，临床诊断过程中，寸口关尺的浮沉弦紧之乱、俞穴流注的高下浅深之差、肌肤筋骨的厚薄刚柔之异都需要医者小心谨慎，以“至精至微”的态度对待患者、对待疾病，具体问题具体分析，因人而异，因病开方下药；另一方面，在治学的过程中，疾病和医道的发展也处在不断变化和发展中，因此，医者要有“博极医源，精勤不倦”的治学态度，严谨对待医学和患者。中医专业学生要树立“大医精诚”的职业信仰，切实以精诚之心守护中医。

此外，新时代培养中医专业学生，还需要以社会主义核心价值观为引领。以社会主义核心价值观引领中医药人才的理想信念教育，将两者紧密结合，使得中医药人才成为有思想、有文化、有理想、有信仰、有仁术、有医德的人。具体而言，以核心价值观为引领，培养中医药人才具备“大医精诚”的职业品质、拥有“医乃仁术”的行医境界、推崇“仁爱救人”的人本思想、树立奋发图强的进取精神、胸怀关心社稷的爱国情操、秉持崇尚道德的价值追求、坚持诚实守信的道德基础。

（二）使命：以传承创新守正中医

中医的发展过程深刻反映与体现了古代劳动人民的智慧，他们在与自然和疾病作斗争的过程中发现药物、积累经验，为今天的中医发展奠定了很好的基础。并且，中医中的很多思维深深凝聚与体现着中国文化的本根、灵魂和基因，集中体现了东方辩证思维的独特价值，凝聚了中华文化的全部智慧。因此，中医作为中国传统精华的重要内容，应该得到更好的传承、弘扬和发展，而中医专业学生的职业信仰就要以传承、创新和守正中医为重要“使命”。

一方面,以传承中医为重要使命。中医发源于中国黄河流域,在其悠久的历史和漫长的发展过程中,不断地汲取精髓和摒弃糟粕,历代都有不同的创造、创新与发展,其间涌现出了许多名医、学派和名著。中医运用它深厚的理论沉淀和实践积累,在中华民族上下五千年的繁衍生息中作出了巨大贡献,形成了独特体系与深厚内涵。这些理论体系和医家学派都需要不断地深耕和探索,为今天更好地转化服务和保护利用。另一方面,以守正创新为重要使命。创新精神是时代对人才的本质性要求,也对专业技能提高具有极大的促进作用,是推动医学事业进步的关键力量。在中医人才培养过程中,创新思维的确立具有重要意义。在新的战略形势下,我们更要发扬中医精神与中医智慧,带动与引领中医的新发展与新航向,敢于开拓创新,既不辜负新时代对于中医的新要求,又能自我创新发展,推动中医药事业全面进步。

(三)责任:以仁爱之心善待患者

以精诚之心守护中医,注重守正创新,同时还要有仁爱之心来善待患者,培养医学生的职业情操与道德情感,注重塑造有仁心、有爱心的“医者”,而不是冷漠无情的“医匠”。医者仁心是对广大医务工作者道德精神的最好诠释。仁心,是对生命的尊重关爱之心。大爱是源自内心深处的宽广博大、为国为民的情感和情怀。医者们“仁心大爱”的崇高精神与高贵品质正是中医专业学生“职业信仰”培育的重要内容。培育以“仁爱之心”善待患者的重要责任,如《大医精诚》所讲的“见彼苦恼,若已有之,身心凄怆”,正是体现了医务人员要设身处地对待患者的疾病痛苦,给予尊重、同情、关心和救助。“若有疾厄来求救者,不得问其贵贱贫富,长幼妍媸,怨亲善友,华夷愚智,普同一等,皆如至亲之想,亦不得瞻前顾后,自虑吉凶,护惜身命。见彼苦恼,若已有之,深心凄怆,勿避险巇、昼夜、寒暑、饥渴、疲劳,一心赴救,无作功夫形迹之心。如此可为苍生大医,反此则是含灵巨贼。”古代医家从“仁爱救人”“慈悲为怀”的道德观念出发,强调对患者一视同仁,“仁慈关爱”“普同一等”和“一心赴救”。“仁爱”也是医学道德品质的重要构成,中医专业学生受传统中医文化的影响,更应当具有仁爱情怀,更加重视人文素养与品质德行,真正做到以仁爱之心善待患者,将仁爱精神渗透到思想与行为中,保持和发扬医生的职业精神。

(四)担当:以诚挚之心治病救人

“大医精诚”中,“精”主要是指医术,“诚”主要是指德性修养和品质操守。从医者不仅要有精湛医术,还要以诚挚之心治病救人,以厚德之心铸造品格,更加强调医德的重要性。中医专业学生职业信仰内涵体系中离不开德性。希波克拉底也认为"医术是一切技术中最美丽和最高尚的,医生应当具有优秀哲学家的一切品质"。

"诚"是孙思邈"大医精诚"思想中的一个重要原则,要求医者要心怀诚心,律言律行,诚谨做事,怀有诚挚慈悲之心治病救人,在待人处事、诊断诊疗、治学研究等方面表现为端正诚实,戒胡言乱语、弄虚作假。因为"凡大医治病,必当安神定志,无欲无求,先发大慈恻隐之心,誓愿普救含灵之苦"。"诚挚慈悲之心"是从医者必备的优良品质与行为习惯,只有建立恻隐之心、慈悲之心和怜悯胸怀,才能在临床行动与医疗实践中更好地治病救人。"誓愿普救含灵之苦",是要求医生心怀诚心,以诚为本,发自内心地想要帮助患者,要有"见彼苦恼,若己有之"的感同身受,以高尚的品德修养治病救人。这种悬壶济世、以诚为本的思想要求是医学从业人员所必备的。结合现实就是要求医者在力所能及的范围内救助患者,诚心诚意对待患者,做诚信之人,行诚信之事。《大医精诚》还讲"有患疮痍下痢,臭秽不可瞻视,人所恶见者,但发惭愧、凄怜、忧恤之意,不得起一念芥蒂之心",就是表明无论患者情形如何,医者都要保持尊重的心情去救助,对患者保持诚挚之心。《大医精诚》蕴藏着博大的仁心诚挚思想和对苍生的怜悯,无不体现了"诚挚"的医学道德品质。

三、培育路径:中医专业学生职业信仰建构的实践探索

中医药传承创新和发展,关键是人才培养能否跟得上国家战略的推进和要求,中医药人才的培养质量和培养方式是关键和基础,我们要培养有信念、有责任、有使命、有担当的中医药发展人才。

(一)专业强基:勤求博采与精益求精

《伤寒论》序云:"自非才高识妙,岂能探其理致哉!"明代医学家徐春甫在《古今医统》中说:"医本活人,学之不精,反为夭折。"因此,要成为良医,必须勤奋好学,掌握精湛的医术。所以,培育中医专业学生的职业信仰,首先要通过专业学习,让学生们做到"勤求博采"与"精益求精"。只有把专业根基打牢,才有"能量"实现心中"信仰"。当前国家"双一流"高校建设竞争激烈,中医院校"各显神通",发挥特色优势培养学生,

比如设置岐黄学院、强基计划招生、培养方案改革、专业课程优化、教学形式创新等,充分奠定学生专业根基,通过专业打造来提升职业根基,巩固职业信仰。古医书《医学集成》说:“医之为道,非精不能明其理,非博不能至其约。”《回春录·序》也说:“为医无才、无学、无识不可也……必平心以察之,虚心以应之,庶乎其可也。”孙思邈更是在《备急千金要方·大医习业》中告诫医者们:“凡欲为大医,必须谙《素问》《甲乙》《黄帝针经》、明堂流注、十二经脉、三部九候、五脏六腑、表里孔穴、本草药对、张仲景、王叔和、阮河南、范东阳、张苗、靳邵等诸部经方。又须妙解阴阳禄命、诸家相法,及灼龟五兆,《周易》六壬,并须精熟,如此乃得为大医。”

(二)课程建构:思政课程与课程思政同向同行

课程体系建构是中医专业学生职业信仰培育的重要渠道。2020 年 5 月,教育部关于印发《高等学校课程思政建设指导纲要》的通知指出,要紧紧抓住教师队伍“主力军”、课程建设“主战场”、课堂教学“主渠道”,让所有高校、所有教师、所有课程都承担好育人责任,守好一段渠、种好责任田,使各类课程与思政课程同向同行,将显性教育和隐性教育相统一,形成协同效应,构建全员全程全方位育人大格局。因此,职业信仰培育一定要利用好课程“战场”和课堂“渠道”,将思政课程与课程思政高度融合,发挥课程体系在立德树人、职业信仰培育方面的重要作用。

而课程思政在职业信仰培育中同样具有至关重要的作用,在专业课程、基础课程和实践课程中融入思政元素和信仰理念,厚植爱国情怀,贯穿价值观教育、传统文化教育、理想信念教育、医德医风教育和职业道德教育等。将中医专业学生应该坚守的信念、使命、责任和担当渗透到专业课程体系之中,树立医者精神、仁心情怀和精诚信仰。同样,孙思邈非常重视、高度强调对医家人文素质和医学专业素质的同步教育和全面培育,[8] 他提出:“若不读五经,不知有仁义之道;不读三史,不知有古今之事;不读诸子,睹事则不能默而识之;不读《内经》,则不知有慈悲喜舍之德;不读庄老,不能任真体运,则吉凶拘忌,触涂而生。至于五行休王、七耀天文,并须探赜,若能具而学之,则于医道无所滞碍,尽善尽美矣。”(《备急千金要方·大医习业》)

(三)职业伦理:重视典范教育和行为引导

职业信仰的培育离不开职业伦理的教育和建构,职业伦理教育是培育医学生职业操守、伦理行为、科研诚信和价值信仰的重要途径。唯有遵守职业伦理准则,坚守职业伦理行为,才能稳固职业信仰。

孙思邈正是古代职业伦理教育中的典范,他在《大医精诚》中认为“自古名贤治病,多用生命以济危急,虽曰贱畜贵人,至于爱命,人畜一也,损彼益己,物情同患,况于人乎”,“夫为医之法,不得多语调笑,谈谑喧哗,道说是非,议论人物,炫耀声名,訾毁诸医,自矜己德”,“病人苦楚,不离斯须,而医者安然欢娱,傲然自得,兹乃人神之所共耻,至人之所不为,斯盖医之本意也”。其诸多思想内容都充分体现了职业伦理教育的深邃精华。在古代,扁鹊、华佗、张仲景、李时珍、叶天士等都是医术精湛、品德高尚的名医,他们都是古代职业伦理教育的典范,他们身上有着高尚的职业精神和医德品质,可以激励中医专业学生勤耕医术,追求卓越,不断奋进。

在现代职业伦理培育和教育中,要以“科学家精神”来培养和引导医学生。2019年,中共中央办公厅、国务院办公厅印发《关于进一步弘扬科学家精神加强作风和学风建设的意见》专门强调要求科学家要有胸怀祖国、服务人民的爱国精神,勇攀高峰、敢为人先的创新精神,追求真理、严谨治学的求实精神,淡泊名利、潜心研究的奉献精神,集智攻关、团结协作的协同精神,甘为人梯、奖掖后学的育人精神。而“科学家精神”正是医学生职业信仰的重要内容。像王玉川、王绵之、邓铁涛、颜正华等国医大师,都是现代中医医德与医术的典范,他们在自身德性塑造与医术影响方面作出了很大贡献,对于中医中药传承、创新与发展作出了巨大贡献。他们的良好品行与仁心仁德一定会激励更多的中医人奋勇向前。这些优秀的榜样和典范都需要学习与敬仰,其典型事迹都可以贯穿到职业伦理教育中。

(四)实践教育:理论认知与实践行为相统一

除了专业强基、课程建设和职业伦理培育,实践教育在中医专业学生的职业信仰建构中同样重要。《中共中央国务院关于促进中医药传承创新发展的意见》中指出要“加强中医药人才队伍建设”,特别是“强化中医思维培养,改革中医药院校教育”。而在中医药院校教育改革中,实践教育是重要内容,是理论认知与行动实践相统一的重要渠道。具体可以结合中医专业学生的职业信仰培育目标,开展各具特色的课外活动,在社团活动、讲座报告、课题申报、媒体宣传、义诊支教等实践活动中全面渗透职业信仰的价值理念与目标。通过医学生宣誓、大师典范宣传、学校攻关事迹、医学家道德榜样、中医药文化碑廊、校园环境等，在润物细无声中培育医者仁心、大医精诚的校园文化，在实践教育的无形渗透中增强学生对医学的认同与信仰。同时，强化中医专业学生在临床实践中的信仰培育，在从中医专业学生到临床医生的角色与身份转变中，融入信仰教育，注重学思结合、知行统一，促使学生追求卓越，追求至善。《病家两要说》曾指出："然必也小大方圆全其才，仁圣工巧全其用，能会精神于相与之际，烛幽隐于玄冥之间者，斯足谓之真医，而可以当性命之任矣。"只有心细、胆大、行方、智园、才干十分全面，望闻问切，综合运用，才能在接触患者时集中精神、在病情不明时指明隐秘症候。因此，我们需要在实践教育中培育中医专业学生的高超技艺、优良品质和崇高信仰，强化中医专业学生的使命和担当，以更好地了解中医药的发展历史，继承中医药的发展精神，弘扬中医药的博大精深，为中医药的长远发展贡献力量。

【参考文献】

[1]刘建军.马克思主义信仰论[M].北京：中国人民大学出版社，1998：10.

[2]弗洛姆.为自己的人[M].孙依依，译.北京：生活 · 读书 · 新知三联书店，1988：184.

[3]刘建军.追问信仰[M].石家庄：河北人民出版社，1998.

[4]乌那穆诺：生命的悲剧意识[M].哈尔滨：北方文艺出版社，1987：98.

[5]刘建军.追问信仰[M].石家庄：河北人民出版社，1998.

[6]李丽，苏艳，才晓茹，等.医学生职业信仰在人才培养中的作用——基于沧州医学高等专科学校微电影《梦想 · 蜕变》案例分析[J].中国职业技术教育，2018(1)：94-96.

[7]马克思，恩格斯.马克思恩格斯全集：第 40 卷[M].北京：人民出版社，1995：7.

[8]胡兵.先秦至隋唐时期中医名家的医德思想[M].北京：知识产权出版社，2014：137.

“大学生心理素质教育”教学模式探索

宗　敏①

【摘要】“大学生心理素质教育”作为高校的必修课程，要以积极取向为课程内容的立足点，以体验式为教学方法的核心，通过网络互动拓展课堂教学的范围，建立有效的大学生心理素质教学模式。

【关键词】心理素质教育；体验式教学；大班授课；大学生；积极取向

2011年，教育部颁布《普通高等学校学生心理健康教育工作基本建设标准（试行）》，提出在全国范围推广心理素质必修课，同年，北京市委教育工委发布《北京高校〈大学生心理健康〉课程教学大纲（试行）》，这些文件的颁布凸显了心理素质教育类课程的基础平台作用，推动了“大学生心理素质教育”必修课的进程。然而，由于必修课的课时通常比较紧张，课堂人数众多，这给课堂教学带来了不小的挑战。另外，心理素质教育课不同于心理咨询，面对的是一般大学生，着眼于提高“正常人”的心理素质，因此，如何挖掘学生自身的潜力，关注学生的积极方面，使之拥有解决问题的勇气和能力更为关键。笔者结合8年多的教学实践，提出了“积极取向、体验式和网络化”的教学模式，并对如何具体操作进行了分析总结。

一、积极取向是整个课程内容的立足点

心理素质教育无论是在教育取向还是教学内容上都需要重新调整，以引导人们关注、挖掘个体和群体中积极的品质和潜能作为心理素质教育关注的重点：变呈现问题、

① 宗敏，外交学院心理教研室副教授，研究方向为大学生心理健康教育、思想政治教育、心理咨询与治疗。

谈论危害、提出解决之道的消极应对模式为发现问题背后的意义、自我接纳、增强积极能量的积极资源模式,提倡素质的培养和激发学生的潜能,而不是问题行为的矫正。

(一)为自己负责做出选择

心理素质教学的核心是促进学生了解自己,使其在原有的基础上变得更加积极主动,投入生活。改变必须是由内而外的,只有充分重视和尊重学生的内心世界,才能促使大家去发现并接受真正的自我,最终鼓励大家为自己负责,并做出个性化的选择。因此,我们在教学中特别强调"选择"的意义,而被动不选择也是一种"选择",同样要承担风险和责任。我们的课堂会用每次随堂的作业和体验反馈表代替点名,提高学生的责任意识;整个课程的基调就是帮助学生理解"问题"只是一种解决之道,比如"一个成天面对父母争吵的孩子选择了封闭自己的内心,这个模式可能给他现在面对亲密关系带来了压力,但是回到当时,封闭恰恰保护了他的内心"。当一个人真正了解并接纳自我的时候,就拥有了选择的权利,就会更自主地对待自己的生活。

(二)强调优势弥补不足

积极心理学强调一个人要获得真正持久的幸福感,最重要的就是发现和了解自己最好的品质、最擅长的事情。例如,要防止青少年网络成瘾,有效的预防并不是告诉他们网络成瘾的表现与种种危害,而是找出并发展出其自身已拥有的美的潜质。因为一个充满理想、憧憬未来、热爱学习并能从人际交往中得到快乐的人是不太可能网络成瘾的。因此,我们的课堂更强调一个人的个性和优势,通过微美克人的故事来说明"你很独特",唤起学生内心深处的积极品质,关注学生自我价值需要的满足;通过"我真的很不错"的手语活动来提高学生的信心,使学生体验到自己是一个重要的人、有价值的人、能对环境产生影响的人;通过"优势识别卡"来帮助学生分析自己的性格优势和如何充分利用优势完善自己。积极的人格有助于个体更好地面对生活中的各种压力。

(三)从发展性的视角鼓励改变

我们在教学实践中发现,如果课堂中提出的问题都是暴露自己的不足,学生在自我感觉匮乏的状态下难以产生深刻的反思与成长。因此,在教学中我们会认同学生成长中的问题是发展性的,并引导学生发现被自己忽视的积极层面的好品质。比如在情绪专题中,我们会引导学生体验并分享积极情绪的感受,以及如何增强积极情绪体验,要呈现更多的积极情绪研究成果而不仅仅讲解应对消极情绪;在自我与适应专题中强调改变的困难和方法,引导大家更理性地看待自己,更耐心地对待自己的成长。

二、体验式是教学方法的核心

注重学生获得较深刻的体验是整个教学方法的核心。我们的教育对象是一个个"人"本身,单纯的"知道"不足以引发一个人的主动改变,只有"体验到"才能真正做到。经典的体验活动往往不适合大班授课,寻找适合大班的体验形式,以及在讲授过程中最大限度使学生获得较多的体验,并有机会反思提升是我们探索的重点。我们在实践中开发出一系列适合大班教学的体验教学模式,得到了学生的积极反馈和认可。

(一)集中冥想环节

冥想活动对人数的限制少,而且不需要很长时间,非常适合大班教学的课堂组织形式。我们在每次课开始时都会组织一个 3—5 分钟的集体冥想活动,这个仪式化的环节实验了 3 年,已经成为心理素质教育课的特色。短短几分钟就能帮助学生把紧张的心境转换成觉察发现的心境,营造出有利于学生学习新知识的体验氛围。充满积极心理暗示的引导词本身就是在帮助学生,比如"请把注意力放在自己的呼吸上,看看你已经有多长时间没有静下来只是和自己在一起……请给今天认真学习的自己一个赞……"。

组织冥想的过程中会有个别学生难以进入状态,小声嬉笑或者真的睡着,这其实是正常的现象,特别是在初次上课时容易出现,因为授课环境不太安全而且学生普遍难以与自己的身体和呼吸相联结。只要教师对此持开放的态度,随着课程的深入,这样的现象会显著减少,大部分学生都能通过这短短几分钟的冥想活动获益。学生在教学评价和课后的反思论文中多次提到该环节,有些学生也开始在自己的生活中进行练习,从而变得更加接纳自我,更能积极地面对自己遇到的问题。

(二)课堂团体活动

团体活动要求学生直接参与,是提高学生参与课堂的有效手段,能够帮助学生获得较多的直接体验。我们在每次课前冥想环节后还会安排一个简单的热身活动,比如互相按摩、“抓蜻蜓”、“大雨小雨”等,这可以有效拉近学生之间的距离,提高学生的参与热情。此外,我们还会根据具体的教学内容安排适宜的团体活动,充分利用学生本身的资源。例如,在人际关系主题中,“井字人生”活动让大家离开座位,主动与不认识的同学打交道;“我说与我心”活动通过学生的角色扮演把真实人际冲突情境中的感受、想法、期待、渴望等因素外化出来,带给学生深刻的冲击与感悟。

(三)静默时间

体验式教学不能只在学生的头脑中进行,还需要帮助学生觉察和反思理念、观点在自己身体上的体验。“静默时间”是非常有效的干预形式,就是在课程中给学生时间进行现场反思,从而直接促进转变。例如,我们在提出“你虽然不完美,但是很可爱,你是宇宙能量的独特展现”“所有你现在表现出的问题都在过去的某个时刻帮助过你”“那些你觉得有问题的人、不会与人相处的人,曾经并没有被很好地对待过”等理念时,会给学生1—2分钟的时间闭上眼睛想象并且体验与之相关的画面,这在帮助学生理解自我、理解心理问题的发生原因、打消对心理咨询的偏见方面,起到了非常积极的效果。

(四)视频教学

视频资料能够调动视听等多种资源,具有非常强的冲击力,给学生留下的印象尤为深刻,能对教学内容和观点进行非常好的补充。我们把视频资料作为每堂课的必要组成部分,并由此发起课堂讨论促进学生们反思。比如我们会用心理学的经典实验视频来解释心理现象:用电梯实验来解释从众心理、用儿童的陌生实验来解释依恋关系、用脑电研究来解释语言使用的性别差异,生动地再现心理学的研究过程;我们还会组织学生对发人深省的电影、视频、广告片段展开讨论,例如通过《放牛班的春天》来探讨如何提高自信、通过《葬礼上的幽默》来探讨亲密关系中小的缺点也是相爱的回忆等。

(五)心理互动测试

心理测试是学生最感兴趣的方面,但是大家对心理测试的解读并不科学,我们在给学生们呈现科学的心理测试原理的同时,也在课堂上对学生进行性格等测试,通过现场的分析和交流,帮助学生更好地了解自己、理解他人。由于课时有限,所使用的问卷不宜过长,而且课堂环境很难保证足够安全,因此,不易采用消极取向的问卷,侧重于使学生学会科学地解读问卷以及发现自己和他人的优势。关于抑郁等消极情绪问卷和心理健康等评价性问卷更宜采用课后网络测量的形式进行。

(六)课后体验反馈

心理健康教育课程是否有效,关键看是否引发了学生的自我暴露与反思,是否形成了某种有意义的行动意向。这种反思高度个人化,课堂发言和小组分享均不是理想的途径。我们在每堂课后设计了相关的反思任务,让学生完成针对当天课程中某个环节的作业,并对今天课程中自己最有感触的内容和反思体验程度打分。这个任务不仅替代了枯燥和令学生反感的点名环节,还是对学生投入的一个提醒。从第一次课到最后一次课,学生反馈表的变化,形象地反映了他们自身的变化,我们在最后反馈给大家,效果很好。另外,我们还设计了期末反思论文,体现学生的思考和改变情况,这也是我们与学生直接进行心理沟通的有效形式。

三、网络互动拓展课堂教学的辐射范围

网络平台延伸了课堂教学与学生之间的沟通平台,弥补了大班教学、课时有限等条件的不足。采用网络的方式符合学生的使用习惯,既把课程带到了网络,也带到了学生的实际生活中。我们充分利用学校现有的网络学堂平台,并且通过微博、邮件等形式提高了学生对课程的参与程度。

(一)利用网络课堂发布资源和信息

课堂教学的时间毕竟有限,网络资源库能提供更多的资源,满足学生进一步学习。我们会及时更新资料,在学校的网络学堂平台上发布,使之成为一个丰富的教学资料库,供学生浏览下载。平台上有最新的文字资料,如教学 PPT、有关的小故事、新闻资料、心理测试及解释;视频资料,如优秀公开课“心理学导论”“哈佛幸福课”;心理学的研究录像,如《人类婴儿》《人脑漫游》;等等。这些资料获得了非常高的下载量和浏览量。

(二)利用网络多对多沟通方式延伸学习影响

网络不仅仅是发布平台,还可以作为学生之间互相联系、互相影响、互相鼓励的平台。我们通过开设微博,特别是网络学堂论坛等多对多交流的方式与学生展开互动,并与考核、奖励挂钩,切实调动了学生的参与热情,得到了积极的反馈。例如,我们会把课堂任务带到网络上,继续与学生交流,展开热点话题的讨论;我们要求学生自己去寻找与心理素质教育相关的资源发布在论坛上,一方面提高他们的参与意识,另一方面也进一步加强了网络资源库的建设;我们还设计了奖励制度,发布个人改变宣言、参与话题讨论给小组加分,既促进了学生的交流分享,也鼓励了学生在课后继续投入。

(三)利用邮件进行个别辅导

如果说课堂教学吸引了大部分学生的参与投入,网络论坛互动迎合了一些学生的需求,那么另一部分有特殊需求的学生,我们也没有放弃与他们的联系。我们在开课之初就公布了公共邮箱,以便学生联系和咨询,通过邮件解答学生的个别问题,进行邮件心理咨询或者进行咨询预约。这种途径虽然利用率并不高,但是切实帮助到了一些学生解决具体的问题。

大学生心理素质教育课程不能仅仅满足于宣传普及心理健康知识,开展好玩的心理活动,更重要也更具挑战性的是使更多的学生通过这样的课程受益,带来实质性的改变。因此需要在改变和实效方面进行更多探索,本研究下一步还需要进行实证研究,探索此类课程在学生内心产生的具体影响。

医学生思想政治素质状况调查与教育模式建构

袁和静[①] 刘 杰[②] 李秀果[③]

【摘要】医学生思想政治素质考察与分析是大学生思想政治素质研究的重要构成,其本身的职业特殊性与社会使命担当使得其研究更具有典型性和迫切性。本课题以护理学生调查为例,将思想政治素质内容体系分解,通过实证调研学习生活满意度、发展奋斗目标、人生价值思考、国家社会关注、道德人际关系、专业认识与职业发展等方面来全面考察护理学生的思想政治素质状况。调查显示,大部分学生的思想政治素质良好,反映了大学生应该有的政治意识、思想境界、价值定位与道德认识,但是同时也发现了一些突出矛盾与问题。为了更好地提升医学生思想政治素质,建构新的教育模式,需要加强医学生思想政治教育的科学化与可行性,发挥好思想政治理论课的思想引领与价值指导作用,将人文教育与思想政治教育密切结合,发挥网络媒体在思想政治教育中的重要影响。

【关键词】医学生;思想政治素质;道德素质;人生价值;教育模式;人文教育

近年来,伴随经济快速增长、社会急剧转型、政治体制改革等多重形势,大学生思想政治状况深受影响,而医学生同样面临着社会变革带来的思想冲击与政治考验。正如马克思所说:“不是意识决定生活,而是生活决定意识。”[1]我们面临什么样的社会环境与改革形势,就会带来什么样的思想渗透与隐性影响。本文通过实证考察医学生的思想政治状况,为进一步加强对于医学生的思想政治教育模式建构提供思路和方法。

---

① 袁和静,北京中医药大学马克思主义学院副院长,研究方向为思想政治教育。
② 刘杰,北京建筑大学教务处,研究方向为学生思想政治教育。
③ 李秀果,山东省临沭县临沭街道第二小学高级教师,研究方向为学生思想政治教育。

一、医学生思想政治素质研究

诸多医学生从专业选择开始,就有很多的困惑与疑虑,有对于社会转型时期带来的诸多矛盾与乱象的片面认识或错误理解,有对于未来医生职业尊严与地位的思考,还有对于社会医患关系紧张带来的安全焦虑,这种种的理论困惑与现实矛盾都会深深影响医学生的价值判断与形成。可以说,“多元化的经济生活、价值观念和社会思潮使得当代医学生产生了多元化的价值观,其视野早已不再局限于自身周围的人与事,思想变得更加活跃、自由与开放”[2]。本文对医学生的思想政治素质进行调查研究,提出医学生思想政治教育模式,对于医学生培养和发展具有重要价值和意义。

(一)思想政治素质概念与大学生思想政治素质内涵

思想政治素质是一个多维体系、多重要素构成的综合系统概念,是人们对于社会现实生活的观念表达、思想认识与政治反映等的综合概括,包括思想素质、政治素质、法律素质、道德素质、心理素质等多方面的融合与统一。就概念来讲,“思想政治素质是人的素质的重要组成部分,在人的素质构成中归属于心理素质、社会素质,主要是指人受特定环境和教育的影响而形成的比较稳定的心理特征、思想观念、道德品质和政治修养等的总称”[3]。思想政治素质的形成与发展需要经历一个长期的教育过程,在过程体系中不断建构形成稳定的思想观念与行为,“一般认为这个过程包括两个转化:一是社会所要求的价值观念、政治观点、道德规范内化为受教育者的思想政治意识;二是受教育者的思想政治意识外化为相应的行为和行为习惯”[4]。

大学生思想政治素质是大学生对一定社会思想政治、道德法律等要求的认识、把握以及在此基础上形成的比较稳定的思想政治观念与行为,[5]具体包括大学生的政治意识、观念立场、人生追求、道德准则、法律修养等各个方面,属于思想政治素质在具体学习生活领域的日常运用和思想行为理解。大学生正处于思想形成、思维确立、价值多元、政治认识模糊的特殊阶段,复杂的社会现实与变化多端的国际国内形势,以及信息社会网络媒体的飞速发展,都会给大学生带来深刻的影响和冲击,带来些许困惑、苦恼与不解,甚至令其形成片面认识,误入歧途。因此,大学生作为思想活跃、情感丰富、政治敏锐的社会青年力量,其思想政治素质状况备受关注。大学生思想政治素质的建构与完成离不开思想政治教育的保驾护航，需要在科学的教育模式中内化与外行。“内化就是个人真正接受社会发展所要求的思想、观念、规范，并将其纳入自己的态度体系，变成自己意识体系的有机组成部分，成为支配、控制自己思想、情感、行为的内在力量的过程。”[6]只有真正内化于心，外化于行，才是大学生思想政治教育的成功落地，这其中需要凝聚多重力量。

（二）医学生思想政治素质研究的特殊性

医学生思想政治素质是指医学生群体对于国家政治、社会思想、体制发展、经济运行、法律道德等多方面的基本认知与把握理解，以及在此基础上形成比较稳定的思想观念与政治行为。医学生担负着重要的历史使命，既有对于病人救死扶伤的独特担当，又体现着社会良知与价值尊重，其特殊使命担当决定着医学生的思想政治素质至关重要。但是有学者指出：“当前在青年学生，包括医学生中表现出来的政治冷漠现象确实有发展的趋势，不能不引起我们的重视。而政治冷漠不论对于青年学生个体的成长成才以及正确的政治观的形成，还是对于国家民族发展、社会政治稳定等都具有不可忽视的负面影响。”[7]因此，要更加重视医学生的思想政治教育，关注他们的成长历程与教育状况，为思想政治素质提升寻找进一步的空间。

具体到如何考察医学生的思想政治素质，笔者认为不仅涵括医学生对于国家政治、思想、法律、道德的整体认识与看法，还包括医学生在日常学习、工作生活、奋斗目标、职业发展、价值观念、道德境界、社会关注等具体方面的感知与理解，综合考察其思想政治素质的实际运用状况。本文选取护理专业学生为样本，是因为护理学生的专业选择、工作性质、职业发展、思想状况更具有典型性和代表性，他们代表着未来护士群体的思想状况与社会认知情况。

二、医学生思想政治状况调查研究与分析——以护理学生为例

调查以北京中医药大学护理学院部分学生为参考样本，共发放问卷400份，收回393份，为全部有效问卷，基本情况如下：92.09%为女生，7.91%为男生；从年龄分布来看，18岁及以下占到42.94%，19—20岁占到55.37%，21岁以上占到1.69%；从政治面貌来看，中共（预备）党员占到1.69%，入党积极分子占到4.52%，共青团员占到

92.66%，群众占到 1.13%，民主党派为 0；从班级分布来看，主要是护理涉外与护理本科，分别占比 61.58%和 38.42%。本文从以下几个方面具体展开调研：

（一）学习生活状况与发展目标调研

对于专业学习的正确态度和明确的发展目标是未来发展的重要支持，是大学生思想政治状况的良好体现与保障，只有学习生活状况良好，发展目标明确，思想政治面貌才会积极，做到用正确的思想认知来指导学习生活与实践。满意度是课题调查的一个视角，因为“大学生的满意度不仅仅是要测评出学生对高等教育期望与感知的绩差，更是牵涉到学校、学生、家长以及社会各利益相关者的大事件”[8]。但是在对于“您对目前学习生活状况满意度如何”的调查中，选择“非常满意”的为 0，选择“比较满意”的占到 45.88%，选择“一般”的占到 43.53%，选择“不太满意”的占到 7.06%，选择“很不满意”的占到 3.53%。不到一半的学生对于自身的学习生活状况感到满意，说明学生对于现状存在诸多不适应。

在对于“您现在努力学习的根本动力是”的调查中，选择“护理专业的神圣感与自豪感”的占到 10.17%，选择“父母的希望与嘱托”的占到 23.73%，选择“将来拥有一份安稳的工作”的占到 37.29%，选择“为了帮助更多患者解除疾病痛苦”的占到 28.81%。在学习动力调研中，大部分学生还是出于现实性或者功利性考虑，以工作稳定和父母希望为动力，当然还有一部分学生选择的是解除患者病痛与护理专业的神圣感和自豪感，说明学生努力学习的重要源泉有着对于未来职业的美好憧憬和救死扶伤的信念支撑。

在对于“您学习成长中的烦恼主要来自”的调查中，选择“学业繁重辛苦”的占到 36.73%，选择“工作方法技巧”的占到 30.51%，选择“经济来源受限”的占到 8.47%，选择“人际关系处理”的占到 24.29%。学业与工作的压力占到了大部分，但是人际关系问题的比重也比较高，应该引起教育者的高度重视，关注学生的心理成长和人际交往。

在对于“您未来的主要奋斗目标是”的调查中，选择“党和国家事业”的占到 0.56%，选择“单位集体发展”的占到 1.69%，选择“家庭幸福稳定”的占到 39.55%，选择“个人职务晋升”的占到 1.13%，选择“自我价值实现”的占到 57.07%。大部分学生考虑的是如何能最大化地实现自我价值，选择国家事业与集体发展的比例相对低，说明学生关注的焦点主要在于自我和家庭。

在对于“您是否拥有明确的大学四年发展目标与规划”的调查中，选择“是”的占到35.03%，选择“否”的占到64.97%。大部分学生并没有明确的大学四年发展目标与规划，这种情况肯定不利于学生大学四年的健康成长与顺利发展。

（二）专业选择与职业理解

思想政治素质的发展与医学生专业理解密切相关，唯有树立专业热爱和职业荣誉，才能更好地用健康向上的思想政治认知指导专业进步。在专业选择过程中，对于“您选择护理专业的方式”，选择“自愿报考”的占到48.02%，选择“调剂并服从”的占到36.16%，选择“调剂不满意，努力转专业”的占到15.82%。将近一半的学生属于专业调剂的情况，这些学生在学习开始就有着对于专业未来发展的迷茫与困惑，很难建立明确的职业发展目标与自我职业定位。还有很大一部分学生希望通过转专业来改变现实专业困境。

在对于“您认为护士的社会地位如何”的调查中，选择“很高”的占到1.13%，选择“比较高”的占到9.60%，选择“一般”的占到44.07%，选择“没有获得应有的重视”的占到45.20%。大部分学生并不认为自己将来的职业获得了应有的社会重视和支持，这种状态对于学生发展与成长是极为不利的。没有得到很好的社会职业尊重与价值认可，如何用正确的思想政治认识来指导实践呢?

（三）价值定位与人生思考

人生价值的审视和思考是思想政治素质的重要方面。在对于“您认为一名护士的价值主要取决于”的调查中，选择“拥有一定权力与名望”的占到1.69%，选择“治病救人的责任与担当”的占到72.32%，选择“坚守住基本的道义和良知”的占到15.82%，选择“社会尊重与人民认可”的占到10.17%。大部分学生认为“治病救人的责任与担当”是护士的首要价值，很少有学生选择权力与名望，说明学生对于人生价值的思考是非常健康向上的。

在对于“您认为一名医生最应坚守的是”的调查中，选择“坚定从医理想信念”的占到28.25%，选择“坚守医生道德底线”的占到63.28%，选择“加强自律协作精神”的占到1. 69%，选择“社会责任忧患意识”的占到6.78%。大部分学生选择的是“坚守医生道德底线”，认为医生的首要价值是坚守。

在对于“您最崇尚的生活方式是”的调查中，选择“物质极大丰富”的占到6.21%，选择“老实做人，本分做事”的占到22.03%，选择“任性而为，与世无争”的占到8.47%，选择“担任职务，有权有名”的占到3.95%，选择“坚持精神导向与富足”的占到59.34%。大部分学生并没有选择物质极大丰富，或者有权有名，而是认为应该要“坚持精神导向与富足”，说明学生的价值取向与思想状态是比较健康稳定的。

（四）道德素质与人际关系

道德观念与认识是思想政治素质的关键内容。在对于“您是否向往成为学校道德模范或榜样式的人物”的调查中，选择“是”的占到59.32%，选择“否”的占到40.68%。大部分学生希望成为标杆式的人物，愿意做道德模范或者榜样，对于道德的追求和向往是医学生思想政治素质发展的重要构成。

在对于“您每年参加公益活动与志愿服务的次数是”的调查中，0次的占到5.65%；1—2次的占到33.34%；2—5次的占到33.33%；6—10次的占到15.82%；10次以上的占到11.86%。说明学生的服务意识和奉献意识都是比较强的。

在对于“您处理与他人关系的价值准则是”的调查中，选择“奉献第一，先人后己”的占到37.85%，选择“索取第一，先己后人”的占到1.13%，选择“利己不损人，尽量兼顾”的占到60.46%，选择“损人也要利己”的占到0.56%。对于人际关系处理价值准则的调查，学生的选择比较客观真实，能够客观描述学生的心理状况。

在对于“当身边好友需要帮助时，是否会伸出援助之手”的调查中，选择“全力帮助”的占到41.68%，选择“看关系远近状况决定帮助大小”的占到29.94%，选择“看情况是否帮助”的占到28.38%。在熟人社会里，大家基本都愿意伸出援助之手，富有爱心和同情心。

在对于“当陌生人需要帮助时，是否会伸出援助之手”的调查中，选择“全力帮助”的占到26.55%，选择“不给自己添麻烦就帮助”的占到73.45%，选择“不会，社会关系冷漠”的为0。在陌生人社会里，大家是有很强顾虑的，这与当前社会紧张的信任关系密切相关。

（五）社会关注与了解途径

医学生的社会关注程度是思想政治素质的重要表现，唯有强烈的社会关注，才能更好地消除政治冷漠与社会不信任。在对于“您平时最关心的事务”的调查中，选择“国家发展事务”的占到10.17%，选择“公共社会事务”的占到30.51%，选择“学校集体事务”的占到20.90%，选择“个人家庭事务”的占到38.42%。学生在关注个人家庭事务的同时，对于学校集体事务、公共社会事务、国家发展同样给予了关注，并没有特别集中到个体身上。

在对于“您在网络中最关注的问题是”的调查中，选择“国家大政方针”的占到6.21%，选择“社会突发问题”的占到49.16%，选择“教育医疗等民生问题”的占到18.08%，选择“娱乐八卦信息”的占到26.55%。对于社会突发问题的关注人数占到一半，3/4的医学生关注点主要在社会问题上，另有1/4的学生主要关注娱乐八卦信息，需要进一步引导与重视。

在对于“您现在关注和了解社会的主要途径是”的调查中，选择“网络媒体”的占到77.98%，选择“书籍报纸”的占到1.69%，选择“微信平台”的占到19.77%，选择“他人讲述”的占到0.56%。这个问题充分显示了现在网络媒体对大学生产生的深刻影响，需要引起思想政治教育工作者的高度重视。

综合以上调查分析，笔者主要从学习生活满意度、发展奋斗目标、人生价值思考、国家社会关注、道德人际关系、专业认识与职业发展等方面考察了护理学生的思想政治素质状况。调查显示，大部分学生的思想政治素质良好，反映了大学生应该有的政治意识、思想境界、价值定位与道德认识，但是同时也发现了一些突出矛盾与问题，需要进一步考察原因所在，为探寻思想政治教育模式提供数据支持。

三、医学生思想政治教育模式建构的路径分析

上述调研数据为我们提出医学生思想政治教育模式提供了现实支撑，建构新的教育模式已成为当务之急。通过新型教育模式的重构，希望未来“医学生应将思想政治教育同专业课程一样，视为积极主动的创造性活动，在整个思想政治教育接受过程中学会自主地看、听、思想和行动，在参与、体验和领悟中感受到世界的整体性和人与世界的融合性”[9]。

（一）加强医学生思想政治教育的科学化与可行性

所谓思想政治教育的科学化，是指思想政治教育要在马克思主义指导下，高扬科

学精神,运用科学的理论和规范去揭示、掌握和运用思想政治教育相关规律,以提高思想政治教育工作的实效性。[10]唯有科学有效的思想政治教育形式才能起到应有的教育效果,否则只能是浮于形式,消减和弱化思想政治教育的功能。因此,医学生思想政治教育首先要遵循医学生思想政治发展的规律与思想政治素质形成发展过程。所谓思想政治素质形成发展过程,是指人们思想政治方面、道德方面的认识、情感、行为,从简单到复杂、从低级到高级、从量变到质变的矛盾运动过程。[11]每个人的思想政治素质都不是天生具备和自然建构的,都需要经历客观外部条件引导影响与主观内部心理接受融化的过程,需要在长期的实践基础上逐步形成,切不可急于求成。医学生的思想政治教育更是如此,因为医学生的培养是一个漫长、复杂的过程,思想政治教育要密切关注学生心理发展和社会形势的变化,为他们创造良好的教育环境。

(二)发挥好思想政治理论课的思想引领与价值指导作用

思想政治理论课在医学生的思想政治教育中占有很大的比重,比如在北京中医药大学的本科学生培养体系中,思想政治理论课占到了 252 个学时。在思政课中,他们懂得初入大学应该如何更好地珍惜与适应大学生活;接受系统的马克思主义哲学思维训练,建构正确的世界观与价值观;了解中国近现代史发展历程,客观认识与看待历史发展的艰难与不易;掌握马克思主义中国化最新成果,树立理论自信、制度自信与道路自信。但是我们需要注意,一般性的思政课很难达到对于医学生的全面深刻培养,实践效果并不显著,很多医学生甚至排斥思政课。为此,我们就要将思政课的一般性培养与医学生的特殊性需求密切结合起来,探讨更加“医学”的方式来上好思政课,进行思想政治教育。比如,思政课充分结合当前社会正在发生的一些医疗事件、社会突发情况、伤医事故、医患关系紧张等,进行多视角分析与评论,引起医学生的充分关注,再进一步引导思考的路径和方式,以达到思想政治教育的理想效果。因为“从性质上讲,思想政治素质属于人的意识形态,是人们对其现实社会生活的创造性反映,其表现则是通过人的心理—思想—行为这一结构”[12]。因此,思政课教育的重要任务就是为医学生建构起心理与思想的正确防线,为未来切实的行动奠定基础。

(三)将人文教育与思想政治教育密切结合

思想政治教育是一个理论上指导、思想上启迪、行动上实践、情感上交流的全方位交叉过程。[13]医学生的培养体系要充分重视人文教育的重要性，将人文教育和思想政治教育密切结合。人文主义精神关注人类自我关怀，重视对于人的生命、价值、尊严和权利等的关注维护与长远追求。正如玛克辛·格林所说，我们自己是探寻者、意义的建构者，是与我们周围的人们一起参与建构和重建现实的人。[14]我们需要在医学发展与医学生成长中，为他们建构意义所在，在治病救人中彰显人性光辉，以改变医学人文主义精神衰落的局面，这是医学生价值培养体系中的重要组成部分。因此，要将医学人文和思想政治教育结合，比如在全面的思想政治教育格局中穿插和融入医学人文的要素，让学生了解国医大师的道德光辉、医学战线中伟大而又平凡的使者们、紧张医患关系中依然涌现出的感人故事等，让医学生在情感认同与人文气息塑造中，建构起对于学校、医生职业、未来医学的荣誉感和使命感。

(四)发挥网络媒体在思想政治教育中的重要影响

当前我们已经悄然进入大数据时代或者微时代，人们的生活习惯、思维模式、思想态度、价值观念等无时无刻不受网络的影响，而现在 90 后医学生更是网络中坚力量，深受网络影响。在上文调查中，现代医学生关注社会的途径 77.97%是依靠网络媒体。大多数 90 后医学生长期接触网络，各种不同的观点、文化、价值观，甚至消极的、不健康的或反动的思想随时出现，使少部分 90 后医学生难辨真伪、善恶。网络的虚拟性和可重复性，让他们在面对各种选择的时候显得盲目、轻率，有时把这种处事方式也带到了现实生活中。[15]长此以往，肯定会影视甚至改变医学生的思想政治状况，给思想政治教育带来更多的挑战甚至麻烦，因此，我们要充分认识到网络阵地在思想政治教育中的深远影响。教育者要加强"微媒体"的素养，在了解思想政治教育规律的基础上熟悉各种"微媒体"平台，即时关注"微媒体"上各种热点话题，熟悉大学生网络话语体系，自觉利用不同"微媒体"平台与学生进行互动交流。[16]唯有如此，才能更好地关注医学生的思想动态与价值变化，在密切关注与潜移默化之中对医学生进行思想政治教育。

【参考文献】

[1]马克思，恩格斯.马克思恩格斯选集：第 4 卷[M].3 版.北京：人民出版社，2012：1030.

[2]李雯.医学生思想政治素质及教育现状调查研究与对策探索[J].中国高等医学教育，2013(3)：20-21.

[3]张永强.思想政治素质概念界说[J].山西大同大学学报,2014(2):1-3.

[4]张耀灿,郑永廷,吴潜涛等.现代思想政治教育学[M].2版.北京:人民出版社,2006:334.

[5]王翠萍.大学生思想政治素质的整体性及启示[J].学术论坛,2012(3):198-202.

[6]张耀灿,郑永廷,吴潜涛等.现代思想政治教育学[M].2版.北京:人民出版社,2006:334.

[7]高鹏,王辉.医学生政治冷漠现象的分析研究[J].现代教育科学,2012(1):165-168.

[8]文静.美国大学生学习满意度测评:理论与机制[J].高教探索,2016(11):46-51.

[9]徐艳.医学生在思想政治教育接受过程中的异化现象分析[J].浙江中医药大学学报,2014,38(3):342-346.

[10]刘建军.论思想政治教育的科学化[J].教学与研究,2011(3):20-27.

[11]刘立慧.试论思想政治素质形成发展过程[J].新疆社会科学,2010(5):5-8.

[12]王升臻.思想政治素质内在结构刍议[J].教学与管理,2014(3):78-80.

[13]宋静,邓静萍.与专业教育相结合的医学生思想政治教育途径研究[J].中国社会医学杂志,2009,26(6):355-356.

[14]奥恩斯坦,贝阿尔-霍伦斯坦,帕荣克.当代课程问题:第三版[M].余强译.浙江:浙江教育出版社,2004:59.

[15]吕世军."90后"医学生个性化思想政治教育的伦理学研究[J].中国医学伦理学,2013,26(1):93-94.

[16]许争昱."微时代"医学生思想政治教育革新的思考[J].现代教育科学,2016(12):85-88.

两岸高校学生心理健康教育比较研究

宗　敏①

【摘要】目前,大陆高校心理健康教育工作进入深化发展的阶段,借鉴先进经验,深入发掘自身优势,寻求自身专业化发展成了当前的重点。台湾和大陆的文化一脉相承,而且台湾的心理谘商和辅导工作有50多年的经验,对大陆高校的心理健康工作具有实际的借鉴意义。本文通过对两岸高校开展大学生心理健康教育的发展脉络、服务体系、伦理规范等状况进行比较分析,结合大陆的历史与现状,厘清大学生心理健康教育的发展方向。

【关键词】台湾;大陆;大学生;心理健康教育

樊富珉教授指出,吸取、借鉴国外及港台地区心理咨询发展的成功经验能促进我国高校大学生心埋咨询更迅速地发展。[1]心理咨询起源于西方,如果不加思考地照搬西方的做法,很容易出现“一个中国人用完全西方的理论给另一个中国人做咨询”的现象,出现适应不良。台湾的心理健康工作起步较早,且文化上与大陆一脉相承,对正处在转型和专业规范时期的大陆心理健康教育工作具有重要的借鉴意义。

一、两岸高校心理健康教育工作的发展脉络

(一)台湾心理辅导工作发展脉络

台湾的“学校辅导”包括谘商(大陆称为咨询)、生活辅导、学业辅导和生涯辅导等

① 宗敏,外交学院心理教研室副教授,研究方向为大学生心理健康教育、思想政治教育、心理咨询与治疗。

内容。虽然与大陆的“学校心理健康教育”在概念上有所差异,但在工作理念、工作性质、工作目标、工作方式及学术领域、专业分工和主体服务内容上是基本一致的。[2] 50多年来,台湾的学校辅导事业经历了从无到有、从实务到实务与理论相结合、从行动到行动与制度相融合的发展历程。[3] 台湾著名的辅导专家吴武典将台湾的学校辅导分为五个阶段:①介绍期(20 世纪 50 年代末 60 年代初);②实验期(20 世纪 60 年代),推动了中等学校辅导工作实验计划;③推广期(1968—1991 年),以“九年国教”为标志;④发展期(1991—2002 年),以台湾“教育部门”实施的“辅导工作六年计划”为标志;⑤转型期(2002 年至今)。[4] 2001 年通过的“心理师法”、2014 年通过的“学生辅导法”都标志着台湾的学校辅导工作越来越专业。

(二)大陆心理健康教育的发展脉络

大陆的学校心理健康教育起步较晚,迄今只有 20 余年的时间。大陆高校的心理健康教育是“大德育视野”中的心理健康教育,是思想政治教育工作的重要组成部分。叶一舵教授将大陆学校心理健康教育的发展历程划分为四个时期:①调查、呼吁期(20 世纪 80 年代的初、中期);②尝试、起步期(20 纪 80 年代中后期至 90 年代初期);③探索、发展期(20 世纪 90 年代初至 90 年代末);④推进期(20 世纪 90 年代末至今)。2009 年,教育部在全国范围内对 1538 所高校的调查数据显示,大陆已有 93%的高校建立了独立的心理健康教育机构,92.2%的高校建立了三级心理健康教育工作网络,全国建有心理健康教育与咨询机构的高校已增至 1983 所。[5] 2011 年,教育部思政厅发布 1 号文件《普通高等学校学生心理健康教育工作基本建设标准(试行)》明确提出“要推进大学生心理健康教育工作科学化建设”,这说明大陆的高校心理健康教育工作进入了一个科学化和规范化的新时期。但各高校心理健康机构的建设并不平衡,以北京地区为例,有些学校的心理部门有 800 平方米的工作场地,且专职人员齐备,设施完善,有专业经费;有的学校则只有 15 平方米的工作场地,一个专职人员,没有专业的设施和经费支持。比较两岸的发展脉络可发现,台湾的学生辅导工作一直试图在学生辅导的普及化和专业化中取得平衡,在发展过程中重视制度和法律建设;大陆的心理健康教育一直属于大德育的范畴,目前已经走过了从无到有的普及阶段,开始进入专业发展和规范化的阶段。

二、两岸高校心理健康工作的具体比较

(一)名称和机构设置

台湾高校的心理健康教育部门普遍被称为“学生辅导中心”,例如台湾师范大学;或者为了凸显谘商的性质,称“学生心理谘商与辅导中心”,例如彰化师范大学。从名称上看,台湾的心理教育工作包含个别谘商和普遍辅导,带有引导和帮助的性质。从机构设置上看,彰化师范大学与高雄师范大学的学生辅导中心为独立的行政或研究单位,属于一级机构,其余大部分均为学生事务处下属,或称中心,或称工作组,但工作均相对独立。学生辅导中心都拥有较完善的硬件设施和房间配备。大陆大部分高校仍沿用“心理咨询中心”的名称,很大程度上将心理健康教育理解为“预防为主,治疗为辅”的“医学模式”,缺乏发展的理念;有些称“心理健康教育中心”,体现了发展的理念,但却忽略了心理咨询的专业性。[6]目前很多高校已经看到了这些弊端,从名称上开始了一些改革尝试。比如,2015 年 3 月,清华大学“学生心理咨询中心”改名为“学生心理发展指导中心”,突出了面向全体学生、为了学生的全面发展和为学生服务的定位。大陆多数高校心理咨询中心在管理体制上隶属学工部,这使得心理健康教育工作易于在全校推动,但这种隶属关系缺乏学科依托,至于哪种管理模式更合理,目前国内学术界尚未形成统一意见。从工作条件上看,大陆心理咨询中心的发展非常不平衡,有的学校的硬件配备已经超越了台湾高校,甚至达到了国际一流水平,而有些学校则条件简陋,仅有一间个体咨询室。

(二)机构人员构成

台湾的学生辅导中心一般设主任 1 人,由谘商与辅导专业教授或有执照的谘商心理师担任,其他人员由专职辅导老师(大部分都是有执照的谘商心理师)、支援辅导人员(兼职谘商心理师、社工师)、协同人员、行政助理人员等构成,人员分工较为明确,且专业性强,负责咨询预约及宣传、行政管理等工作的行政人员也必须受过基本的心理咨询教育。但目前台湾很多高校的专业人员比例还是较低,制约着台湾高校心理辅导的发展,一般高校会把正在取得资格认证的驻地实习人员作为重要的补充。2014 年底,台湾通过了“学生辅导法”,规定大专院校中学生规模不足 1200 人的设一名专

职辅导人员,超过1200人的则每1200人设置一名专职辅导人员,这就从法律的层面保证了人员数量和专业性。大陆的学生辅导中心一般设主任1人,但不一定为专业人员,可能由校长、学工部长或其他行政领导兼任。《普通高等学校学生心理健康教育工作基本建设标准(试行)》规定"每校配备专职教师的人数不得少于2名,同时可根据学校的实际情况配备兼职教师",这使得心理健康教育工作的专业人员得到了一定的保证,但各高校执行的力度不一致,大部分高校未达到规定的人数标准,文件也并未提出辅助人员的聘任保证。在人员的专业性要求上,大陆也与台湾存在较大差异。大陆高校的心理健康教育中心隶属于学工部,很多专职教师还需要做一些评优、军训等学生事务工作,工作的独立性无法得到保证;另外,因为学历教育的限制,很多专职人员虽具备了相关专业背景,但并未经过严格的心理咨询临床训练,专业能力有限;因职称评定、角色定位的模糊,很多专业人员对职业前景不看好。[7]

(三)工作内容

台湾新颁布的"学生辅导法"对学生辅导工作的内容进行了详细的规定。一是针对全体学生的心理健康教育工作,主要采用相关课程、心理测评、相关辅导活动等形式,给学生提供身心发展、自我统整、学业生涯发展及社会适应等方面所需要的知识、技能和资讯;二是以个别或小团体为单位,针对学生的特别需求,实施心理谘商或治疗、危机管理、资源整合、个案管理、转介服务及延续辅导,并给家长及教师提供咨询服务,以协助学生解决认知、情绪或行为问题。台湾的学生辅导工作重点和核心是服务,辅导老师作为专业人士为学生提供适宜的服务和帮助。大陆的学生心理健康教育工作内容与台湾类似,既包括全员的心理健康教育工作,又包括个别的心理咨询工作。但大陆心理健康教育工作起步晚,中小学的相关工作也相对滞后,这使得高校心理健康工作肩负着很多知识普及功能,推广开设心理健康必修课和各种心理健康宣传活动。但专职工作人员忙于各种宣传普及活动和行政事务,无暇做咨询等专业工作,这对心理健康教育的可持续发展非常不利。随着工作的深入,不管是学校、学生还是专业人员自身对专业性的要求都越来越高,专业性不足和边界不清等问题也日益凸显。

(四)伦理规范和配套法规

台湾高校的心理辅导工作在伦理和法规方面的建设较完善,如"伦理守则"性别平等法"个人资讯法""心理师法"等。对于处罚和上报等程序,处理部门也都有较为完善的规定,如果出现违反伦理和法规的事情,都有"法"可依,按程序进行规范处理。这些规定最大限度保证了来访者的利益,保证了由专业人员从事心理咨询,也保证了心理咨询和辅导的专业性,捍卫了大众对心理咨询的认可。

大陆高校的心理健康教育工作在制度和法规方面的建设显得非常薄弱。教育主管部门的文件并未对工作伦理和专业保证方面做出规定,行业协会的伦理守则最近才出台,而且大陆心理咨询工作必须满足学生管理的需要,也要满足维持校园稳定的需要,很多咨询师感受到双重角色的冲突和伦理、法规困境。如遇到学生需要危机转介等问题时,往往都是特事特办,没有规范的伦理、法规可以遵循。2013 年《精神卫生法》的出台标志着相应法规建设正在进行中,但还不够规范。

三、台湾经验对大陆心理教育工作的启示

前台湾谘商与辅导学会理事长、高雄师范大学学生辅导中心主任徐西森教授指出:"台湾的现在就是十年、二十年后的大陆。"但他也谆谆告诫:"千万不要照搬某个具体的做法,一定要找到适合当地实际情况的做法。"

(一)树立心理健康工作的生态观

从学生辅导的发展脉络来看,台湾一直非常重视制度、法规的执行,不断通过各个层面的呼吁和规范给咨询和辅导工作创设良好的工作生态。高校心理健康教育工作一定不是心理咨询中心自己的事情,也不是学校维护安全稳定的工作,而是整个社会都要参与的事情。需要从人员、立法、制度建设和专业建设等方面入手,调动学生工作队伍、其他老师、学校、医院、社工、政府部门的资源,为心理健康工作营造积极的生态环境,发挥工作生态的整合作用。辅导员和心理委员等是生态发展的人员保证,立法和规范建设是生态发展的制度保证,心理健康和心理咨询本身的专业发展是生态发展的根本动力。

(二)保证心理健康工作的专业化

心理健康和心理咨询本身的专业性是行业信誉的保障,也是发展的必然。随着时

代的发展，学生的心理问题越来越复杂，只具备一点基本理念显然不能满足学生的需求，必须不断提高高校心理专业人员的专业化水平，保证专业的人做专业的事情，不能让专职人员沦为"大型活动组织者""会议筹办者""兼职咨询师的辅助者"。高校心理专业工作人员也必须处理好行政事务与专业发展的矛盾，保持专业持续发展，才能保证心理健康教育事业可持续发展。

【参考文献】

[1]樊富珉.我国高校大学生心理咨询的现状及发展[C]//国际心理治疗与危机干预学术会议论文集,2006.
[2]叶一舵.台湾学校辅导发展研究[D].福州:福建师范大学,2010.
[3]叶一舵.台湾学校心理辅导的历史回顾[J].中小学心理健康教育,2006(1):26-27.
[4]吴武典.台湾心理辅导的发展与现状[C]//第一届海峡两岸心理辅导研讨会讲纲,2003.
[5]仲稳山.中国大陆大学生心理健康教育发展优势分析[J].文教资料,2010(9):216-218.
[6]陈艺华,叶一舵,方必基.福建省高校心理咨询中心建设现状调查与分析[J].泉州师范学院学报,2013(4):89-92.
[7]陈艺华,叶一舵,方必基.福建省高校心理咨询中心建设现状调查与分析[J].泉州师范学院学报,2013(4):89-92.

思想政治理论课教学改革创新

高校思想政治理论课实践教学模式研究

——以“校内调研”实践教学模式为例

王洁敏[①]

【摘要】如何增强思想政治理论课实践教学效果，是各高校面临的重要课题。北方工业大学摸索形成的“校内调研”这一独具特色的思想政治理论课实践教学模式，能够调动学生的积极性与主动性，提升学生的思想政治理论素养，培养学生的科研精神，加强学生的沟通、协调及协作能力，增强思想政治理论课实践教学的整体效果。

【关键词】思想政治理论课；实践教学模式；校内调研

“校内调研”已成为北方工业大学思想政治理论课实践教学的重要载体之一，并对我校思想政治理论课教学效果的提升起到了积极作用。厘清“校内调研”实践教学模式的主要流程与基本特征，把握其优势与不足，探究完善该模式的方法与途径，能够不断提高思想政治理论课实践教学的效果。

一、“校内调研” 实践教学模式的流程与特征

（一）“校内调研”实践教学模式的三个阶段

1.调研准备阶段

指导教师要让学生明确要做的三件事：确定选题、调研方法、分工。在选题的确定上，指导教师要将调研参考选题提供给学生，让各组自行选择调研题目。在调研方法的确定上，指导教师要对学生进行调研方法使用培训，包括问卷调查法、观察法及访谈

---

① 王洁敏，北方工业大学马克思主义学院副教授，研究方向为大学生思想政治教育理论与实践。

法等。在小组分工的确定上,各组要根据自己已确定的选题和方法来安排组内分工。首先,指导教师要向学生阐明“校内调研”的目的:对学生来说,“校内调研”旨在提高他们多方面的能力;对指导教师来讲,指导学生的“校内调研”实践活动能加深其对学生特点的了解,以利于在今后的教学过程中有针对性地调整教学方式和提高教学能力;对学校而言,学生的“校内调研”实践成果能为学校改进管理制度、优化教育方式方法提供数据。其次,指导教师组织学生自行分组并选出小组长,让学生明确他们将和哪些同学组成一个团队共同完成“校内调研”实践活动。由于每个实践班人数较多,指导教师需要在课上组织学生打破年级、班级和专业等方面的限制自行分组、组合。这样可以使不同年级、班级和专业的学生增加沟通交流的机会,提高学生的交往能力,实现组员间专业知识的互补。最后,指导教师要向学生介绍“校内调研”的基本流程,让学生明确如何来完成“校内调研”任务。

2.具体实施阶段

首先,提交策划书。各小组在指导教师提供的参考选题范围内自行选择调研主题,并根据调研主题确定所要运用的调研方法,在此基础上完成策划书的撰写。策划书内容包括选题的目的与意义、小组成员的分工情况、活动时间的安排等。学生必须在规定时间内将策划书提交至指导教师为他们提供的班级公共邮箱。在收到指导教师反馈的修改意见后,各组要适当调整策划书,直到通过指导教师的审核,才能进入下一环节。其次,编写、发放并回收问卷。“校内调研”要以实际调查为依据,根据调研题目,各组运用已掌握的问卷设计方法自行设计问卷,包括指导语、问题与选项的编写等。问卷初步完成后,各组要将问卷发至公共邮箱待教师审阅。得到指导教师的修改意见后,各组要完善问卷,直到通过教师审核。再次,各组要有计划地发放打印好的问卷。在发放问卷时,不仅要考虑到调查对象的性别、年龄、年级、专业等因素,也要顾及问卷发放地点的覆盖面,即各组要在宿舍、图书馆、食堂、教学楼、体育场等地点发放问卷,以保证被调查对象选取的随机性。最后,分析问卷并撰写调研报告。各组对收回的有效问卷进行整理、统计、分析,撰写调研报告。各组要将完成的调研报告发至公共邮箱,在得到指导教师有关整体结构、逻辑框架、论证方式等方面的建议后对调研报告进行相应调整。

3.成果展示阶段

该阶段的任务要求学生在“校内调研”成果汇报课上完成。要求各小组尽量用最生动的形式将自己的调研结果呈现出来，让在座的其他同学能够在6分钟内了解他们的调研目的与意义、小组分工与调研过程、调研结果与最终结论等内容。其间，各组组长作为评委会成员要依据汇报小组的选题意义、语言表达、展示效果、现场感染力等条目为其打分，最后将各组长所给分数汇总平均，所得分数即各组在成果展示环节的最终得分。该阶段指导教师要对各组展示情况作出点评和小结，同时，也要对各组在整个活动中的表现给出评价。

(二)“校内调研”实践教学模式的两大特征

1.学生为主，教师为辅

在整个调研活动中，学生始终是主角，其主体性得到了最大程度的发挥。从选题到策划，从制作问卷到发放问卷，从分析问卷到撰写调研报告，直至最后展示调研成果，无不体现着学生的主体性。另外，各小组内部的分工也体现了“校内调研”模式以学生为主。各组员都是根据自己的特长及喜好去完成相应的调研任务，这就使每个人在调研活动中都处于积极的状态。在整个活动中，指导教师只是为学生选好主题、做好策划、编好问卷以及写好报告而服务。

2.形式灵活，程序紧凑

“校内调研”形式灵活，以学生课外实践为主，课堂教学为辅。“校内调研”只有两次课堂教学，一是开课，让学生明确“校内调研”的目的及意义，了解“校内调研”的流程，明确自己的任务。二是结课，各组汇报调研成果，指导教师做最后总结。整个活动程序安排非常紧凑，如策划阶段约为15天，在这段时间内，各组要提交认真撰写的策划书，内容包括调研题目、选题的意义、调研方法及小组的分工情况等；实施阶段约为30天，内容包括编写修改问卷、发放回收问卷、整理分析问卷以及撰写调研报告等。在此期间各组还要定期汇报调研团队的调研活动状况，可附带提供照片、视频等资料。

二、“校内调研”实践教学模式的成效与不足

为全面把握“校内调研”的实际效果，笔者对我校2011年春季实践班学生进行了抽样调查。该调查既能帮助我们把握“校内调研”的成效与优势，也能帮助我们发现其问题与不足，还能为进一步完善“校内调研”提供参照。

(一)"校内调研"实践教学模式成效显著

有88%的被调查学生认为,"校内调研"是连接理论与现实的一座桥梁。一方面,它帮助学生将课堂上所学的基本理论运用到现实中,深化了学生对思想政治理论的认识;另一方面,它引导学生去关注现实问题,用所学的理论去分析并解决现实问题,真正实现理论与现实的无缝对接。这种对接又能进一步激发学生对思想政治理论的兴趣,提高学生的思想政治理论素养和学生思想政治理论学习的积极性与自觉性。

有73%的被调查学生认为,"校内调研"实践教学模式使他们对科研精神有了更多的认识,自己的科研精神得到了一定程度的培养,如实事求是态度的形成、缜密逻辑思维能力的培养等。以调研报告的撰写为例,调研报告的撰写阶段,学生要从杂乱无章的调查数据中梳理出有逻辑性的线索,得出有说服力的结论,尽管有些调查结果和学生起初的看法并不相符,但学生要本着实事求是的态度用调查数据说话。在这个过程中,学生的逻辑思维能力得到了锻炼,实事求是的态度也得到了培养。

有92%的被调查学生认为,"校内调研"增强了学生的沟通、协调及协作能力。从问卷的设计、发放及回收,到最后调研报告的撰写及成果展示,都离不开成员间的沟通、协调与协作。学生除了要与本小组成员进行沟通、协调和协作之外,还要与指导教师和被调查者沟通。小组成员的协作让学生对集体有了更深的认识,对协作、合作精神有了更深的理解。

有74%的被调查学生认为,"校内调研"提高了学生认识、分析和解决现实问题的能力。受"校内调研"自身特点所限,各组所选调研主题多与大学生的学习生活密切相关,如关于大学生课余时间利用状况调查、大学生网络资源利用情况调查以及大学生校园文明状况调查等,这将学生调查研究的关注点拉回到了现实生活,让学生们开始更多地去关注现实问题,并积极地去探究现实问题的正反面,进而寻找解决这些现实问题的方法与途径。

(二)"校内调研"实践教学模式存在的问题

1.选题范围不够大

受"校内调研"实践教学模式自身特点所限,指导教师给学生提供的选题在校园内即可完成,可操作性强,如"校内调研"参考题目:学生对思想政治理论课的认同状况、学生对思想政治理论学习的兴趣程度、学生的社会责任感状况、学生对当前国内外热点问题的关注程度等。这些选题并没有完全覆盖学生的兴趣点，有19%的被调查学生认为选题范围太小，找不到感兴趣的题目。要解决该问题，应拓宽选题范围，增加参考选题。具体来说，一方面要在允许范围内进一步拓宽“校内调研”的选题范围，另一方面要提高学生对“校内调研”实践教学模式的认识水平，让学生理解选题范围与“校内调研”实践模式自身特点有关。另外，调动学生积极性，增加学生对选题的兴趣也很重要。兴趣和热情往往是做好一件事的关键所在。这就要求指导教师在开课时向学生全面准确阐释该教学环节的重要性，争取最大限度地调动学生的积极性和主动性，让学生对提供的参考选题产生兴趣。

2.调研方法不够全

受调研选题及范围所限，各组学生在“校内调研”过程中主要采用的是问卷调查法。在对学生的调研方法培训中，指导教师只是重点介绍了问卷调查法，其他方法却被一带而过。对此，有33%的被调查学生提出了调研方法单一的问题，他们希望掌握更多的调研方法。要解决该问题，应增加调研方法种类，加强调研方法的培训。除了抽样调查法之外，还可以增加个案调查法，包括观察法、访谈法等。这就需要指导教师对调研方法有科学全面的认识和把握，只有这样才能将调研方法更好地教授给学生，做好调研方法的培训，并提高学生的实践能力。

3.教师指导不够细

“校内调研”实践教学模式采取的是课堂教学和课下指导相结合的方式。由于班级人数和组数较多，加上指导教师的时间和精力有限，指导教师只是与各组长单线联系，在选题的确定、问卷的修改、调研报告的撰写等方面提供指导，而没有顾及每个学生。有31%的学生提出了教师指导不够全面细致的问题，他们希望能得到教师细致具体的指导。要解决该问题，应增强教师的责任意识，加强对学生的具体指导。作为指导教师应不断增强自己的责任意识，把做好指导工作放在第一位，以保证学生调研活动的科学性和实践成果的有效性。

警惕高校思想政治理论课教学中的“过度”创新

钟媛媛①

【摘要】思想政治理论课是高校思想政治教育工作的主渠道。在思想政治理论课教学中,要警惕对教学内容和教学手段的过度创新。过度创新,不仅会消解学生的理性思维能力,同时也是对教学目标的异化。在改进中加强高校思想政治理论课建设,要以马克思主义理论作为思想政治理论课的学科理论支撑;以社会主义核心价值观为思想政治理论课的教学主线索;以科学的内容和合理的形式满足当代大学生的需求和期待;以全员育人的“大思政”理念形成思想政治理论课教学合力。

【关键词】思想政治理论课;创新;教学

当前国际国内形势复杂多变,高校作为意识形态领域的前沿阵地,也面临着巨大的挑战。例如,马克思主义指导思想面临多样化社会思潮的挑战,社会主义核心价值面临市场逐利性的挑战,传统教育引导方式面临网络新媒体的挑战,培养社会主义事业建设者和接班人面临敌对势力渗透争夺的挑战。思想政治理论课作为高校思想政治教育工作的主渠道,面对日趋复杂的新形势,需要不断创新,在改进中加强。然而,创新是一种合规律的理性把握,“过度”创新势必违背思想政治理论课教学之根本,是对高校思想政治教育工作的伤害。

① 钟媛媛,外交学院基础教学部讲师,研究方向为思想政治教育、道德哲学。

一、思想政治理论课“过度”创新的表现

(一)教学内容过度创新

思想政治理论课承担着大学生马克思主义理论学习的任务,应以马克思主义理论为教学内容的基本支撑。在教学内容的选取和设置上,应实现知识体系和价值体系的重合,注重理论性和现实性、学术性和意识形态性的统一。创新教学内容对于思想政治理论课来说,不是一个全新话题。事实上,它一直以来都是一线教师实现优良教学效果的必然要求。相对于其他专业课来说,思想政治理论课可以说是高校课程教学内容创新频次最高的课程之一。对于思政课教师来说,无论是主观意识还是客观要求,都在积极推行教学内容的创新,并取得了显著的成绩。然而,凡事必有度,内容创新始终要围绕教学目标和教学规律进行,否则就违背了思政教学的根本,过度创新不可取。

首先,抛弃教材内容的无逻辑创新。思想政治理论课“两个转化”,其中一个就是要实现教材体系向教学体系的转化。无论怎么创新,教材在整个教学环节中始终要发挥纲领性的指导作用。然而,在实际教学中,有些老师错误理解课程“创新”,对教材内容断章取义,甚至脱离教材,将教学内容强行分割成毫无逻辑主线的板块。有的老师甚至把思想政治理论课变成了自己的专题学术报告会,严重损害了思想政治理论课教学的科学性、整体性和逻辑性。

其次,纯理论讲解和现实堆砌两个极端。思想政治理论课教学应注重理论阐释和现实分析的紧密结合。思想政治理论课的重要任务就是要跟学生阐明马克思主义基本理论,通过历史和现实的角度,帮助学生深刻认识中国共产党以马克思主义的科学理论为行动指南完成各项艰巨任务的重大意义,更加清晰理解马克思主义在当代发展的现实基础和实践需要。因此,要实现教学内容的创新,也应围绕马克思主义与具体实际“如何结合”这个核心问题展开。然而,部分老师在探索“合力”上未下功夫,却在就理论而讲理论,以及流于大量现实素材堆砌课堂的道路上越走越远。这种做法看似创新,实则完全割裂了理论和现实的内在联系。思想政治理论课之所以缺乏亲和力,其中很重要的原因,就是没有让学生感受到理论本身的魅力。脱离了现实的理论是枯燥的,而以新闻、片段式案例堆积的、未加雕琢的思政课堂,更是肤浅而失责的表现。

最后,知识体系与价值体系相割裂。思想政治理论课的主要任务是帮助青年大学

生确立正确的世界观、人生观和价值观,学会运用马克思主义的世界观和方法论去分析、解决现实社会问题,是对“是什么”“为什么”“怎么办”三个问题的回应,也必然蕴含着知识体系和价值体系相统一的问题。既要传授知识,更要实现价值提升,这是高校思想政治工作的必然要求。思想政治理论课作为高校思政工作的核心课程,更是不能将这二者割裂开来。在思政领域,有些老师认为思想政治理论课只要上出专业课的学术味道,解决了“是什么”的问题,就算完成了任务,至于“应当怎样”则不是老师教学的重点,而是学生自由选择的问题。这种观点和做法非常片面。思想政治理论课不是单纯的知识灌输,而是要培养学生的主体意识,激发学生在中国特色社会主义建设过程中发挥主人翁精神,将知识体系转化为价值体系、信仰体系。在“大思政”的背景下,高校所有课程都要承担“全员育人”任务,思想政治理论课在其中更要发挥牵引作用。还有一些老师,则将思想政治理论课价值引领作用放大化、唯一化,忽视对马克思主义理论的科学阐释,忽视对知识体系的构建,往往把本应有厚重理论的课堂,演变成了“婆婆式”说教或心灵鸡汤课。

(二)教学手段过度创新

2017年,时任教育部部长陈宝生在十二届全国人大五次会议的新闻记者会上指出,当前思想政治理论课抬头率不高,人到了心没有到,主要可能是“配方”比较陈旧,“工艺”比较粗糙,“包装”不那么时尚。[1]陈部长一针见血指出,传统思想政治理论课教学方式已然不能适应和满足当前学生的需求。因此,要积极创新课堂教学形式,丰富教学内容。任何手段都是为目的服务,教学手段和方式,应始终围绕教学目标和教学内容进行。有效整合资源,掌握学生心理和学习特点,探索灵活多样的教学方法,能极大提高课堂教学质量。然而,若是将教学手段作为思想政治理论课教学主攻方向,忽视教学内容的深度研究,则是本末倒置。不仅不是在改进中加强思想政治理论课建设,反而是在“过度创新”中损害思想政治理论课建设。当前,高校思想政治理论课教学手段“过度”创新主要表现为:

首先,多媒体的无穷炫技。随着多媒体技术的飞速发展,其在各个领域中的运用空前广泛。多媒体技术基本颠覆了传统课堂教学“讲义+粉笔”的模式,成为教学中最不可或缺的工具。很多老师开始探索多媒体技术在思政课堂的运用,图片更多了,视频更长了,PPT更炫了。总之,课堂里,文字似乎敌不过声光电的魅力,老师的讲解远不如 PPT 在考试中的分量。形式始终是为内容服务的，当整个课堂中形式占据了主导，那么内容就会显得苍白。这在很大程度上会给学生一种思维的错觉，也会影响学生对教学内容的深入理解和思考。

其次，课堂互动喧宾夺主。在高校思想政治理论课教学中合理设置课堂互动，有利于提高学生参与课堂的积极性，激发学生思考问题的能力。很多高校思想政治理论课的一线教师深知课堂互动对于课堂建设的重要性，做了很多有益的尝试。比如，在教学过程中以问题为导向，引入教学案例，或者将课堂设置成案例教学模式。又如，有些教师会依据教学内容，让学生上台做展示，充分调动学生的积极性，也取得了较好的教学效果。教学互动的设置，同样也要适度，不能喧宾夺主。有的教师，几乎把课堂全交给了学生，学生讨论异常热烈，展示也非常精彩。但学生交流讨论之后，教师却缺乏深度概括和点评，甚至有的教师在互动过程中基本丧失了课堂驾驭能力。可以说，学生主动性充分体现，教师主导性却无声消失。当最具分量的画龙点睛之笔缺失了，再精彩的课堂也只能是有形无神的。

最后，课堂教学泛娱乐化。《学记》中提出："大学始教，皮弁祭菜，示敬道也。宵雅肄三，官其始也。入学鼓箧，孙其业也。夏楚二物，收其威也。"[2]可见，教育是规范的、严肃的活动。娱乐的本质是使人获得精神上的愉悦感。因此，从本质上来说，教育和娱乐，是不冲突的，例如我们通常说的"寓教于乐"即是如此。但是，教育娱乐化则是值得警惕的。尼尔·波兹曼在其专著《娱乐至死》中深刻指出，我们身处这样一个媒介时代："在这里，一切公众话语都日渐以娱乐的方式出现，并成为一种文化精神。我们的政治、宗教、新闻、体育、教育和商业都心甘情愿地成为娱乐的附庸，毫无怨言，甚至无声无息，其结果是我们成了一个娱乐至死的物种。"[3]波兹曼的说法或许稍显夸张，但也深刻指出了当前我国高校部分思政课堂的真实情景——教育沦为娱乐的附庸。有的思政课堂成了情景剧表演场所，有的思想政治理论课被设置成了游戏闯关，而有些教师使出浑身解数，说评书、穿龙袍，千姿百态。思政课堂成了综艺大杂烩，瓦解了思想政治理论课应有的严肃性、政治性。

二、思想政治理论课过度创新的弊端

（一）异化思想政治教育教学目标

培养什么样的人，是高校思想政治工作的核心问题。思想政治理论课是高校思想政治教育的核心课程,是思想政治教育的主渠道,对“培养什么样的人”的问题,更要有清晰的认识。高校思想政治理论课的教学目标具有鲜明的时代特征,密切关注社会发展对人的素质培养的新要求,始终与党的教育方针和阶段性历史任务保持一致。习近平总书记在全国高校思想政治工作会议上强调,“提高学生思想政治素质,要教育引导学生正确认识世界和中国发展大势,正确认识中国特色和国际比较,正确认识时代责任和历史使命,正确认识远大抱负和脚踏实地”[4]。因此,“四个正确认识”可以说是当前我国高校思想政治工作人才培养目标的具体体现。在改进中加强高校思想政治理论课建设,需要创新精神。但创新不是随意的、冲动的和肤浅的,过犹不及。纵观当前思想政治理论课领域对教学内容和教学手段的过度创新,看似热闹非凡,充满活力,实则违背了思想政治理论课教育教学的基本目标和功能。

(二)碎片化的教学内容和形式,消解学生的理性思维能力

高校思想政治理论课既要传递知识,又要培养学生的理性思维能力,要帮助学生学习、掌握马克思主义理论,并且运用马克思主义的世界观和方法论去认识问题、分析问题和解决问题。当代大学生所处的外界环境可以说是不利于学生理性思维能力培养的,各种错误的社会思潮,如拜金主义、极端利己主义、享乐主义,虚无主义等,对大学生科学人生观的确立冲击很大。网络时代的去中心性和大量碎片化的信息,在一定程度上消解了主流文化的构建和理性思维的培养。因此,思想政治理论课更应发挥主渠道的作用,帮助学生透过现象看本质,寻找每一个碎片化孤立事件的逻辑联系,而不是在娱乐的潮流中走向被同化的境地。

三、以理性创新精神改进和加强思想政治理论课建设

(一)以马克思主义理论作为思想政治理论课的学科理论支撑

中共中央宣传部、教育部《关于进一步加强和改进高等学校思想政治理论课的意见》中清晰阐明了马克思主义理论学科与思想政治理论课之间的关系:“设立马克思主义一级学科,开展马克思主义理论体系研究,开展马克思主义发展史、马克思主义中国化研究,开展思想政治教育研究,为推进党的思想理论建设和巩固马克思主义在高等学校教育教学中的指导地位,为加强高校思想政治理论课建设,培养思想政治教育

工作队伍提供有力的学科支撑。"高校是学习和宣传马克思主义理论的重要阵地,思想政治理论课教学要以马克思主义理论为学科支撑。思政课一线教师要积极参与到学科建设中,将马克思主义理论教学与学术研究有机融合,将马克思主义中国化的最新成果及时充实到教学中,实现马克思主义理论学科与思想政治理论课之间的良性互动。

(二)以社会主义核心价值观为思想政治理论课的教学主线索

所谓"传道授业解惑",可以说,不能为学生解惑的思政课教师,是不称职的。当前,世界范围的各种思想文化交流交锋交融日益频繁,巩固马克思主义作为意识形态领域的指导地位面临挑战。国内社会多元价值交织渗透,高校思想政治教育工作形势日趋复杂。形势越严峻,越要坚持不懈地培育和弘扬社会主义核心价值观,将社会主义核心价值观贯穿于思想政治理论课的整个教学过程。习近平总书记尤其重视青年大学生的核心价值观培养。"我为什么要对青年讲讲社会主义核心价值观这个问题?是因为青年的价值取向决定了未来整个社会的价值取向,而青年又处在价值观形成和确立的时期,抓好这一时期的价值观养成十分重要。这就像穿衣服扣扣子一样,如果第一粒扣子扣错了,剩余的扣子都会扣错。人生的扣子从一开始就要扣好。"[5]思政课教师,要有充分的理论自信和开放的心态,敢于直面各种非马克思主义思潮,回应质疑,解答学生的种种困惑,使学生对马克思主义理论真信、真懂、真学、真用。

(三)以科学的内容和合理的形式满足当代大学生的需求和期待

习近平总书记深刻指出"要用好课堂教学这个主渠道,思想政治理论课要坚持在改进中加强,提升思想政治教育亲和力和针对性,满足学生成长发展需求和期待"[6]。可见,新形势下,高校思想政治教育课程,无论如何改进和创新,都要符合学生的成长发展需求,要满足学生的期待,要具有针对性。那么,当前我国大学生的需求和期待是什么呢?当前高校的学生主体是95后,他们出生于一个开放的时代,成长于经济飞速发展、文化多元多样、网络技术日新月异的时期。这样的环境赋予了他们更加开放的思想、独立的性格和个性化的信息接收习惯。当代大学生对待新鲜事物好奇心甚、求知欲强。同时,庞杂的信息圈、多元的文化氛围,使得他们更加期待走出迷惑,拥有是非和价值判断的能力。因此,高校的思想政治理论课创新,无论是内容还是形式,都应真正联系学生的所需所想,为他们答疑解惑。事实上,那些曲解了创新的做法,尤其是在形式上走向娱乐化的思政课堂,看似学生的积极性和参与度很高,可是在学期的学生评教中得分往往并不高,这恰恰说明,学生的需求和期待并不是通过这些过度创新的形式来实现的。

(四)以全员育人的“大思政”理念形成思想政治理论课教学合力

思想政治理论课虽说是高校思想政治教育的主渠道,发挥主要作用,但高校思想政治教育工作绝非思政课“一家之事”,要坚持“立德树人”是所有教育工作者的神圣使命,要践行全员育人的“大思政”理念。长期以来,思想政治理论课和各个专业课之间,始终存在“两张皮”现象。思政工作创新改革,重要任务之一就是要挖掘专业课的思想政治教育资源。正如习近平总书记强调的,“其他各门课都要守好一段渠、种好责任田,使各类课程与思想政治理论课同向同行,形成协同效应”。无论是专业课,还是思想政治理论课,都要注重在价值引导中凸显学术底蕴,在知识传授中加强价值引领,实现“思政课程”向“课程思政”的积极转化。同时,要明确高校各级党组织在思想政治教育工作中的主体责任。在管理机制上,将思想政治教育工作融入大学生的学习生活和就业创业,真正形成全方位、立体式的思政教育合力。

【参考文献】

[1]人大举行记者会,教育部部长回应热点:教育改革发展要精准发力[N].人民日报,2017-03-13(4).

[2]学记[M].潜苗金,译注.杭州:浙江古籍出版社,2011:13.

[3]波兹曼.娱乐至死[M].章艳,译.广西:广西师范大学出版社,2011:56.

[4]习近平在全国高校思想政治工作会议上强调:把思想政治工作贯穿教育教学全过程 开创我国高等教育事业发展新局面[N].人民日报,2016-12-09(1).

[5]习近平谈治国理政[M].北京:外文出版社,2014:172.

[6]习近平在全国高校思想政治工作会议上强调:把思想政治工作贯穿教育教学全过程 开创我国高等教育事业发展新局面[N].人民日报,2016-12-09(1).

把握事、时、势精准提升思想政治理论课亲和力

——以北京中医药大学为例

李丽娜①

【摘要】亲和力和针对性是提升思想政治理论课质量与效果的基本因素，也是思想政治理论课散发魅力、增强学生获得感的努力方向。北京中医药大学思想政治理论课为破解当前亲和力不够的难题，深刻把握因事而化、因时而进、因势而新的总方法要求，结合中医药大学生的特点和学校特色，从具体事务、实际情况展开，进一步了解中医药大学生的时代气质，进而观大势、识大局、谋创新，切实增强亲近感、展现时代感、提升和谐感。

【关键词】思想政治理论课；因事而化；因时而进；因势而新；亲和力

2016年12月，习近平总书记在全国高校思想政治工作会议上的重要讲话中特别强调："要用好课堂教学这个主渠道，思想政治理论课要坚持在改进中加强，提升思想政治教育亲和力和针对性，满足学生成长发展需求和期待。"[1]这一命题既肯定了高校思想政治理论课主阵地、主渠道的战略地位，又为深化高校思想政治理论课改革指明了战略方向和攻关重点。精准提升高校思想政治理论课亲和力，关键要"因事而化、因时而进、因势而新"，真正将思想政治理论课变成学生真心喜爱、受益终身的课程。作为以中医药人才教育为办学特色的高校，北京中医药大学牢记特殊使命，坚持立德树人、以文化人、以文育人的宗旨，紧紧围绕中医药人才特点，深入推进思想政治理论课改革，破解思想政治理论课亲和力不够的难题，深刻把握"事、时、势"，积极落实"化、进、新"，逐步提升思想政治理论课的亲切感、时代感与和谐感。

---

① 李丽娜，北京中医药大学马克思主义学院副教授，研究方向为马克思主义基本原理、大学生思想政治教育理论与实践。

一、因事而化增强思想政治理论课亲近感

“智者随事而制。”因事而化就是要依据学生的特点和活动进行教化和引导。好的思想政治理论课绝不是空对空，一定是从具体事情、实际情况展开的。北京中医药大学思想政治理论课的教学与科研活动牢牢抓住“事”来拉近与学生的距离，既围绕有关中医药学生世界观、人生观、价值观的大事，也围绕生活琐事来进行。高校思想政治理论课关系着高校培养什么样的人、如何培养人以及为谁培养人的根本问题，其亲和力的提升势必要从学生实际出发，在各种事情中能够想学生成医之需、解学生从医之惑。医学生不仅要医术精湛，更要政治坚定、医德高尚，他们的最大实际就是专业性强、学制较长、实验操作要求高。号准中医药学生的思想脉搏，结合具体事务，围绕学生、关照学生、服务学生才能开对方子，拉近思想政治理论课与学生的距离。正所谓亲其课，进而才能信其道、践其行。

（一）想学生成医之所需

博学而后成医。想学生成医之所需就是要考虑学生在政治思想上、学习上、生活上、心理上想成为良医的所有需要。需要的契合是提升思想政治理论课亲切感的前提，同时也是亲和力生成的起点。思想政治理论说到底是做人的工作，当前思想政治理论课不能让学生非常满意的根本原因在于课程与个人发展需要之间存在断裂，无法契合学生的真正需要。因此，思想政治理论课要真正被学生喜爱，必须做到目中有人，满足学生成长成才的需要和期待，“为学生一生成长奠定科学的思想基础”[2]，帮助学生扣对、扣好人生的第一粒扣子。思想政治理论课教学目标的设置、教学内容的选择、教学方法的运用、教学考核的方式等各个环节都要围绕学生之所需来开展。人的需要是人的本性，是人从事一切生产活动的最终动因。“任何人如果不同时为了自己的某种需要和为了这种需要的器官而做事，他就什么也不能做。”[3]人的需要是动态和多层次的，马克思将人的需要按层次划分为物质需要、精神需要和发展需要。通常情况下人的需要越大，产生的动力越足，在追求过程中对需要的事物越亲近、越认同。需要的契合是提升亲和力的原初动因。为了满足医学生成长为优秀医生的需要，北京中医药大学思想政治理论课教学过程融入中华优秀传统文化和中医药文化的内容，力求培

养立场坚定、博学多识、技术精湛的良医。如“马克思主义基本原理概论”课程采用经典医案教学，精选中国古代经典医案深入分析、讨论，揭示出其中蕴含的哲学道理。思想政治理论课不仅让学生学以致用，还能够帮助学生深入学习专业课，就会让学生感到离得近，有亲切感。针对七年制、八年制的中医药学生基础扎实、思维活跃、求知欲强，也没有考研压力的现实，重点开展以案例为先导、以问题为中心的研究性学习，通过阅读经典的马克思主义原著，满足他们扩大知识储备、成长成才的发展需要。

（二）解学生为医之所惑

厚德而后为医。解学生为医之所惑就是在帮助学生成为具有仁心仁术的良医过程中不断答疑解惑，这也是思想政治理论课赢得学生信任的集中体现。“物有本末，事有终始。知所先后，则近道矣。”了解学生的需要和期待后，与学生的距离拉近了，还要进一步在具体实践活动中为学生解释疑惑。思想政治理论课实际上就是一个释疑解惑的过程，“为学生解答人生应该在哪用力、对谁用情、如何用心、做什么样的人的过程，要及时回应学生在学习生活社会实践乃至影视剧作品、社会舆论热议中所遇到的真实困惑”[4]，解开思想的疙瘩，引导学生形成积极健康的思想认识。北京中医药大学的“马克思主义基本原理概论”课程在每学期的第一节课都会让学生充分表达他们所认识的“原理课”是什么、通过学习想收获什么、最关心什么问题等。近几年医学生对马克思主义有了深入的了解，据调查，有 90%的人表示读过马克思主义的相关著作，有 95%的人关心社会主义和资本主义的区别，有 99%的人关心共产主义的实现问题。由此可见，中医药学生的知识面专深，普遍关注社会发展的热点、难点问题；与此同时，他们的知识体系尚未搭建完成，价值观塑造尚未成形，情感心理尚未成熟，对问题的认识仍停留在表面，缺乏辩证的思维能力。个别同学仍存在医生只凭技术吃饭，不用重视综合素质培养的错误认识。根据这一特点，思想政治理论课的课堂教学在目标上致力于深入理解马克思主义的基本理论，并能运用理论去分析、解决现实的问题；在内容上以教材为基础，选取能够反映医德医风与中医药专业相关的典型事例结合中国特色社会主义实践中的重大现实问题、社会焦点问题，找准重点难点内容。教师要对学生普遍关心而自己又讲不深讲不透，但又必须解释回答的问题进行深入研究。原理课教研室采取集体备课制度，在学习、交流、讨论中解决了一个又一个这样的问题。在教学方法上，根据教学内容适当地选择案例教学、讨论交流、情景体验、微课等方式以求达到理想的效果。“马原靠谱”微信群是学生与老师交流的第二课堂,通过微信群老师能够及时回答学生所关注的理论和现实问题,进一步引导其思考。思想政治理论课的实践教学活动也是依据中医药学生的生活取材,针对他们所关心的话题和社会中的矛盾问题进行调查研究。比如学生进行的“北京中医药大学学生参与思想政治理论课实践情况的调查与研究”“医学生马克思主义信仰的调查与研究”“医学生对2017年北京新医改的初期反馈调查”等体现学生特点和学校特色的课题调研。这些实践活动既有利于学生拓宽知识面,加深对社会问题的认识,又有助于学生把握教材以外的教育资源,加深对马克思主义理论的理解。

二、因时而进展现思想政治理论课的时代感

“明者因时而变。”因时而进的“时”分为“大时代”与“小时机”。“大时代”是从大的方面来看,思想政治理论课要倾听时代声音、紧跟时代步伐、摸准时代脉搏,把握机遇;“小时机”是从小的方面来看,思想政治理论课要找准时机,讲究时效。因时而进就是思想政治理论课要紧扣时代脉搏,抓住时机,相机而进,谋求发展。因时而进不仅关系到思想政治理论课如何培养人的问题,还关系到提升思想政治理论课的时代感。北京中医药大学的思想政治理论课紧扣时代课题,因时制宜、应时而动、顺时而进提高中医药院校思想政治理论课时代感,让时代的外部振动与课程的内在脉动同频共振,同向而行。

(一)紧扣大时代

时代是思想孕育的母体,抓住大学生所处的时代背景和身上所烙下的时代印记是增强思想政治理论课时代感的前提,也是提升针对性与亲和力的基础。中医药大学生既有当代大学生的普遍特点,又有自身独特的地方。当前,实现中国梦是全体中华儿女的共同愿望,这一时代最强音将在广大青年的接续奋斗中谱写完成。习近平总书记讲过:“每一代青年都有自己的际遇和机缘,都要在自己所处的时代条件下谋划人生、创造历史。青年是标志时代的最灵敏的晴雨表,时代的责任赋予青年,时代的光荣属于青年。”[5]中医药大学生的思想政治理论课就是要用中国梦激扬青春梦,激励学生把个人理想追求融入国家和民族的伟大事业,自觉承担自身的责任与使命,传承中医

药精神、弘扬中医药文化、助力健康中国。

“经过长期努力,中国特色社会主义进入了新时代,这是我国发展新的历史方位。”[6]当代大学生是实现“两个一百年”奋斗目标的全程参与者,他们身上的时代气质是“朝气蓬勃、好学上进、视野宽广、开放自信,是可爱、可信、可为的一代”[7]。中医药大学生同样具有这样的时代气质,但与其他专业大学生相比,他们又具有自身的特点。他们的社会性突出、专业实践性强、思维活跃、中国传统文化底蕴深厚。医学生肩负着生命的重托,社会对医生的要求标准高,中医药人才既要有深湛的专业知识,力求拥有精湛的医术,还必须有较高的人文社会科学素养,力求拥有高尚的医德。此外,中医药是打开中国传统文化的钥匙,中医药人才只有具备深厚的中国传统文化底蕴,才能在中医药领域有所建树。关注中医药大学生的这些特点为上好思想政治理论课奠定了基础。以文化人的育人模式、以寻找共通性的马克思主义理论教育、以“双色为主题”的实践教学模式、以医学与人文为主题的医德教育等无不体现着中医药大学生的时代特点。捕捉到这些时代特质的思想政治理论课才能激发学生的使命感,赢得信任感,传递主流价值观,教学相长与学生携手同行。

当今的大学生是真正互联网上的原住民和拇指一代。在一定意义上,当今时代谁赢得了互联网,谁就赢得了大学生。思想政治理论课+互联网的趋势已经势不可挡。北京中医药大学思想政治理论课充分利用互联网、微博、微信等新媒体技术,搭建了师生互动交流的平台。如“马克思主义基本原理概论”的课堂把教师讲授与微课堂学生对话互动有机结合,针对教师讲授的内容,学生利用微信可以随时发表自己的想法,也可以为其他同学的发言点赞。同学们的交流内容被放在了荧幕上,提高了学生的参与热情,锻炼了概括能力,拓宽了视野,深化了理论的学习与领悟。此外,利用新媒体制作的微短剧也深受学生的喜爱,教师讲解马克思的一生,学生将马克思的家庭、求学、爱情、友谊、事业等设定角色表演出来,还将郭沫若先生的《马克思进文庙》表演出来。微短剧激活了课堂,使学生较好地掌握了马克思主义的基本理论和方法,深刻把握中国传统文化的精髓。

(二)讲究小时机

“好雨知时节,当春乃发生。”好的思想政治理论课要像好雨一样关键在于知时节,在适当的时候发生,才能取得好的效果。正如种小麦到了灌浆期,如果阳光水分肥料跟不上，这一季庄稼的收成就会受影响。思想政治理论课要应景和及时，才能为大学生的思想观念、价值取向、精神风貌的形成提供充足的“阳光水分肥料”这些营养物质。

紧扣“大时代”才能讲究“小时机”。思想政治理论课只有契合当代的社会背景，关注复杂的国内外环境，了解当前大学生的时代烙印才能捕捉到教育的时机，相机而动，发挥作用。在时代发展的历史进程中，积极回应现实诉求，抓住重要任务和关键问题，为理论的深化与实践奠定科研条件。北京中医药大学思想政治理论课教师抓住现实中的问题积极进行科学研究，这些科学研究大多数体现了学校特色和学生特点，并被发表在较高水平的学术期刊上。

当前思想政治理论课效果不理想的原因之一就是不尊重学生成长发展和个体思想品德变化的规律，不能找准最佳时间。错失良机，就会事倍功半。北京中医药大学的思想政治理论课教师不少有过学生工作经历，新入职的青年教师都积极担任班主任，这就有利于深入了解学生、关注学生、服务学生。因此，当学生出现迷茫、失落、困惑时，总能第一时间向思想政治理论课教师寻求帮助，而思想政治理论课教师也会及时掌握班上每一位学生的思想变化，适时地给予鼓励、指导和帮助。思想政治理论课以问题为中心，当学生面对理想与现实的差距、铺天盖地的负面信息和各种抹黑社会言论时，容易思想混乱、随波逐流，这个时候恰恰是思想政治教育的最佳时机。思想政治理论课要直面问题、直击事件本身，坚守立场、坚守真理，敢于亮剑，反击各种错误思潮，引导学生形成正确的思想和价值取向，提高辨别是非的能力。针对中医药学生信教比例的增多，“马克思主义基本原理概论”课程教师通过学习习近平总书记在全国宗教会议上的讲话，围绕宗教问题设置了一系列问题链，引导学生用马克思主义立场、观点、方法认识和对待宗教，形成马克思主义的科学信仰。

三、因势而新提升思想政治理论课的和谐感

“善战者，因其势而利导之。”因势而新就是要谋势、顺势而改革创新。因势而新才能“找准思想认识的共同点、情感交流的共鸣点、利益关系的交汇点、化解矛盾的切入点”，将“大水漫灌与精准滴灌”结合起来，使思想政治理论课系统中的不同要素、不同方面协同创新，让学生真正受益、终生有用。思想政治理论课要因势而谋、因势利

导,善于“教育引导学生正确认识世界和中国发展大势,从我们党探索中国特色社会主义历史发展和伟大实践中,认识和把握人类社会发展的历史必然性,认识和把握中国特色社会主义的历史必然性,不断树立为共产主义远大理想和中国特色社会主义共同理想而奋斗的信念和信心;正确认识中国特色和国际比较,全面客观认识当代中国、看待外部世界”[8]。思想政治理论课还要因势而动、顺势而为,根据趋势的变化使目标更明确、内容更“营养”、方法更新颖、话语更鲜活。

(一)明大势

因势而新的出发点是“势”。“势”有“大势”与“小势”之分。“大势”指的是世界和中国发展大形势,主要表现为:一是国际局势纷繁复杂、世界格局深刻调整,经济全球化、政治多极化、文化多元化;二是中华民族正迈向伟大复兴,新时代中国特色社会主义强劲发展,朝着实现“两个一百年”的奋斗目标稳步前行。“小势”就是遵循思想政治工作的规律、教书育人的规律和学生成长成才的规律。

大学生正确认识世界和中国发展的大势,才能拥有世界眼光形成大格局、大气度、大智慧。北京中医药大学“马克思主义基本原理概论”课程将关乎学生对外部世界的看法、当今时代的判断、自身责任与历史使命的问题融入教学科研。比如世界局势变动不居,国际关系错综复杂,其根本原因是什么?中国与世界如何各美其美、互通互融?当前国家和人民的共同期望和目标是什么?中医药大学生肩负什么使命又该如何去做?……解决好这些问题,就会逐步引导中医药大学生对世界有正确的认识,对社会的现实有正确的判断,对自身重新定位,面对千变万化的局势、鱼龙混杂的思想观点,能够坚定立场、不失方向、辨析甄别、过滤净化,提高思想水平,做到“乱云飞渡仍从容”,保持足够的思想定力。中医药大学生要在社会发展的大趋势下推动中医药走向世界,传播中华优秀传统文化,以中医宝库和中国智慧造福更多民众。思想政治理论课还要“遵循思想政治工作规律,遵循教书育人规律,遵循学生成长规律”,不断提升思想政治理论课的科学化水平。这三大规律是思想政治理论课自身的“势”,遵循规律持续优化教育教学活动,增强学生的获得感和教师的职业荣誉感,在和谐共赢的过程中发挥作用。

(二)谋创新

习近平总书记在全国宣传思想工作会议上指出:“宣传思想工作的社会条件已大

不一样了。有些做法过去有效,现在未必有效;有些过去不合时宜,现在却势在必行;有些过去不可逾越,现在则需要突破。‘不日新者必日退。’”[9]宣传思想工作与思想政治理论课有内在的一致性,也就是当前形势发生了变化,宣传思想工作和思想政治理论课都要开拓进取、谋求创新。因势创新的落脚点在于“新”,也就是要求思想政治理论课根据国际国内发展大势、遵循思想政治工作的三大规律推动各个环节的同步创新。北京中医药大学“马克思主义基本原理概论”课围绕“立德树人”这个中心环节,以培养全面发展的中医药人才为目标,将课程内容和教学方法同步创新、内外兼修作为重中之重。

首先,优化“配方”,让内容更有“营养”。理论越彻底,越能征服人。优化思想政治理论课的内容是创新的内功,主要从三个方面着手:一是整合教材内容。研究教材体系、领会教材精神、吃透教材内容,集体备课融入中医药文化精心设计教案。二是更新教学内容。将社会变化发展中出现的新情况和新问题、国内外理论界的最新动态及时充实进教学内容中,增强内容的思想导向性和社会现实性。三是攻关研究重点难点问题。教师在进行科学研究的基础上开展重点难点教学,这样才能取得好的效果。重点难点问题是从学生中来到学生中去的,教师要了解学生,对所教内容要真信、真懂、真学、真用。“在研究教学中的‘重难点’问题时,一方面要注重对‘重难点’进行理论分析上的推导,另一方面也要注重对‘重难点’进行相关的、适度的展开与延伸性分析,从而使大学生基于理解和拓展性学习,思考、掌握马克思主义理论。”[10]

其次,改进“工艺”,让方法更新颖。思想政治理论课的教育教学方式方法改革日益多元化,如翻转课堂、参与式教学、讨论启发式教学、研究性教学、体验式教学、对话互动式教学等,当前思想政治理论课教学方式的改革取得了极大的成就。随着互联网和信息技术的发展,大学生几乎无人不网、无处不网、无时不网,综合运用慕课、微课、微信、微电影等新方式,不仅激活了思想政治理论课,还发挥了大学生的自觉性。针对七年制、八年制的中医药学生,思想政治理论课实行了同课异构的教学模式,在准确把握教材的基础上,分为完整的主题教学单元,追求专题意义的整合,既发挥了教师之所长,又引导了学生进行精深研究学习。

最后,丰富语境表达,让话语更鲜活。正确的内容要实现正确的理解,好的方法要变成管用的方法,离不开与鲜活生动的语境切合。把语境化为心境,才能使真理进入心里。思想政治理论课要避免宏大化、教条化、空泛化的说教模式,应该贴近学生,创新理论话语表达，在有情有趣中阐述大道理，在鲜活鲜亮中讲述大理论，“让马克思说中国话，让大专家说家常话”，从而将基本原理变成生动的道理，让根本方法变成管用的方法。

【参考文献】

[1]习近平在全国高校思想政治工作会议上强调：把思想政治工作贯穿教育教学全过程开创我国高等教育事业发展新局面[N].人民日报，2016-12-09(1).

[2]习近平在全国高校思想政治工作会议上强调：把思想政治工作贯穿教育教学全过程开创我国高等教育事业发展新局面[N].人民日报，2016-12-09(1).

[3]马克思，恩格斯.马克思恩格斯全集：第3卷[M].北京：人民出版社，1960：286.

[4]习近平首次点评“95后”大学生[N].人民日报，2017-01-03(2).

[5]习近平.青年要自觉践行社会主义核心价值观：在北京大学师生座谈会上的讲话[M].北京：人民出版社，2014：3.

[6]习近平.决胜全面建成小康社会夺取新时代中国特色社会主义伟大胜利：在中国共产党第十九次全国代表大会上的报告[M].北京：人民出版社，2017：10.

[7]习近平首次点评“95后”大学生[N].人民日报，2017-01-03(2).

[8]习近平在全国高校思想政治工作会议上强调：把思想政治工作贯穿教育教学全过程开创我国高等教育事业发展新局面[N].人民日报，2016-12-09(1).

[9]人民日报社理论部.学习习近平总书记8·19重要讲话[M].北京：人民出版社，2013：27.

[10]张雷声.在改进中加强思想政治理论课建设的协同研究[J].思想理论教育导刊，2017(7)：121.

高校思想政治理论课开展主体体验式教学的现实诉求及对策分析

袁和静[①] 杨延圣[②] 李秀果[③]

【摘要】高校思想政治理论课程的国家课程属性及其承担的功能目标要求课程必须符合大学生的实际需要,而主体体验式教学是深化大学生主体课程认识、激发大学生主体学习兴趣和丰富大学生主体参与体验的有效选择。本文在解读主体体验式教学内涵及学理依据的基础上,通过对1047份浙江省高校思想政治理论课程教学问卷调查的研究,从四个维度探讨了高校思想政治理论课课堂开展主体体验式教学的现实诉求,并有针对性地从创新教学理念、优化教学内容、改善教学方式和强化实践教学四个方面提出了实施主体体验式课堂教学改革的基本思路。

【关键词】主体体验式教学;思想政治理论课;课堂教学

高校思想政治理论课是一门以学科或理论形态通过课堂教育的方式对大学生直接进行马克思主义理论与思想政治教育的课程。由于是体现社会主义国家性质和统治阶级意识形态的课程,因此党和政府高度重视思想政治理论课程在高校的设置,教材编辑选用、课程内容设置、课程建设标准等方面都由国家统一制定和实施。但在强调其国家课程重要属性的同时,高校的思想政治理论课程教学很容易引发实践操作层面的失范,相当一部分教师单纯地把思想政治理论课当成理论传递的工具,片面简单地进行理论教授,而忽视作为课堂主体的学生的能力与情感的表达,导致高校思想政治理论课课堂教学变成了空洞的理论说服教育,缺乏说服力和吸引力,在一定程度上影响和制约着课程育人目标和功能的实现。

---

① 袁和静,北京中医药大学马克思主义学院副院长,研究方向为思想政治教育。
② 杨延圣,浙江工业大学马克思主义学院副教授,研究方向为思想政治理论课教学与大学生思想政治教育。
③ 李秀果,山东省临沭县临沭街道第二小学高级教师,研究方向为学生思想政治教育。

一、主体体验式教学的学理分析

(一)主体体验式教学的内涵解读

主体体验式教学理念的提出基于美国学者大卫·库伯(David Kolb)在1984年提出的“体验学习圈”理论,他认为学习过程是由具体体验、反思观察、抽象概括和主动检验四个适应性学习阶段构成的环形结构,[1]该理论提出后被广泛应用于教学实践活动中。笔者在总结把握“体验学习圈”理论的基础上,结合自身思想政治理论课程教学实践经验,将这一理论延伸到思想政治理论课程教学实践。基于此,笔者认为主体体验式教学是指在教学实践活动中,强调学生在其中的主体地位,根据学生参与教学实践活动的行为特征和规律,以营造民主、平等、和谐的教学氛围为前提,以唤起学生学习兴趣、调动学生学习积极性为核心,以学生在情感、思维、行为等方面积极主动参与到教学实践过程中为基本特征,让不同层次的学生都能主动参与并自我提升的教学模式。基于“体验学习圈”理论的主体体验式课堂教学实践,不仅仅是一种教学方法的改革,更是一种教学理念的创新,这种教学模式有利于进一步强化学生在教学实践活动中的主体地位,在促进学生全面发展、提高课堂教学实效性方面具有重要作用。

(二)主体体验式教学的学理依据

1.主体体验式教学是马克思主义哲学思想在教学活动中的反映

马克思主义哲学认为,人的本质是一种自由自觉的生命活动,这种生命活动的自由自觉性正是作为人在生活世界中的主体性的根本表现。[2]马克思认为要真正实现人的自由自觉就必须消灭剥削,实现人的彻底解放,建立共产主义社会。而教育就起着解放人本身、塑造人本身的重要作用。马克思、恩格斯也曾说过,教师是造就人的全面自由发展的根本方法。主体体验式教学其实最根本的就是解放受教育者和学习者的被动学习局面,培养他们学习的兴趣和能力,促进他们的全面发展。因此,主体体验式教学既是本体论、规律论、价值论、实践论哲学在实践中的逻辑延伸,也是这些哲学实践在教育活动中的贯彻。

2.主体体验式教学是教育心理学研究成果在教学活动中的应用

教育心理学认为人的个性心理结构分为智力因素和非智力因素,从学生在教学实践活动中的心理状态分析,学习分为两个方面:感觉—思维—创造,被称为认知过程,属智力因素;兴趣—情感—意思,被称为志向活动,属非智力因素。学生的学习活动正是两者相互制约、相互促进的辩证统一过程。美国著名心理学家布卢姆研究认为,“90%的学生的能力倾向差异只不过是学习速度的差异,而不是智能差异”[3],而学习速度的差异往往是非智力因素影响所致。主体体验式教学正是培育学生非智力因素的策略,帮助激发学生的学习动力系统,培养学生积极主动的心理状态,让学生在自主参与实践中获取更多的知识。

3.主体体验式教学是教育学各类理论发展在教学活动中的创新

行为主义教学理论、认知主义教学理论和人本主义教学理论是当前教育学界最主要的三种教学理论,这三种教学理论都在不同层面涉及了主体体验式教学的特征。如行为主义教学理论认为教学的目的就是提供特定的刺激,以引起学生的特定反应;认知主义教学理论强调发现教学方法、强调学习过程、强调直觉思维、强调内在动机;人本主义教学理论更是在合理汲取前两种教学理论优秀内涵的基础上提出教学要以学生为本,教学的最终目标是使人成为真正自由独立的人,进而确定了情境教学、探索问题、形成见识、计划和抉择、整合五个阶段的非指导性教学过程。[4]由此可见,主体体验式教学是在吸收当前各类教学理论流派优秀品质的基础上形成的一种全新的教学方式。

二、高校思想政治理论课课堂开展主体体验式教学的现实诉求

为了解作为主体的学生在当前高校思想政治理论课课堂教学的融入状况、体验程度和教学评价,以深化对高校开展思想政治理论课课堂教学实际情况的认识,为在思想政治理论课课堂上有效开展主体体验式教学提供现实依据,笔者以浙江省部分本科高校为例,从学生主体角度出发,通过学生对课程认知、教学内容、教学方法和形式以及教学成效的评价等四个维度进行了问卷调查。调查共发放问卷1100份,收回有效问卷1047份,有效问卷回收率为95.2%。为保证调查的客观公正,问卷调查选择对象为已经修读完相关课程的学生。

(一)课程功能认识不足,主体兴趣不浓

对课程功能认识和课程兴趣的调查主要围绕课程学习动机和课堂表现情况进行。

调查显示,40.2%的学生课程学习动机为“是必修课,必须上”,远远超过“提高思想政治理论素质”选项。课堂表现方面,51.6%的同学表示自己有思想政治理论课旷课的经历,旷课群体中43.8%的同学明确表示旷课的原因是对课程不感兴趣。基于以上数据,笔者认为当前高校思想政治理论课课堂教学问题较为严峻,学生对高校思想政治理论课重要性的认识不足,仅仅将其当作完成学业修满学分的课程,而没有真正意识到思想政治理论课程对塑造大学生健全人格、培育大学生正确三观以及推进中国特色社会主义事业、实现中华民族伟大复兴中国梦的重大意义。正是这种片面简单化的认识,加上自我管理、自我约束能力较差,导致作为课堂主体的学生自觉融入课堂教学实践中的兴趣不够强烈。

(二)课堂教学内容重理论,主体体验不强

教学内容是影响学生主体体验感的重要因素,教学内容是否关乎学生成长需要,是高校思想政治理论课课堂教学实效性的重要指标。调查数据显示,26.8%的学生认为“教材过于偏重理论,与现实不合”是当前思想政治理论课课堂教学中存在的最主要问题,这一结论也可以从“思想政治理论课老师讲授的内容能否有效地帮助你解决现实问题”的调查数据来证实。调查显示,52.7%的学生认为课程内容不能有效地帮助解决现实问题。笔者认为造成这一现象主要基于两个原因:一是学生受社会不良风气影响,功利性色彩浓厚,凡事喜欢追求立竿见影的效果,但思想政治理论课对人的影响应该是潜移默化的,成效也不是即刻体现的;二是教师课堂教学内容陈旧,不能很好地结合社会现实进行理论解读和案例分析,导致学生主体无法在课堂教学中具有切身体验感。

(三)课堂教学形式单一,主体参与不够

课堂教学形式是激发学生主体参与教学实践的关键所在,在很大程度上影响着学生主体参与的积极性和主动性。调查数据显示,在当前的思想政治理论课课堂教学中,81%的学生表示会在课堂上做与课堂无关的事情,其中23.7%的学生认为这主要是“灌输型教学模式,学生参与度低”造成的。笔者认为造成这一现象的原因主要在于教师并未真正在课堂教学组织形式上充分尊重学生的主体地位,主动式、开放式、参与式的教学形式并未真正被运用到教学实践过程中。虽然很多高校都已经采取了多

媒体教学,但绝大多数只是课程内容的一种呈现方式的转换,教师“一言堂”的教学形式并未发生实质性的改变,教师与学生之间依旧是一种传统的、简单的、单向的师生互动,学生缺少条件参与到思想政治理论课课堂教学活动中来。

(四)课程实践教学薄弱,主体融入不足

实践教学是深化学生主体理论学习的重要途径,高校思想政治理论课作为一门特殊的课程,更需要在实践教学中增强学生主体的融入,通过学生主体感性认识的获取加深其对理性认识的深化。调查数据显示,30.5%的学生认为当前思想政治理论课教学缺乏必要的实践环节,33.2%的学生认为思想政治理论课教学因缺乏实践检验,并没有帮助自己加深对马克思主义理论的了解。这在印证只有实践才能出真知的同时,反映出学生对思想政治理论课实践教学的需求。笔者认为出现课程实践教学薄弱的情况主要是由于思想政治理论课程教学内容的理论体系并未真正实现向实践体系的转化。特别是很多高校单纯地把教学实践等同于第二课堂校园文化活动,扭曲了思想政治理论课实践教学的真实意蕴。

三、高校思想政治理论课课堂实施主体体验式教学的基本思路

教育部原部长袁贵仁曾强调,要把高校思想政治理论课建设成为大学生真心喜爱、终身受益、毕生难忘的优秀课程。可以说,整个课程建设目标群体评价和功能评价的主体指向性是非常明确的,大学生作为高校思想政治理论课的主体地位毋庸置疑。但反观当今课程建设的实际与成效,大学生的主体性并未得到充分的尊重与激发,因此如何在思想政治理论课课堂教学实践中激发大学生主体意识,开展主体体验式教学已成为教育领域的重要课题。

主体体验式教学融入高校思想政治理论课课堂教学的基本步骤主要分为两步:第一步是教师有意识地创设各种情境,唤醒学生的学习兴趣,通过学生在特设的情境中的真实体验引导学生进行知识思维的抽象概括,从而实现知识的内化;第二步是通过实践教学的设计,引导学生在具体的应用情境中实现对内化知识的主动检验,从而深化对理论知识的理解。而要在课堂教学中真正做到这两步,则需要从教学理念、教学内容、教学方式、实践教学等方面进行顶层设计和科学架构。

(一)创新教学理念,激发主体参与意愿

教学理念的创新是实现教学改革的核心环节,是教学改革成功的关键所在。教师作为教学活动的组织者,应通过自身教育理念传递、教学策略设计唤起学生的主体意识,唤起学生积极、主动地参与到课堂教学过程中,共同完成“教”“学”任务。主体体验式教学理念的核心在于“以学生为本”,当前教育界对这一理念已基本达成共识,但在真正的教学活动中仍显不足。在思想政治理论课课堂教学中贯彻“以学生为本”的教育理念,应注意两个方面的问题:一是避免单极化思维。以学生为中心并不是否认教师的地位,教师和学生在教学活动中的功能和角色分工不能被片面性地解读,“以学生为本”的教学理念强调的是学生在教学活动中的主体地位和教师在教学活动中的主导地位。二是处理好学生多样化与个性化问题。“以学生为本”的教育理念的核心要义是尊重学生的个性化差异,针对不同学生的实际特点和需求,提供多样化的指导与帮助,因此,在课堂教学中要注意针对性、注意学生个性化成长要求。

(二)优化教学内容,丰富主体参与体验

教学内容是激发学生主体参与兴趣、满足学生主体多元需求、丰富学生主体参与体验的基础。针对当前高校思想政治理论课课程教学内容偏重理论、与实际结合不够的情况,从主体需求角度优化教学内容、增强教学内容的针对性已成为高校思想政治理论课课堂教学改革的追求。在高校思想政治理论课课堂教学中,可以从三个方面着手优化教学内容,丰富主体参与体验:一是教学内容选择上要体现时代性。当今社会形势变化很快,学生接触最新信息的速度也很快,只有选取最新的教学案例才能激发学生主体的兴趣,引发学生主体的共鸣。二是教学内容选择上要注重实用性。教学内容的选取应符合学生个性化的成长需求,要有针对性地满足不同类型学生成长成才的需要,要能真正帮助学生解决成长成才过程中遇到的各种各样的现实问题。三是教学内容选择上要注重生活化。可以选择具有省情特色和校本特色的内容,将其作为思想政治理论课教学内容的有效补充,让学生能直观地感受到思想政治理论课教学内容贴近自身生活。通过优化教学内容让学生在体验中加深对思想政治理论课程的认识和理解,提高马克思主义理论的说服力和感染力。

（三）改善教学方式，拓宽主体参与渠道

教学方式是教学方法与教学形式的总称，选择什么样的教学方法、采用什么样的教学形式，在一定程度上也会影响学生主体的参与兴趣与程度。2005 年，中共中央、宣传部、教育部在《关于进一步加强和改进高等学校思想政治理论课的意见》中指出，“教学方式和方法要努力贴近学生实际，符合教育教学规律和学生学习特点，提倡启发式、参与式、研究式教学，要多用通俗易懂的语言、生动鲜活的案例、新颖活泼的形式，活跃教学气氛，启发学生思考，增强教学效果”。教学方式的选择应注重把握三点：一是关注学生喜好需求。笔者曾对学生最喜欢的教学方式进行调研，依次排序为：视频音频、小组讨论、社会实践、理论解读、参观考察、专题讲座。因此，教师要在现有教学手段的基础上，充分结合学生喜好，综合运用视频、音频等资料，采用学生喜闻乐见的课堂教学形式，激发学生学习的积极性和主动性。二是借用网络新媒体力量。近年来，借助新媒体技术的普及，“翻转课堂”成为教育界研究的重要话题，很多高校开始了高校思政类 MOOCs 课程的尝试，开始构建以学生为中心的教学关系，[5]实现了一种学习方式的转变。三是注重创设并发挥情境作用。情境是主体体验的重要载体，是主体参与课堂教学活动的重要渠道，教师可以通过音乐共鸣、视频再现、图片欣赏、表演感悟、阅读讨论、思考辩论等方式创设各类情境，渲染课堂气氛，让学生身临其境，体悟哲理。[6]

（四）强化实践教学，引导主体认知反思

实践教学是高校思想政治理论课的重要组成部分，也是主体体验式教学策略设计的主要环节。2015 年，中央宣传部和教育部联合印发的《普通高校思想政治理论课建设体系创新计划》明确提出，要“努力强化实践教学，建设与课堂教学相互促进的思想政治理论课第二课堂教学体系”，这更加凸显了思想政治理论课教学中的实践特色要求。学生主体可以在实践教学中深化对课程功能的认识，也可以通过实践教学的反思，来加深对马克思主义基本理论的认识，从而增强学生主体的主动性和自觉性。在实践教学设计上，应注意两方面的区分：一是实践教学与课堂理论教学的区分。当前思想政治理论课程主要关注的是间接经验的学习，学生接触的主要是理论化、系统性、规律性的知识，但实践教学往往以学生直接经验的获得为主，强调学生主体在实践中

的切身感受。二是实践教学与课外活动的区分。实践教学的本质仍是一种教学活动,是教学过程向实践活动的一种延伸,但课外活动则是教学计划以外的各类安排,本质上不属于教学活动。此外,课外活动仅仅局限于课外,自发性和自由性特征明显,但实践教学不仅仅局限在课外,也可以在课内,同时也具有组织性、纪律性的特征。[7]

高校思想政治理论课程的特殊属性决定了其教学过程要有别于其他的课程,一方面基于其国家课程的属性,另一方面基于学生全面成长成才的培养目标定位。将主体体验式教学运用于高校思想政治理论课课堂教学,在课堂教学中切实贯彻"以学生为本"的教学理念,才能在教学内容选择、教学方式设计、实践教学开展等方面深化主体课程认识,激发主体兴趣,丰富主体参与体验,引导主体认知反思,才能真正让思想政治理论课成为大学生真心喜爱、终身受益、毕生难忘的优秀课程。

【参考文献】

[1]KOLB D.Experiential learning:experience as the source of learning and development[M].New Jersey:Prentice Hall,1984:41,27,23,24,42.

[2]宋文慧,张晓东.主体性的实践与实践着的主体性的统一——论马克思的主体性思想[J].中共南京市委党校学报,2013(3):17-21.

[3]吴红耘,皮连生.修订的布卢姆认知教育目标分类学的理论意义与实践意义——兼论课程改革中"三维目标"说[J].课程.教材.教法,2009(2):92-96.

[4]柳海民.教育学原理[M].北京:高等教育出版社,2011:207-208.

[5]王福和,何佳玥.高校大学生学习方式转变机制探究——以MOOCs课程为例[J].浙江工业大学学报(社会科学版),2015(4):439-442.

[6]阮晓莺.体验式教学法在"思想道德修养与法律基础"课教学中的探究与运用[J].思想理论教育导刊,2009(1):70-74.

[7]佘双好.关于思想政治理论课体验式教学的思考[J].思想教育研究,2012(4):54-58.

“马克思主义基本原理概论”课的PBL教学模式探索

李丽娜①

【摘要】“马克思主义基本原理概论”课PBL教学模式是马克思主义理论教育特点与PBL教学内在优势的有机融合,是基于问题启发培养大学生马克思主义理论思维能力和实践能力的教学形式。其基本构成包括以马克思主义基本问题为导向、以专题启发为途径、以翻转协同为支撑,围绕发现问题、分析问题和解决问题在具体实施过程中通过倾听、共学、训练、评估展开教学。

【关键词】“马克思主义基本原理概论”课;PBL教学模式;问题意识

2019年3月18日,习近平总书记主持召开学校思想政治理论课教师座谈会并发表重要讲话,深入阐释了思想政治理论课是落实立德树人根本任务的关键课程,其作用不可替代,提出坚持“八个相统一”为思想政治理论课改革创新标定航道,尤其“要坚持灌输性和启发性相统一,注重启发性教育,引导学生发现问题、分析问题、思考问题,在不断启发中让学生水到渠成得出结论”[1]。这是总书记对新时代思想政治理论课教学提出的更高要求。

一、PBL教学模式适用于“马克思主义基本原理概论”课的先天基因

“马克思主义基本原理概论”课(以下简称“原理”课)属于高校本科思想政治理论课的基础课程,是帮助大学生系统学习、认同、信仰、践行马克思主义的灵魂课程。

① 李丽娜,北京中医药大学马克思主义学院副教授,研究方向为马克思主义基本原理、大学生思想政治教育理论与实践。

近几年为了提升“到课率”“抬头率”“点头率”,“原理”课进行了大量有益的改革探索,但效果不如预期,暴露了形式化、娱乐化、功利化、庸俗化的倾向,与学生“真心喜爱、终身受益、毕生难忘”存在一定差距。“原理”课如何增强学生的获得感? 按照思想政治理论课“在改进中加强,在创新中提高”的时代要求,“创新课堂教学,给学生深刻的学习体验”,回归马克思主义经典著作本身,以问题为切入展开的教学模式,为化解这一困境提供了一个思路。

PBL 是 Problem Based Learning 的简称,指以问题为基础的启发式教学。这种教学模式由美国神经病学教授巴罗斯(Barrows)在 1969 年首先提出。与传统教学模式相比,PBL 教学模式凸显学生主体地位,以现实问题为基础,变被动接受为主动探究,强调团队合作学习,致力于掌握知识和技能,做到学以致用。PBL 教学模式最初被应用于医学教育中,今天已走向各个学科的教育领域。为什么 PBL 教学模式适用于“原理”课教学呢? 从根本上来说是由 PBL 的内在优势与“原理”课改革创新需求的契合性决定的。也就是“原理”课教学中存在的问题促使我们寻求推进教学改革创新,探索“原理”课 PBL 教学模式是一种有益的尝试。这种教学模式有利于促进回归教学本身、理论本身和价值本身,激发学生的主动性,发挥教师的主导性,凸显“原理”课的思想性和理论性魅力,在发现问题、分析问题、解决问题中增强获得感,促使学生读原著、悟原理、强实践、明信仰。

PBL 教学模式具体应用于“原理”课教学还需找准二者的契合点,从而发挥 PBL 教学模式的功效,提升“原理”课教学的针对性和亲和力。第一,尊重学生提升教学温度。教育首要的是育人,PBL 教学模式中教师和学生是应被尊重的鲜活生命体,师生是共同研究探索的共同体。“原理”课 PBL 教学过程是师生积极有效互动、教学相长的过程。师生之间、生生之间展开问题启发式的动态信息交流,师生互动共进,同学间互补共学。学生会体验到尊重、平等、关爱、信任而受到鼓舞、指导和鞭策,打破“原理”课高冷的印象,展现春风化雨、亲和的形象。第二,针对学生特点提升教学精度。传统课堂中学生缺乏能动性和参与性,PBL 教学模式以学生为主体,强调学生的主动性和创造性。新时代的大学生主体意识强、思维活跃、视野开阔,对马克思主义理论有困惑,更有期待。“原理”课 PBL 教学模式关注学生的思想情况、知识储备、所学专业、学习习惯、日常生活、情感变化等不同特点和具体表现,贴近学生,遵循学生认知规律和接受特点,抓住学生的兴趣点进行马克思主义基本理论教育,提升教学的精准度和针对性。第三，关照现实问题提升教学深度。PBL 教学模式的突出特点是围绕问题主线展开启发式教学。问题何在、问题何为、问题何解的逻辑思路正是增强问题意识的内在要求，“问题就是时代口号”[2]正是马克思主义生命力所在。“原理”课 PBL 教学模式强调问题导向，通过创设问题情境，去原汁原味地读马克思主义经典著作，理解原文，感悟原理，不仅知其然更知其所以然。通过团队讨论研究训练思维方式，进而激发学生自觉将理论与实践结合，解决思想困惑和实际问题。

二、“马克思主义基本原理概论”课 PBL 教学模式的基本构成

“原理”课 PBL 教学模式在遵循学生发展规律和教育教学规律的基础上，分层次、有针对、递进式地引导大学生学习、认同、信仰、践行马克思主义。这种教学模式的基本组成是以马克思主义基本问题为导向、以专题启发为途径、以翻转协同为支撑，培养大学生马克思主义理论思维能力和实践能力。

（一）问题导向

问题是深入学习的触发器。“什么叫问题？问题就是事物的矛盾。”[3]问题教学早就是古今中外教育教学的流行方法，中国的至圣先师孔子在同弟子的一问一答中进行教学，西方的苏格拉底也是在讨论问题中表达思想观点。教师就是要不断地引导学生发现问题、分析问题并解决问题，答疑解惑是为师者最高的境界。“原理”课自身的特点就是理论性强、抽象度高、涉及面广，如教学过程中忽略问题意识而简单地向学生传授结论，势必引起学生疑惑，无法全面透彻理解马克思主义的理论魅力和现实意义。“原理”课 PBL 教学模式要突出问题导向，把好问题贯穿于教学全过程。好的问题首先是真问题，具有真实性，不是虚假的问题；好的问题具有启发性，能够引发深入思考；好的问题具有目的性，能够分维度、分层次训练大学生的马克思主义理论思维，促使大学生信仰、践行马克思主义。好问题是将理论与现实、教师与学生有机统一的、系统立体的、高度浓缩的议题。这种议题属于结构分散、没有现成答案和固定程序可循的劣构问题，解决此类问题需要针对问题，运用综合性的知识来仔细分析论证，需要学习新的知识并应用于问题解决的方案。

好问题主要从实践中来，从理论难点中来，从师生中来。一是从实践中来。“全

部社会生活在本质上是实践的”[4]，实践的不断发展会带来很多以往不曾出现的问题，这些问题往往会被社会不断关注，特别是青年大学生。例如运用矛盾观来分析“基因编辑婴儿”事件等。二是从理论难点中来。问题的设计不能脱离课程教材和教学大纲，要围绕马克思主义的重要内容展开。例如马克思主义整体性问题、马克思主义与中国传统文化的关系、从“996”看剩余价值理论生产理论等。三是从师生中来。问题的选择要考虑学生的实际，通过课前、课堂、课后多次调查访谈学生的已有知识、掌握情况、关心问题等，掌握他们各方面的详细情况。另外，教师也要在吃透教材的基础上，结合自身专长，拓展研究视域。

（二）专题形式

“原理”课 PBL 教学模式采用专题启发式教学，基于解决问题的需要。问题与专题密切相关，问题是专题的导向，问题变，则专题变。专题是问题的具体表现，保障及时发现、回应、解决各种问题。“原理”课 PBL 教学模式以问题启发专题教学形式呈现，能够解决教学内容丰富与课时有限的矛盾，充分高效地展开课堂教学。专题启发式教学设计中坚持问题的导向和核心地位，遵循全、透、活三个原则。

一是内容上要“全”。专题化教学按照教学目标，围绕问题将教材中的理论知识进行拓展、整合、加工、创造。专题设置为了避免肢解“原理”课自身的逻辑性和整体性，每一个专题不是随意的、孤立的选择，而是要将专题的独立性、连贯性、系统性、严谨性有机统一起来。

二是本质上要“透”。专题化教学能够将理论阐释得科学、彻底，就在于突出精深。专题是充分综合论证，并结合重难点问题挑选出的“精品”，能够循序渐进地启发学生透过现象看本质，增强思想的深度。马克思主义理论不能停留在知识结论的阐释上，而是要集中在为什么会有此结论的动态推导过程，让学生能够了解事实背后的理论逻辑，学以致用，举一反三，锻炼思维能力，构建自己的价值观。

三是方法上要“活”。专题化教学能够改变“原理”课枯燥刻板的问题，可以将教材体系转化为教学体系，根据问题创设情境，展开对话，灵活将大班教学与小班研讨有效结合，激发学生的参与热情。可以借助于新媒体激活教学的动态过程，例如“原理”课微课通过一个个简短、精炼的视频串联起专题的内容。

（三）翻转协同支撑

翻转课堂成为推进高校思想政治理论课课堂革命的突破口，主要原因在于它能够让学生的头脑动起来，调动主动性。但经过实践探索，一些课堂出现了学生自主学习与课堂教学相脱节、课堂娱乐化等导致主阵地被削弱的问题。“原理”课 PBL 教学模式为解决这些问题提供了一些参考，这种教学模式以研究马克思主义问题为核心，不仅重视翻转的教学形式，更加注重翻转内容的设计协同，实现问题与价值导向、专题凝练、教学组织整体有效协同。

首先，问题与价值导向的翻转协同。问题导向和价值导向的目的是一致的，要落实立德树人的根本任务，“努力培养担当民族复兴大任的时代新人，培养德智体美劳全面发展的社会主义建设者和接班人”[5]。问题导向以价值导向为引领，价值导向以问题导向为基础。例如，针对马克思主义“过时论”和“洗脑论”的一些错误观点，进行认真剖析，澄清错误之处，阐释背后的理论逻辑，将价值观融入知识传授，不断增强学生运用马克思主义立场观点方法分析、论证、解决问题的能力，进而坚定马克思主义信仰，担负时代使命，为中华民族伟大复兴贡献力量。

其次，问题与专题凝练的翻转协同。问题是矛盾，专题就是矛盾关系的具体展开与深化。专题的确定以问题为题目，具有探究性和复杂性，在“深”和“透”上下功夫。问题与专题有效协同，依据学生已有的知识基础，从具体问题去探究理论的、历史的、现实的演进，结合教材中的重点难点深度、透彻讲解，使学生的已有知识得到循序渐进的深化和升华。以共产主义崇高理想为例，设置“幽灵为什么会微笑？”专题研讨，围绕对共产主义有哪些质疑、共产主义理想为何是崇高理想等问题，通过学生课下的阅读和讨论，再回课堂共产主义为什么会笑到最后已经在学生的头脑中从理论、历史和现实等维度鲜活起来，学生能够对共产主义的质疑进行批判，共产主义理想信念自然能够入脑入心入行。

最后，问题与教学组织的翻转协同。“原理”课 PBL 教学模式以问题为核心的教学离不开与教学组织的有效联动。在发现问题、分析问题和解决问题的过程中，师生之间通过课堂教学、团队研讨和实践体验形成立体化教学。课堂教学重“破”“实”，就是打破学生的简单逻辑，实实在在迎着问题讲，说出问题背后的逻辑和背景，提升课堂教学的含金量。团队研讨重“立”“细”，就是将专题课的问题具体细分成多个可研究、具有相关性的小问题,形成问题链和问题环,引导学生阅读马克思主义经典著作,经过多次有效研讨,形成共识,找到解决问题的视角、观点和方法,整合知识体系,树立价值体系。实践体验重“悟”“用”,就是引导学生在生活实践中体悟马克思主义原理,理论联系实际,活学活用,用学到的知识、观点和方法解决生活实践中遇到的问题。通过从知到行的反复锻炼,让学生掌握所学问题的相互联系,感受马克思主义的理论魅力和现实力量。

三、“马克思主义基本原理概论”课 PBL 教学模式的实施路径

“原理”课 PBL 教学模式在教学实践中主要包括倾听、共学、训练、评估四个实施路径,即通过倾听发现问题、通过共学分析问题、通过训练解决问题、通过评估检测效能。

(一)倾听

倾听是一种思维训练的过程。在教学中,听是师生间语言信息互动的基础环节,是解惑的通行证,只有听才能学会说,深入地学。听是平等的双向彼此倾听,不仅教师要学会听,学生也要学会听。一方面,教师要善于倾听。课堂不是教师的独白,是师生、生生的对话。教师心里有学生就会认真倾听学生的想法和意见,听懂学生的话,才能适时、巧妙地给予肯定、追问和引导。教师通过听更加了解学生,才能高质量地讲,也就是严谨科学地说、优化提炼地说、新颖透彻地说,说到学生的心坎里。把问题情境精准地传递,才能将教师思考的逻辑转化为学生的思维过程。另一方面,学生要学会倾听。听是学的第一步,如果学生能够有效地倾听,收集到有效信息,就能发现问题,将分析问题的方法、思维过程理解并掌握,课堂的网也就织起来了,才能深刻地说,深入地学。“原理”课 PBL 教学模式关注学生倾听能力的提升,培养学生认真、积极和主动地听。在专题教学中为学生提供思考的路径和框架,讲清楚马克思主义整体框架、理论体系和发展历程,讲清楚如何学习运用马克思主义,讲清楚马克思主义的理论魅力。针对现实生活中的各种错误思想、观点和实践进行批判,并着重批判的论证,为学生扫除思想困惑和学习障碍。在团队研讨中倾听学生的论证,及时追问引导。学生之间也要互相倾听,互相学习,有助于问题的深入理解。例如“人是什么”这一专题,教

师在课堂上剖析古今中外关于人的解释,学生在团队研讨中讨论“劳动”“社会”“人民”,再回到课堂展示,师生、生生之间互相倾听,共同学习人的本质,将马克思主义唯物史观的基本观点在倾听追问、启发解惑中理解掌握。

(二)共学

“原理”课 PBL 教学模式强调通过问题来组织和推进学习过程,这种学习是学生在已有知识基础上,向高阶思维的推进和解决实际问题的过程。具体是通过师生的互动交流,引导学生自主地学习新的知识和思想,并能灵活运用于现实生活的学习过程。这样的学不是简单的知识记忆和浅层学习,而是深度学习,完成深度学习要在自学和共学上下功夫。

自学是共学的先导。“原理”课的自学是在课堂教学指导下的自主学习和发现学习,脱离了课堂教学的自学,就像是去一个未知地方而失去地图导航一般。从课堂教学中,学生学习了马克思主义的知识谱系,掌握了理论观点是如何产生的以及理论背后的逻辑链条是什么。随着对马克思主义理解的加深,学生产生了自主学习的愿望,心动、脑动才会去行动,实现深度自学。在深度自学中,一要读经典,悟原理。及时引导学生读马克思主义的经典著作,学习原文,原汁原味地感受语言的魅力、逻辑的理论和理论的科学。比如阅读《青年在选择职业时的考虑》感受马克思的毕生志向、阅读《改革是中国第二次革命》感受改革在社会发展中的作用等。二要重思考,善发问。引导学生在阅读的时候多思考,想一想经典著作中的思想与以前学过的哪些知识有联系,有什么新想法,还有什么没有真懂和疑惑之处,及时与老师进行交流。三要系实践,亲验证。“哲学家们只是用不同的方式解释世界,问题在于改变世界”[6],马克思主义来源于实践,并指导实践。结合世界和我国理论与实践的发展,引导学生亲身感受、验证马克思主义对世界和中国发展的巨大解释力和深刻影响力。通过自学,学生会成为一个独立的思考者和学习者,做到学、思、行相结合。

共学不断完善自学。“独学而无友,则孤陋而寡闻。”[7]“原理”课 PBL 教学模式中的问题较为分散复杂,需要学生针对问题组成研讨小组,在教师引导下以合作的方式解决问题,形成学习共同体。学习共同体更加强调倾听、思考、发问、表达与分享,小组中每个组员都要明确自己的角色,制定相应准则,比如小组要有研讨记录,每个人都需表达自己的观点等。小组研讨确定研究问题,围绕研究主题相互交流想法,制定学习日志,共同面对和处理问题探究过程中的各种困难。小组成员共同承担责任,相互学习,相互鼓励,相互激发学习的内在动力,个体乐于将自己的资料、搜集的信息等资源与组员或全班同学共享,每个人都是合作型学习者。教师不是信息的提供者,但会关注引导小组讨论,对推理论证的过程步骤给予示范。同时,学生的讨论也会激发教师的兴趣研究,形成教学相长的共学体。从问题出发,引发学生对文本资料的深度挖掘,与原文对话,与同学交流,从而碰撞出超越教师、教材和文本资料的深度见解,提出有价值深度的问题,构建起知识、价值体系。

(三)训练

训练的过程是学生运用马克思主义观点、立场和方法的环节。通过课堂上的启发引导,组织学生针对问题分组练习后,积极动脑、动口、动手通过自己和团队的探究验证去生疑、释疑、解疑,着重进行阅读训练、思维训练和实践训练,促使学生问题意识和实际操作能力得到提升和发展,做到知行合一。

阅读训练是掌握马克思主义的基石。确定问题后,查阅相关资料,展开马克思主义经典原文阅读。在阅读过程中学生将所思所感记录为文字,形成阅读日记和阅读笔记,把自己掌握的思想材料与马克思主义经典著作建立起联系,原原本本地研读重在抓根本,学习马克思主义的立场观点和方法,吸收原始的营养。“原理”课 PBL 模式中会定期举办读书朗诵会,营造阅读原著的氛围。

思维训练是信仰马克思主义的关键。学生在阅读原著的基础上,对所研究问题有了新的认识,对不懂不理解的问题认真思考,团队共同讨论,并构建流程图或思维导图分析论证结论。例如,在研讨为何要打赢脱贫攻坚战这一问题中,引导学生阅读《摆脱贫困》一书,学生分析研讨后总结出其脱贫的背景、脱贫攻坚中的问题和解决贫困的方案,这一过程中关于贫困与脱贫的关系分析,使学生学会了马克思主义辩证思维矛盾观;关于资本主义条件下工人变成赤贫的分析,使学生理解了马克思为何批判资本主义社会,学会了从生产方式的矛盾运动中分析贫困,造成贫困与生产资料所有制相关,理解了剩余价值理论;关于扶贫中的形式主义,使学生学会了脱离了实践的认识具有主观性和盲目性;关于大力发展生产力是脱贫的根本方式,使学生学会了唯物史观中生产力的重要作用;关于精准扶贫的分析,使学生学会了社会主义和共产主义把人的自由全面发展作为价值追求等。与此同时,学生受此启发还会自主地从不同角度、不同学科理解脱贫,提出创新脱贫的意见和措施等。通过问题引导,训练学生的垂直思维和横向思维,使之掌握并运用马克思主义的唯物辩证思维、批判思维、系统思维、实践思维和主体思维。

实践训练是践行马克思主义的核心。"原理"课 PBL 教学模式中的实践训练包括理论知识的记忆训练和社会调查研究,通过习题测试等巩固理论知识,通过社会实践调查来验证结论。习近平总书记强调:"调查研究是谋事之基、成事之道。没有调查,就没有发言权,更没有决策权。"[8]学生根据问题研究的需要进行深入细致的调查研究,把调查研究的情况实事求是地运用在分析问题过程中,通过实践训练,可以在获得新信息中引发新问题,又会促进学生不断去探究。

(四)评估

评估环节是教学过程不可或缺的。评估能够激发学生深入学习的动机并指明方向,了解学生对课程的掌握程度以及课程结构是否合理、有效。"原理"课 PBL 教学模式的评估是综合性的评估,包括终结性评估和形成性评估,涵盖自我评估、同学互评和教师评估。

自我评估关注收获,不做检讨。学生的自我评估只记录在学习过程中有哪些收获、受到哪些启发、对哪些马克思主义理论知识还需继续深化认识等。通过自我评估,学生能够重新认识自己,明确自己的不足和理论知识缺陷,查缺补漏,同时也有助于教师了解学生。

同学互评是组内同学和全班同学按照评价议题对个体进行评价。组内宣布学习记录,包括个体合作情况、提出了什么问题、完成了什么工作、有什么好建议等;全班宣布课堂讨论、展示汇报等表现记录。同学互评重在评估学生各阶段的学习过程,有助于引导学生与他人合作,向同学学习。

教师评估是对学生在整个学习活动过程中的表现的考察。教师对学生掌握运用马克思主义的情况进行综合评估,并及时反馈给学生,引导他们明确改进方向,进行学习探索。教师公布成果展示汇报评分标准,公正客观打分,对学生研究的问题给予解剖麻雀式的分析思路,精准、独特、全面地点评指导,开发学生的能力,增强获得感。

【参考文献】

[1]习近平主持召开学校思想政治理论课教师座谈会强调:用新时代中国特色社会主义思想铸魂育人贯彻党的教育方针落实立德树人根本任务[N].人民日报,2019-03-19(02).

[2]马克思,恩格斯.马克思恩格斯全集:第40卷[M].北京:人民出版社,1982.

[3]毛泽东选集:第3卷[M].北京:人民出版社,1991.

[4]马克思恩格斯文集:第1卷[M].北京:人民出版社,2009.

[5]习近平主持召开学校思想政治理论课教师座谈会强调:用新时代中国特色社会主义思想铸魂育人贯彻党的教育方针落实立德树人根本任务[N].人民日报,2019-03-19(02).

[6]马克思恩格斯文集:第1卷[M].北京:人民出版社,2009.

[7]杨天宇.礼记译注:下[M].上海:上海古籍出版社,2014.

[8]中共中央文献研究室.习近平关于全面深化改革论述摘编[M].北京:中央文献出版社,2014.

将社会主义核心价值观融入“思想道德修养与法律基础”课教学的思考

钟媛媛①

【摘要】当前“思想道德修养与法律基础”课教学中存在教师缺乏理论自信、剥离知识性与意识形态性的内在联系、割裂理论性和趣味性的联系等问题。将社会主义核心价值观融入该课教学,一要注意提高教师理论素养,直面各种社会思潮;二要不刻意回避,增强理论自信;三要加大实践教学比重,促进知行合一;四要依托中华优秀传统文化,以文育人;五要加强思想政治教育意识,关心学生实际。

【关键词】“思想道德修养与法律基础”课;社会主义核心价值观;教学

党的十八大提出用“三个倡导”来积极培育和践行社会主义核心价值观,“思想道德修养与法律基础”(以下简称“基础”)课作为高校思想政治理论课的四门主课之一,担负着对大学生进行社会主义核心价值观教育的重要责任,因此要积极将社会主义核心价值观教育融入“基础”课的教学全过程,充分发挥“基础”课在大学生思想政治教育中的主渠道、主阵地作用。

一、加强“基础”课社会主义核心价值观教育的重要性和必要性

“基础”课是对大学生进行社会主义思想道德教育和法制教育,帮助学生增强社会主义法治观念,提高思想道德素质,解决成长成才过程中遇到的实际问题。“基础”课不仅具有丰富的知识性和理论性,同时还具有鲜明的思想性和意识形态色彩。

---

① 钟媛媛,外交学院基础教学部讲师,研究方向为思想政治教育、道德哲学。

(一)社会主义核心价值观是贯穿“基础”课教学的主线

2013年8月,高等教育出版社出版的高校指定教材《思想道德修养与法律基础》明确指出,提高思想道德素质和法律素质,最根本的是要建设社会主义核心价值体系、培育和践行社会主义核心价值观,引导学生自觉学习践行社会主义核心价值观,是高校思想政治教育的重要内容,也是贯穿高校思想政治教育的主线之一,从而确立了社会主义核心价值观在高校“基础”课中的重要地位。社会主义核心价值观共24个字,涵盖了三个层面,三个层面的理念相互联系、相互贯通,是政治理想、社会导向、行为准则的统一,再通观“基础”课的篇章结构和内容安排,理想信念、爱国主义、人生价值、道德修养和法律规范等,恰好充分契合了社会主义核心价值观三个层面的全部内涵,实现了国家、集体、个人在价值目标上的统一。

(二)社会主义核心价值观融入“基础”课教学满足了学生价值需求

高校“基础”课一般在大学第一个学期开设,这一时期的学生正处于走向成熟的转折点,思想感情和心理状态都在发生变化。一方面,进入大学后新的目标尚未确立,很多学生处于理想的间歇期;另一方面,面对互联网社会信息的碎片化,以及各种社会思潮,青年学生们陷入价值选择的迷茫与困惑。习近平总书记指出:“青年的价值取向决定了未来整个社会的价值取向,而青年又处在价值观形成和确立的时期,抓好这一时期的价值观养成十分重要。”高校“基础”课如何在多样化、多元化中引导学生对社会主义核心价值观认知、认同,帮助他们找到精神归属和前进方向,显得尤为重要。

二、“基础”课教学过程中面临的问题

考察当前各高校“基础”课的实际教学,尽管很多教师都在有意识地进行理论教学转化,但由于有些教师对教材体系的理论吃不透,对课程标准和基本要求把握还不够准确,往往出现很多偏离或者不能实现教学目标的情形。

(一)教师缺乏理论自信,教学生硬无生气

在信息传播迅速的今天,青年学生是接触新文化、新思想、新观点最为广泛的群

体。客观环境无形中给“基础”课的理论教学提出了更高的要求,一线教师不仅要有较为深厚的理论功底、强大的理论自信,也要有润物细无声的艺术化教学手段。然而在具体的教学实践中,有些任课教师依然习惯于宣传式、说教式教学,疏于理论拓展性研究;有些任课教师由于缺乏理论自信,对各种社会思潮的分析流于表面,缺乏深入分析,或者刻意回避,干脆不讲;有些任课教师在理论阐释中采取唯我独尊的态度,简单粗暴地告诉大学生应该怎样做,不应该怎样做,师生之间的距离感被拉大,课堂气氛沉闷、枯燥,学生学习兴趣减退甚至对理论学习产生逆反心理。

(二)剥离知识性与意识形态性的内在联系

所谓“基础”课教学的理论性,指的就是教师在教学中将核心的理论问题向学生作深入的讲解,以满足学生“知其所以然”的理论知识需求。通观“基础”课教材会发现,其所涵盖的理论点非常多,既有马克思主义理论的最新成果,又有与之相关的学术前沿知识。因此,从根本上来说,“基础”课的理论是将知识性和意识形态性相统一的,教师要注意二者的融合。但是,具体教学实践环节却往往会出现将知识性和意识形态性剥离的情况,体现为两种情况:一是只看到了意识形态性,将“基础”课等同于传达党的各项路线方针政策的课堂,除此之外,别无他物;二是干脆抛弃教材,将“基础”课演变成教师的研究专长报告会,把“基础”课当作一般的哲学、历史学、法学等知识性课程。

(三)割裂了理论性和趣味性的联系,课堂“有形无神”

“基础”课既是知识性和意识形态性的统一,也是理论性和趣味性的统一。一般来说,教师通过案例教学、情境教学、音视频投入、专题讨论、辩论等形式,可以增强学生学习的动力,激活课堂气氛,但倘若没有把握好趣味性投入的度的问题,就会事倍功半,甚至适得其反。“基础”课的课堂上还存在一种情形,那就是有些教师为了迎合学生兴趣,片面追求课堂气氛和互动效果,引用大量案例、音视频文件,有意淡化、回避对重大理论问题的阐释。学生热闹过后,仍然停留在对现象的感性认识层面,其理性思考能力和问题意识并未得到提升和激发。这样“有形无神”的教学在当前“基础”课课堂上占有一定的比例,任课教师对一些理论问题不会阐释、不敢阐释或阐释不清。例如,在讲爱国主义章节时,有些教师习惯于通过播放爱国主义教育宣传片,或者组织各式各样的课堂实践活动来加强课堂效果。这些形式本身都非常好，但其中有两个问题需要注意：其一，要控制好时间，播放音视频的时间不能长于教师主讲的时间；其二，动之以情与晓之以理相结合，即使音视频的内容再贴切，学生组织的活动再精彩，最终也还是要回归理论本身，通过教师对教材的转化，提升学生的理性认识。再如，在讲解法律相关问题的时候，案例教学法是非常重要的教学手段，有的教师喜欢在这一章节中引用大量案例，将培养法治精神、法治理念、法治思维的教学重点抛之脑后，完全演变成了“故事课”，学生在唏嘘之余，领会不到教师究竟意在何处。

三、“基础”课教学中加强社会主义核心价值观教育的途径和方法

将社会主义核心价值观教育融入“基础”课日常教学不仅是“基础”课教材体系转向教学体系的内在逻辑要求，同时也是满足大学生现实的理论和价值需求。

（一）提高教师理论素养，增强理论自信

中共中央宣传部、教育部《关于进一步加强和改进高校思想政治理论课的意见》指出，“提高高等学校思想政治理论课教育教学质量和水平，关键在教师”，他们是“党的理论、路线、方针、政策的宣讲者，是大学生健康成长的指导者和引路人”，也是大学生社会主义核心价值观的重要培育者。高校思想政治理论课教师首先应当是坚定的马克思主义者，有扎实的马克思主义理论功底，只有这样才能在日常的教学中向学生展示一种理论自信。教师只有自身吃透理论，坚持社会主义核心价值观不动摇，才能引导学生用马克思主义的立场、观点和方法去分析重大社会问题，真正落实社会主义核心价值观“三进”工作。

（二）直面各种社会思潮，不刻意回避

没有比较就没有鉴别，马克思主义是在同各种非马克思主义社会思潮的比较和斗争中逐步发展和壮大起来的。首先，价值观教育要关注大学生自我发展和实际需要，大学生是社会思潮非常关键的承载群体，社会思潮能够反映出学生所普遍关注的问题，因此，在价值观教育引导中，教师对于社会思潮不仅不能刻意回避，还要深入分析思潮产生的前因后果及现实影响，尤其要分析与大学生的关联度，这也是马克思主义

理论教学的自信与包容的体现。其次,价值观教育一定是引导而不是灌输,教师如何解读社会思潮,也需要有艺术化的手段,不要一上来就给学生一个非黑即白的是非判断,这样学生容易产生逆反心理,进而关闭了师生沟通的渠道。道德自省,是道德主体对道德的自我批判、自我反思、自我辨析、自我扬弃的过程,因此,教师在日常教学中要引导学生独立深入思考各种思想流派的理论渊源、发展流变及现实存在依据,培养学生全面、客观、理性分析问题的能力,提高学生的思辨能力。

(三)加大实践教学比重,促进知行合一

《荀子·儒效》中说:"不闻不若闻之,闻之不若见之,见之不若知之,知之不若行之,学至于行之而止矣。"一方面,实践是认识的源泉、基础和动力;另一方面,认知的目的也就在于实践。社会主义核心价值观的实践教学,不是指案例式教学、专题式研讨,抑或多媒体影视教学等课堂教学手段多样化的探索,而是积极引导学生走出课堂、走出校园、走向社会,在日常生活点滴中自觉践行社会主义核心价值观。尤其是"基础"课教学,面向大一新生开设,教学的目标就是提高学生的思想道德素质和法律素质,而素质的提高光靠课堂理论教学并不能完全实现。以往的经验显示,有些学生在课堂讨论、答题考试中表现都很好,但真正落实到行动上却是另一种状态。要想促进课堂教学中的认知更加顺利地上升到价值认同层面,要想将政治原则、道德规范、法律条文这些外在的他律手段内化为一种自律、一种精神追求,要想大学生主体能对自身的使命和责任有自觉的担当和深切的认同,使自我的意识、行为同社会的发展稳定、国家的繁荣富强甚至全人类的福祉保持协调,就必然不能囿于单纯的理论教学,而是要在实践中去体验、总结、升华,真正做到知行合一。

(四)依托中华优秀传统文化,以文育人

习近平总书记在 2014 年 2 月 24 日中共中央政治局的第十三次集体学习中强调"培育和弘扬社会主义核心价值观必须立足中华优秀传统文化"[1]。"基础"课中对大学生进行社会主义核心价值观教育,必须依托中华优秀的传统文化,坚持以文化人,以文育人。一方面,教师在具体的讲授过程中要让学生明白,社会主义核心价值观是在社会主义现代化建设和改革开放的实践中逐步形成的,无论是经验的总结,还是价值的提炼,都离不开中华民族优秀传统文化力量的指导。中国传统文化源远流长、博大

精深,其中的价值理念和道德规范,是中华民族独特的精神标识,也是社会主义核心价值观的思想渊源。因此,社会主义核心价值观的教育要特别注意不能脱离中国精神的传承性与统一性去阐释民族精神和时代精神。另一方面,依托优秀传统文化和思想道德精髓来进行大学生社会主义核心价值观教育,更符合大学生个体的价值需求,更容易实现价值认同,提高教育的实效性。价值观是人类在认识、改造自然和社会的过程中产生与发挥作用的。不同民族、不同国家由于其自然条件和发展历程不同,产生和形成的核心价值观也各有特点。一个民族、一个国家的核心价值观必须同这个民族、这个国家的历史文化相契合,同这个民族、这个国家的人民正在进行的奋斗相结合,同这个民族、这个国家需要解决的时代问题相适应。因此,在高校"基础"课中进行社会主义核心价值观教育,要以传统文化为载体,通过对中华民族传统文化的历史渊源、发展脉络和基本走向的讲述分析,引导学生自觉追求富强、民主、文明、和谐的国家理想,弘扬自由、平等、公正、法治的社会价值,遵守爱国、敬业、诚信、友善的道德规范,成为社会主义核心价值观的践行者和传播者。

(五)加强思想政治教育意识,关心学生实际

高校思想政治理论课是帮助学生树立正确思想观念的重要课程,因此,思想政治理论课教师应比其他专业课的教师花费更多的时间和精力来关心学生、帮助学生。然而,纵观当前各高校的思想政治理论课教学,课时占据的比例不高,靠有限的课堂教学不能很好地实现教学目标。而最突出的问题是,很多思想政治理论课教师对自身所承担工作的重要性认识不够清晰,课余时间跟学生交流不多,或者片面地认为课堂教学之外学生思想政治教育工作不是分内之事,应归团委、学生处、辅导员负责。思想政治理论课教师应明确自身的定位和肩负的责任,积极走出课堂,深入学生,真正了解学生的心理特点、价值需求、思想动态,真正关心学生的日常生活和实际困难,成为值得学生信赖的人。大学生社会主义核心价值观教育,不仅要靠理论的解读、逻辑的分析,更要靠教师自身人格魅力的感染和吸引,教师从心里真正关爱学生,尽职尽责地完成教学任务,本身也是践行社会主义核心价值观在实际工作中的体现。一方面,思想政治理论课教师可以利用网络学堂、建立微信群等现代化的手段,来加强与学生的联系和交流。另一方面,社会主义核心价值观教育不是单线式的,思想政治理论课教师在课堂教学的同时,要加强与学生处、团委、辅导员、心理健康咨询中心等部门的联系,通过

教学、管理、服务各个环节的全面对接,全方位地了解学生的所思所想,从理论和实践层面,真正落实社会主义核心价值观教育。

【参考文献】

[1]把培育和弘扬社会主义核心价值观作为凝魂聚气强基固本的基础工程[N].人民日报,2014-02-26(1).

从众心理对大学生思想政治理论课学习的影响

——由一次课堂提问引发的思考

王洁敏①

【摘要】从众心理作为人在社会化过程中形成的一种特定心理，对大学生思想政治理论课的学习具有重要影响，会弱化学生的学习目的、改变学生的学习态度、解构学生的学习方法。作为高校思想政治理论课教师，我们应明确从众心理产生的原因，探寻规避从众心理对大学生思想政治理论课学习的消极影响，以提升大学生思想政治理论课的学习效果，为大学生的健康成长保驾护航。

【关键词】从众心理；大学生；思想政治理论课

一次课上，在回顾上节课所学知识点时我提了一个问题："如何理解道德的一般本质？"连续被提问的两个学生都说"不知道"。这时，很多学生都在笑，他们的笑使我失望，因为这表明他们不觉得回答不上该问题有什么大不了，而且他们在对该问题的认识，或者说在对思想政治理论课的认识上似乎已达成共识。接着，我提问了一位平时表现很好、上课非常认真的学生，他的表现出乎我的预料，他站起来低着头说了句"老师，我不知道"。事实上，他可以给出自己的答案，因为上次课后他专门就这个问题和我聊了很长时间，仅隔一天，我想他应该不会忘记。因为有了前两位同学的回答做示范，所以他也跟着回答了"不知道"。我想，这可能是从众心理在作祟。从众心理是如何产生的？大学生从众心理对思想政治理论课学习具有哪些影响？我们应如何发挥大学生从众心理的积极作用并规避其消极作用？这是那次课后我一直在思考的问题，也是本文主要探讨的问题。

---

① 王洁敏，北方工业大学马克思主义学院副教授，研究方向为大学生思想政治教育理论与实践。

一、从众心理的引发因素

从众心理是促使个体的言行举止与大多数人的行为方式保持一致的一种内心活动。在社会心理学的研究视域中,从众心理是个体认知和适应社会的重要机制之一,是个体调节自我心理和行为的重要途径之一。大致来讲,从众心理的引发因素主要有四个方面。

(一)社会实践

从众心理的产生离不开人类的社会实践,准确地说,从众心理是人类长期社会实践经验积累的结果。大量的社会实践让人们认识到,与群体保持密切的联系对于个人的生存与发展来讲至关重要。大多数情况下,按群体或者大多数人的行为方式去做事可以节约大量的时间和精力,而且会有更好的效果,如人们相信集体狩猎成功的概率大于单独狩猎。也有学者将从众心理归因于动物所具有的合群本能,“在人们与那些行为方式相近、对相同的情境有相似的情绪反应的极为相似的人的关系中,这种本能的作用尤为突出”[1]。这里所说的人的合群本能其实同样是人类在长期的社会实践过程中逐渐形成的,是人类社会实践经验积累的结果。

(二)文化氛围

从众心理的产生与个体生长于其中的文化氛围密不可分,仅以我国古代儒家文化对人们的影响为例。我国古代儒家倡导“中庸”之道,也称君子之道,是传统儒家修行的法宝。“中庸”即于两端(过和不及)取其中,不偏不倚,既不“过”,也不“不及”,中庸之道讲求不断完善自我,培养理想人格,达到理想境界。“中庸”之道既是世界观,又是方法论,对人们的影响很大。中庸之道意蕴深远,然而,在现实生活中人们更多的只是将其简单理解为一种处世之道,即保守,守常,不敢冒险、冒尖,强调为人要自容于世,要与世俗和合。受此观念潜移默化的影响,人们认为只有那些为大多数人所接受的行为才是适宜的,只有与大多数人相一致的行为才是可取的,因此,人们在现实生活中更愿意与大多数人的言行举止保持一致。

(三)认知压力

个人在社会生活中总是隶属于某个群体的,在大多数情况下,个人对事物的认识处于模糊状态,只有参考了众人提供的更多且更全面的信息后,个人才能对事物形成较为清晰的认识,个体也才能够参与更多的社会活动,并保持与社会生活更多接触。尽管现代化的通信手段非常便捷,但是离开了众人提供的信息,个人仍难以更好地生活。因此,个人必须参考其他人的经验和意见,这样个人就不自觉地形成了相信他人、依赖他人的心理。如日本大地震过后,我国部分民众抢购食盐就是人们迫于认知压力而做出的一种从众行为,当被问及为什么抢购食盐时,很多人都说不出具体原因,只说看别人都买所以自己也就买了。可见,由于认知水平有限,个体会愿意相信群体在特定认知状况下做出的行为更合理,因而会产生从众心理甚至会做出从众行为。

(四)交际压力

在现实社会生活中,个体总要依赖于特定群体,因此,个体一般都不愿意做“偏离者”而承受不必要的压力,害怕成为“偏离者”就成为个体从众心理形成的重要原因。为了避免成为“偏离者”,人们可能会形成或改变一定的态度,用从众作为人际适应的策略。如一位英国球迷在参与聚众闹事后被警方拘捕,当警方询问他闹事的原因时,他坦然承认,别人都在吼叫时如果他是安安静静地坐着,那么其他人的拳头就会对准他。再如本文开头提到的那个学生,尽管他能给出较好的回答,但他宁愿选择说“不知道”,因为这个回答不至于使他成为“偏离者”而遭受其他学生的“排挤”。可见,为了不让自己在人际交往中承受不必要的损害和处于劣势,人们往往会产生从众需要并做出从众行为。

正值青春期的大学生是一个特殊的社会群体,具有特殊的心理表征。一方面,他们的自我意识急剧发展,充满热情,勇于创新,常常以标新立异的装束和独特的言谈举止显示自己的与众不同;另一方面,他们又有强烈的被他人理解、接纳与尊重的需要,他们非常重视群体评价。同学对自己的评价会直接影响到学生的自我认知。因此,大学生个体总会自觉或不自觉地考虑其他人的意见或群体的要求,尽管他们相信保持个性很重要,但同时也感到为了受欢迎而与同伴们保持一致是必要的。对于大学生的从众心理而言,我们可以将其视为他们处理被接纳与保有个性两者间矛盾的一种结果。

二、从众心理对大学生思想政治理论课学习的影响

(一)从众心理会弱化大学生思想政治理论课的学习目的

当前的就业形势给大学生带来了很大压力,部分学生更是把能否产生立竿见影的效果作为选择学习和投入精力的主要标准。尽管思想政治理论课能提高学生的思想道德素质和人文素养,而且能引导学生关注生活、创造生活,但由于思想政治理论课对大学生的作用是潜移默化的,不能准确、及时地从外部直观看到,因此,部分学生对思想政治理论课不感兴趣,无法形成正确的学习目的。他们认为,与其在思想政治理论课上投入时间和精力,倒不如认真学习外语、计算机,多拿几个证书,这部分学生去听课也完全是怕因翘课而影响自己的平时成绩。这种学习目的一经形成并为相当一部分学生所认可后,便会产生一种辐射力,让原本希望通过思想政治理论课的学习提高自身思想政治素养的学生逐渐趋从,致使这部分学生的学习目的出现弱化。原本希望通过思想政治理论课的学习提高自身思想政治素养的学生在众目之下会感受到一定的交际压力,会因具有与众不同的学习目的而被其他同学视为“异类”,鉴于此,他们很难守住自己原有的学习目的,而是选择尽量与其他同学保持一致。

(二)从众心理会改变大学生思想政治理论课的学习态度

大学思想政治理论课当中的很多内容,学生们在中学阶段都接触过,甚至对其中的部分内容还非常熟悉,因此,部分学生在心理上会对此类知识和课程产生一定的厌烦情绪,甚至会不自觉地形成一种防御性的反抗。部分学生对思想政治理论课往往会持应付和排斥的态度,他们甚至排斥思想政治理论课教师,排斥思想政治理论课的教育内容。他们上思想政治理论课完全是敷衍了事,仅将上思想政治理论课看作多拿平时成绩和获得奖励评定的手段。这种学习态度同样会产生很强的辐射作用,直接影响到原本认真对待思想政治理论课的学生,甚至会改变他们原有的学习态度。就像本文开头提到的那个学生,为了表明自己与其他同学并无二样,为了不让自己受排挤,为了不让自己承受来自其他同学异样的眼光,他最后选择了回答“不知道”。尽管这个学生从内心来讲并非想完全放弃自己的学习态度,但在从众心理的作用下,他还是选择了自认为对己有益的形式趋从。

（三）从众心理会解构大学生思想政治理论课的学习方法

受学习目的和学习态度的影响，部分学生在思想政治理论课的学习上未能形成正确的方法，他们常常不听讲、不看书、不独立完成作业，甚至毫不夸张地说，他们根本不想去掌握应有的学习方法。他们不会将思想政治理论课视为一个知识系统，在整体、系统把握该门课的基础上，有重点地学习该系统内部的不同知识点。他们也不会在老师相应的指导下，根据思想政治理论课教材的重点和难点，结合现实，主动去探索、发现和体验，主动规划和安排自己的学习。当有相当一部分学生是在用"无法"之法对待思想政治理论课的学习时，这种"无法"之法的力量和威势就会逐渐增加，并开始成为其他学生效仿的众法，正如法国学者古斯塔夫·勒庞所说的，"不管事态如何发展，我们注定要在群体的势力面前弯腰屈膝"[2]。个别学生有意识的学习方法会逐渐被大多数学生无意识的学习方法所取代，即有意识的学习方法被解构一空。

当然，我们并不排除始终能按照自己的想法去完成思想政治理论课学习的学生存在，可能是他们并未感受到其他学生异样眼光带给自己的压力，也可能是他们承受得住该种压力，因而不会产生强烈的从众需求。客观地讲，从众心理对大学生思想政治理论课学习的影响既有积极的一面，也有消极的一面。就积极影响而言，从众心理能引发学生正向的从众行为，无论在学习目的、学习态度还是学习方法上，这一类从众行为对大学生思想政治理论课的学习都具有促进作用。就消极影响来说，从众心理会引发学生负向从众行为，正如前文所分析的那样，这一类型的从众行为对大学生思想政治理论课的学习具有负面作用，也容易造成学生独立思考性差、创新性差、自主意识薄弱等后果，不利于学生的健康成长。

三、发挥从众心理积极影响、规避其消极影响的举措

（一）营造良好社会氛围，明确主流价值导向

社会心理学表明，人在情境明朗的条件下能很清楚地对事物作出评判，从众心理的作用会弱化，从众行为也会减少，可如果情境模糊，主流价值导向不明确，个体的判断标准就会模糊，从众心理会增强，从众行为也会增加。当前，我国正处于深刻的社会转型之中，各种思想价值观念并存，这使得很多学生在多种价值取向间茫然而无所适

从,也使得本来体现社会主流价值导向的思想政治理论课并不为学生所看好。为此,要营造良好社会氛围,明确主流价值导向。良好的社会氛围又以良好的社会政治氛围为重,因为社会政治观念影响大学生的政治社会化进程,也直接影响大学生对思想政治理论课的看法。为此,各级党政机关及其工作人员必须抵制贪污腐化、以权谋私,践行为人民服务宗旨,弘扬社会主义核心价值观,营造良好的社会政治氛围与社会氛围,为学生形成对思想政治理论课的正确认识提供明朗情境,为学生形成对思想政治理论课的正确认识提供足够的理由和信心,将从众心理对大学生思想政治理论课学习产生消极影响的可能性降到最低。

(二)提高学校重视程度,引导学生多加关注

提高学校对思想政治理论课的重视程度,能在一定程度上规避从众心理对大学生思想政治理论课学习的负面影响。客观地讲,思想政治理论课的重要程度与学校对思想政治理论课的重视程度无关,但对于学生而言,学校对思想政治理论课的重视程度直接关涉到他们对思想政治理论课重要程度的解读。学校的积极态度会给学生一种正面引导,这种引导能让大部分学生提高对思想政治理论课的关注度,有助于形成学生认真对待该门课程的良好氛围,有助于发挥从众心理的积极作用、规避从众心理的消极影响。为表现出对思想政治理论课的高度重视,学校可以将社会实践环节纳入思想政治理论课的总体规划和教学大纲之内,同时也要加强管理,保证学生社会实践活动的可持续性。

(三)提升班级凝聚力,增强学风辐射力

群体的内聚力、凝聚力越强,个体对群体的依附性、归属感及依恋程度就会越高,因而也越容易从众。相反,若群体内聚力弱,犹如散沙一盘,群体对个体的心理压力就难以形成,个体对群体的依附性、归属感自然就弱,个体从众度也会不高。为此,我们一方面要增强班级的内聚力,让每个学生都能融入其中,另一方面还要培育班级的优良学风,特别是培养该班级在思想政治理论课学习上的优良风气,使正确的学习目的、端正的学习态度和有效的学习方法成为班级每个成员的趋从目标。要增加班级的凝聚力,关键在于控制班级的规模,即班级人数不能太多。如果班级人数太多,个人将得不到应有的关注,参与的机会会变少,集体感会变弱,班级对个人的吸引力也会减弱。

如果班级的规模太大,教师可以将其划分成若干个小群体,利用小群体来控制大群体。再有,提升思政课教师的个人魅力和个人威望也是增强班级凝聚力,特别是形成良好的思想政治理论课学习风气的重点。正所谓"亲其师,信其道",思政课教师要注意个人威望、个人魅力的培养,做到内外兼修,塑造良好的形象,不断提升人格魅力,真正做学生的良师益友。

(四)丰富内容与方法,增强课程吸引力

一方面,思政课教师要丰富教学内容。思政课教师要紧密结合时事政治,把时政教育与思想政治理论课教学统一起来,教学内容要切合当前时代的特点,善于将抽象的教学内容寓于具体感性的生活材料当中。教师也要多了解学生的思想状况,选择与大学生关注的实际问题紧密相连的材料,适当地使用一些学生比较喜欢的流行文化中的流行语,使课堂既严肃又活泼。另一方面,思政课教师要丰富教学方法。思政课教师需不断丰富教学方法,比如案例教学法,教师可组织学生对案例进行一定的调查、思考,进而分析、交流,使学生在案例调查和分析过程中培养发现问题、分析问题、解决问题的能力。再如实践教学法,让学生把对生活的经验、感受、见解、困惑、创意融入教学内容,把教材同生活实际相结合,这既能激发和培养学生学习的积极性,又能培养学生的实践能力和创新能力。学生真正喜欢思想政治理论课并从中获益后,从众心理消极影响的印迹会逐渐褪去。

【参考文献】

[1]麦独孤.社会心理学导论[M].俞国良,雷雳,张登印,译.北京:北京大学出版社,2010:148.
[2]勒庞.乌合之众:大众心理研究[M].陈天群,译.南昌:江西人民出版社,2010:7.

核心价值观和传统文化研究

刍议社会主义核心价值观的三个价值层面及实践路径

孟维巍[①] 马媛叶[②]

【摘要】党的十八大报告关于扎实推进社会主义文化强国建设部分，强调要"倡导富强、民主、文明、和谐，倡导自由、平等、公正、法治，倡导爱国、敬业、诚信、友善，积极培育社会主义核心价值观"。该论述是中国共产党从社会主义核心价值体系建设的实际出发的重大理论创新，反映了中国共产党对社会主义核心价值观探索的最新成就，亦是社会主义核心价值体系建设的重中之重。中国正处在社会转型发展的关键时期，社会物质层面发生了深刻巨变，进而导致人们价值观念的剧烈碰撞，这既对整合价值观方面提出了挑战，又为社会主义核心价值观的树立提供了新的机遇。

【关键词】核心价值观；社会发展；价值信仰

一、社会主义核心价值观的重要性

（一）社会发展的精神支柱

什么是价值观？价值观是指一个人对周围的客观事物包括人、事、物的意义、重要性的总评价和总看法。价值观是决定人的行为的心理基础，同一件事，不同的人有不同的看法，正如一千个人眼里有一千个哈姆雷特，这就是价值观的不同。任何社会都需要核心价值作为社会共识、共同追求和精神支柱。为了适应客观需要，任何社会都有自己的核心价值，例如我国几千年的封建社会，统治者为了巩固自身发展，在社会上

① 孟维巍，河南财经政法大学马克思主义学院副教授，研究方向为伦理学。
② 马媛叶，新疆乌鲁木齐市第五十六中学初级教师，研究方向为道德教育。

广泛形成了仁、义、礼、智、信及三纲五常为代表的核心价值观,成为人们最普遍、最自然而然、自觉遵守的行为规范、价值追求,成为衡量是非功过、善恶美丑的标尺;随着社会的发展,新兴资产阶级以"自由、平等、博爱"的价值观赢得了群众,最终战胜封建等级制度,将人类文明向前推进了一大步;改革开放以来,"解放思想、实事求是"的价值观推动中国迅猛发展,取得了举世瞩目的伟大成就。所以,对于一个国家、一个民族而言,仅有经济崛起是不够的,必须伴之以核心价值体系的崛起,价值观在一定程度上控制着社会进步的节奏,也会在一定程度上影响到社会前进的尺度。[1] 因此,无论是文化大发展大繁荣,还是实现民族复兴,价值观都十分重要。

(二)引领多样化社会思潮的需要

随着中国经济社会的发展,与过去相对单一的社会结构相比,现在是一个利益主体多元的社会;与过去在封闭的状态下搞建设不同,现在的中国越来越开放,各种思潮相互激荡;过去人们接受教育和获取信息的渠道比较单一,现在以互联网为代表的信息技术超越时空界限,使信息来源越来越多样化。利益分化、全球化和信息化,使得人们每时每刻都面临着价值判断和价值选择。在这种情况下,我们必须加强社会主义核心价值体系建设,以此来引领社会思潮、凝聚社会共识。

(三)应对西方价值观的冲击和挑战

对于中国这样一个多民族国家而言,只有加强核心价值体系建设,才能拥有作为最大公约数的社会共识,才能形成共同目标,采取共同行动来应对西方的价值观冲击和挑战。著名学者韩震曾指出,一个国家、一个社会必须要有基本共识,有共同的价值追求,这是形成社会有机体的前提和条件。苏联给我们提供了反面例子,正是因为他们丧失了全社会认同的价值体系,最终导致国家解体、社会陷入长期动荡和混乱。[2]

二、社会主义核心价值观的内涵特点

社会主义核心价值体系建设并不是党的十八大才提出的,而是在十六届六中全会上就已提出,并且不断完善。社会主义核心价值体系内涵十分丰富,基本内容包括四个方面:马克思主义指导思想、中国特色社会主义共同理想、以爱国主义为核心的民族精神和以改革创新为核心的时代精神、社会主义荣辱观,这四个方面的内容各有侧重又相辅相成,构成了一个逻辑严密的完整体系。

党的十八大报告明确提出了加强社会主义核心价值体系建设,把它作为推进社会主义文化强国建设的首要任务提了出来,指明了社会主义核心价值体系的重要性,“是兴国之魂,是社会主义先进文化的精髓,决定着中国特色社会主义发展方向”[3]。价值观是人们心中的深层信念系统,核心价值观能否与时俱进,直接影响到一个国家的凝聚力和影响力。

党的十八大第一次提出“倡导富强、民主、文明、和谐,倡导自由、平等、公正、法治,倡导爱国、敬业、诚信、友善,积极培育和践行社会主义核心价值观”[4]。党的十八大报告对社会主义核心价值观本身概括得比较全面:三个倡导,12 个词语,24 个字。24 个字的核心价值观最新表述指出了核心价值观的基本范畴和本质内容,反映的是社会主义核心价值体系的精神内核,是这个价值体系的精髓,是凝练核心价值体系的本质内容。三个层次的理念相互联系、相互贯通,实现了政治理想、社会导向、行为准则的统一,实现了国家、集体、个人在价值目标上的统一,兼顾了国家、社会、个人三者的价值愿望和追求,是核心中的核心。

(一)从国家价值层面讲,就是积极倡导富强、民主、文明、和谐

富强、民主、文明、和谐是国家层面的价值目标和行为准则,是我国在社会主义初级阶段的奋斗目标。当今中国正处于超常规的发展时期,国家昌盛、人民幸福、民族复兴既符合近代以来中华民族复兴的共同愿望,又体现了中国特色社会主义伟大事业的美好前景,始终是全体人民追求的价值理想,是凝聚亿万人民群众智慧和力量的宏伟目标。

1.富强

富强是对国富、民富的共同追求,体现了社会主义初级阶段的最大国情,既有当代的价值,更有传统的价值。改革开放尤其是党的十六大以来,我们国家正朝着国家繁荣富强、人民幸福安康的方向不断前进。党的十八大报告第一部分总结了过去五年的工作和十年的经验,我们沿着中国特色社会主义道路前进,我国已成为世界第二大经济体,社会生产力、经济实力、科技实力不断提升,人民生活水平、居民收入水平、社会保障水平逐年提高,综合国力、国际竞争力、国际影响力显著增长,国家地位发生了显

著变化。党的十八大对于今后五年、十年乃至更长时间我国的发展指明了方向,让人民充满期望。国强则民富,党的十八大报告中提出了很多富民的政策,其中包括两个翻番的目标:到2020年,国内生产总值和城乡居民人均收入比2010年翻一番。

2.民主

民主作为一种国家制度,其实质就是保证个人自由的实现,保障人民当家作主;作为一种程序,民主就是全体公民广泛参政议政,参与决策,对政府权力进行制约。民主是时代潮流,具有普遍性与特殊性,民主是现代政治文明、政治发展道路、政治体制的核心和基石;就特殊性来讲,各国采取民主的形式要视国情而定,没有统一模式。有学者将世界上的民主分为两类:选举民主和协商民主。选举民主即投票,举手表决,国外大多是这一种,而我国除了选举民主外,还有协商民主。党的十八大的一大亮点是首次提出并系统论述了健全社会主义协商民主制度,通过国家政权机关、政协组织、党派团体等渠道,就经济社会发展重大问题和涉及群众切身利益的问题广泛协商、广纳谏言、广集民智,增进合力,通过实现广泛的民主,让人民真正当家作主。

3.文明

从1949年到今天,我们走了两段路。改革开放以前是以计划经济条件为主的社会主义探索建设阶段,我们走了苏联的老路,走了段崎岖的山路,后来我们发现这条路走不通了,走进了死胡同。改革开放以后,第二代领导人提出了物质文明、精神文明"两手抓两手都要硬",发展了社会主义市场经济;党的十八大把生态文明建设摆在突出位置,提出了以人为本、全面协调可持续的发展,形成了"五位一体"的中国特色社会主义事业的总体布局,建设社会主义物质文明、精神文明、政治文明、生态文明,加强社会建设。社会主义核心价值观是党和国家领导下的人民对于符合本民族的一种文明形态的追求和渴望。

4.和谐

和谐是中国特色社会主义的本质要求,也是中华民族百年来奋斗追求的目标,综合了传统文化"和"的因素,又兼具和平友爱的当代价值。在国家层面,和谐包含了经济社会发展的各个子系统之间的和谐。如果没有人与自然、生态、资源、环境的协调,物质文明就不会可持续发展,也会由于人与自然环境这一关系的紧张,造成社会发展的不和谐。

（二）从社会价值层面讲，就是积极倡导自由、平等、公正、法治

自由、平等、公正、法治是社会层面的价值目标和行为准则，反映了社会主义社会的基本属性，体现了现代社会的基本精神要素和价值追求。

1.自由

自由是人在社会关系中的存在状态。自由，不是随心所欲，更不是为所欲为，而是以尊重他人的自由为前提和界限。自由既是个人对自觉、自愿、自主的意志与行为的向往和追求，也是整个社会的崇高理想和终极目标。马克思主义追求的终极目标就是人的自由全面发展，并将之作为最高原则。党的十八大把自由作为一种价值理念提出来，可以说是进一步向全世界宣示，中国共产党人不光是追求人类社会的理想状态，也把自由作为价值目标来追求。特别需要指出的是，自由并不是资产阶级的专利，有些人对此存在误解。党的十八大明确把自由作为我们的价值追求，这是个非常重要的证明和宣示。共产党人对自由同样怀有崇高的责任情怀，是社会的远大理想和最高价值之一。

2.平等

人与人是平等的，都应该平等地享有权利，享受公共服务。可能大家会说，我们的生活中存在不公平、不平等的事情，教育、医疗、住房、就业等，这种现象肯定存在，这是因为我国人口众多、地区发展不平衡、贫富差距大。政府一直在努力促进社会公平，比如现在提出来的公共服务均等化，就是实现平等的一个重要方面。医疗、卫生、教育、公共文化、社会保障、就业等公共服务方面的逐步均等化就体现了平等。党的十八大提出，要逐步建立以权利公平、机会公平、规则公平为主要内容的社会保障体系，努力营造公平的社会环境，保证人民平等参与、平等发展的权利。要着力解决收入分配差距较大的问题，使发展成果更多更公平惠及全体人民。在中国特色社会主义的框架下，自由平等就是马克思讲的“每个人的自由发展是一切人的自由发展的条件”[5]。

3.公正

公平正义是人类社会共同的追求。公平正义是中华民族自古以来追求的传统美德，当然，它亦是社会主义的核心价值追求，是中国特色社会主义的本质内涵。近年来，随着经济的飞速增长，我国社会进入转型期，社会利益分化加剧，政府较为注重维

护和促进社会公平正义,通过各种利益分配手段,促进困难群体和贫困地区发展。当一个社会整体环境好了,社会中方方面面的生存发展才能有较快的提高,这也就是"公平正义是社会主义国家制度的首要价值"的内涵。

4.法治

完备的法律体系和法律制度是一个现代化国家发展的基础条件,当今中国正在大力推进社会主义法治建设,营造法治社会的氛围。国家围绕行政行为制定了一系列新的法律法规,进而促进合法性行政的发展。过去我们有一种思想认为法治就是用法律去治理民众,现实告诉我们,法治首先是对权力的规范和约束,一切权力无论大小都应该在法律规范的框架下运行。因此,法治最重要就是依法办事,维护法律的尊严和地位。

(三)从个人价值层面讲,就是积极倡导爱国、敬业、诚信、友善

爱国、敬业、诚信、友善四方面包含了对国家、对职业、对事情、对他人的基本立场和态度,也是作为公民应该践行的基本道德规范。

1.爱国

爱国是中华民族的传统美德,是核心价值观的核心,是每个公民的义务和责任。自古就有"位卑未敢忘忧国,事定尤须待阖棺""为什么我的眼中常含泪水,因为我对这片土地爱得深沉"等众多赤诚爱国的诗句。今天,爱国既表现在对祖国山河的热爱,也意味着将对祖国的热爱投入祖国的建设实践。在遵守国家法律法规的前提下,每个公民在自己的工作岗位上做出自己应尽的努力,来为国家的发展贡献自己的力量。

2.敬业

敬业是公民的基本职业要求,是做好本职工作的前提条件。敬业意味着热爱自己所从事的工作,对任务和工作充满责任感,敢于担当,甘于奉献,淡泊名利,努力做好本职工作。一个健康的国度是由无数忠于职守、品格高尚的个体组成的。一个人能否兢兢业业、一丝不苟地做好本职工作,不仅关系到自身的生存发展,也决定着整个国家的健康发展。现实生活中的焦裕禄、孔繁森等英模始终保持一种极高的敬业精神,为党、国家和人民的利益服务终身,值得后人学习称颂。

3.诚信

高尔基曾说:"诚实是人生永远最美好的品格。"诚信是人的立身之本和必备的道

德品格,中国传统文化中就有一诺千金的美谈佳话。以诚待人、信守承诺的人往往会赢得信誉,背信弃义的人势必将被人不屑。诚信强调“外诚于人,内诚于己”,也就是说要以诚待人,靠诚信取信于人。讲求信誉不仅是道德的基础和根本,也是一切事业得以成功的保证。小到人与人之间的约定,大到国与国之间的条约,都需讲究诚信。社会需要诚信,这些年感动中国人物中有很多诚信的案例。只有人人都讲诚信,这个社会才会变得更加美好。

4.友善

友善是中华民族的传统美德之一,包括善待亲友、他人、社会、自然等。能否以友善的态度为人处世,不仅体现着一个人的道德水平,更是一个民族素质的表现。近年来,同事之间、邻里之间、地区之间涌现出许多“送温暖”的爱心故事。只有我们在日常生活中保持一份友善之心,发扬友善互助的精神,社会才能充满更多的真情,才能更加幸福和谐。

总的来说,国家、社会、个人三个价值层面共同构成了一个完整的整体,每一个部分对国家、对社会、对个人都具有规定性、规范性和导向性。

三、践行社会主义核心价值观的路径选择

社会主义核心价值观是一种文化“公器”,是社会的精神产品,其价值就落实于实践生活中,重在身体力行。

(一)培育参与建设的主动性,促进社会主义核心价值观认同化

培育和践行好社会主义核心价值观,需要激发全体社会成员参与的热情。现实生活中要树立共建共享共赢的合作理念,突出广泛覆盖、全民参与,形成人尽其责、人人争先的社会氛围和推进机制。[6]结合日常问题、身边事例、群众语言讲解社会主义核心价值观,让人们从生活细节中感知意义、体验崇高、增进认同,将普遍号召内化为自身对高尚价值的追求和行动自觉。通过对社会中优秀代表的好人好事进行介绍,唤起社会成员的共鸣,形成“爱模范、学模范、当模范”的社会认同和社会风尚,进而促进社会主义核心价值观在人们心中生根发芽。

(二)加强宣传教育的积极性,推动社会主义核心价值观普及化

全方位进行宣传教育就是要让社会主义核心价值观走进群众、走进社区、走进企业、走进政府,成为人们工作、生活、交流的重要方式。在落实过程中,需要发挥好“榜样示范”和“舆论引导”的作用。“榜样示范”就是要求党员干部特别是领导干部、社会公众人物在言行举止和社会活动中率先垂范、以身作则,用自己的模范行为和高尚人格影响带动全社会学习践行社会主义核心价值观,发挥言传身教的作用。[7]“舆论引导”就需要结合不同时期的社会需要,调动各方媒体力量,扩大正面宣传,将之融入影视文艺作品和媒体报道,在树立典型的基础上,传递正能量,放大正画面,进而将社会主义核心价值观的各种核心精神融入家庭教育、学校教育、社会教育,潜移默化地宣传社会主义核心价值观,以促进对大众的普及。

(三)树立开拓进取的创造性,营造社会主义核心价值观氛围化

塑之以形,实践于行。24 字社会主义核心价值观明确了国家、社会、个人价值层面应该遵守的行为准则和价值标准,为人们的行为树立了良好的风标。在实际的工作和生活中,需要不断地提升道德理论水平,塑造勤业乐业、仁义担当的社会主义道德风尚,以务实进取的态度和开拓进取的精神来传承中华民族传统美德,进而树立爱国守法的良好生态,培育践行自由平等的优良土壤,营造诚信友善的社会氛围,弘扬时代和精神新风,促进各领域人际关系、干群关系、人与自然关系的和谐发展,为小康社会的顺利建成打下坚实的基础。

【参考文献】

[1]亨廷顿,哈里森.文化的重要作用:价值观如何影响人类进步[M].程克雄,译.北京:新华出版社,2002:253.

[2]价值观进步推动中国进步——专家学者谈如何扎实推进社会主义核心价值体系建设[N].人民日报,2012-11-30(17).

[3]中共中央关于深化文化体制改革 推动社会主义文化大发展大繁荣若干重大问题的决定[N].中青在线,2011-10-26(3).

[4]周文彰.深刻理解切实践行社会主义核心价值观[J].前线,2013(2).

[5]周文彰.深刻理解切实践行社会主义核心价值观[J].前线,2013(2).

[6]袁世军.天津市培育和践行社会主义核心价值观实践活动调查[J].道德与文明,2013(5).

[7]中共南宁市委宣传部.培育和践行社会主义核心价值观[N].广西日报,2013-3-19(1).

忠诚、使命、奉献
——中国外交人员核心价值观的伦理学释义

钟媛媛①

【摘要】“忠诚、使命、奉献”是我国外交人员的核心价值观，“忠诚”是我国传统道德中最重要的德目、原则和规范之一。“忠诚”既是一种道德意识，表现为道德主体强烈的归属感，更是这种情感外化的道德行为。“使命”一词自始与外交事业密切相关，是客观的道德要求，其前提是道德责任。从伦理视角来看，“奉献”既是中华传统美德，同时也是个体人生价值的体现，更是社会道德发展的内在需求。

【关键词】外交；核心价值观；忠诚；使命；奉献；伦理

习近平总书记曾说：“核心价值观是一个民族赖以维系的精神纽带，是一个国家共同的思想道德基础。如果没有共同的核心价值观，一个民族、一个国家就会魂无定所、行无依归。”[1]他还强调，核心价值观既是个人的德，也是国家的德、社会的德。在我国外交领域，“忠诚、使命、奉献”这6个字凝练了我国外交人员的核心价值追求，是我国外交人员道德行为奉行的原则和规范。本文将从伦理学的视角对我国外交人员核心价值观的内涵进行深层次解读。

一、伦理学维度中的忠诚

（一）传统伦理思想中的“忠诚”

中国的传统文化有着自身独特的伦理价值取向，而“忠”则是我国传统道德中最

---

① 钟媛媛，外交学院基础教学部讲师，研究方向为思想政治教育、道德哲学。

为重要的德目、原则和规范之一。“夫子之道,忠恕而已矣”,道出了“忠”在中国传统儒家思想体系中的核心地位。那么,“忠”在中国传统伦理思想中到底该如何解释呢?

一方面,“忠”具有广义的社会伦理的普遍意蕴。《论语》中“忠”字出现了 18 次,在孔子看来,“忠”主要指的是“克己尽责”。南宋理学家朱熹在此基础上又做一解释:“尽己之谓忠”,即尽己所存,不留分毫,无一不尽便是忠。“忠”跟“心”息息相关,因此,“忠”强调内尽其心,外尽其力与能,忠尽其身。《忠经》中有“忠也者,一其心之谓也”的提法,这里的“一其心”从广义的范围来看,指的就是道德主体坚定其道德信仰、秉持其道德操守、尽己所能全心奉献。因此,传统伦理思想中“忠”的首要含义应当是“尽心尽己尽责”。其次,“忠”之“为公”本质。《左传》中关于“忠”的论述有 70 多处,例如,《左传·嘻公九年》里记载如下对话:“(晋献)公曰:‘何谓忠、贞?’(荀息)对曰:‘公家之利,知无不为,忠也;送往事君,藕俱无猜,贞也。’”再如《左传·文公六年》:“臾骄曰:‘以私害公,非忠也。’”另外,《忠经·天地神明章第一》也说:“忠者中也,至公无私。天无私,四时行。地无私,万物生。人无私,大亨贞。”因此,无论是作为抽象的道德原则,还是具体的道德评价标准,“忠”在立字之初就有了“为公”的道德意蕴。再次,以诚训忠。“诚”的基本含义就是“真心”“真实”,在传统儒家思想中,“诚”是为人之道的根本和中心。《中庸》认为“诚”这一精神实体起着化生万物的作用:“诚者,自成也,而道自道也。诚者,物质之终始,无诚不物。”因此,“诚”是天之根本,是万事万物的根本,而达到诚之境界,则是人一生努力之方向。正如孟子所言:“是故诚者天之道也,思诚者人之道也。”(《离娄》上)那么,如何求诚呢?孟子又说:“反身而诚,乐莫大焉。”(《尽心》上)孟子认为始终坚持反求诸已,才是最大的快乐,才有可能达到诚的境界。忠之内尽其心,诚之叩问真心,以诚训忠,突出的正是发自真实内心的含义,而抛开狭义政治伦理的范畴,“忠诚”也是古代正人正已、成己成物的道德出发点,是人伦社会关系处理秉持的根本道德准则。最后,以信明忠。在中国传统伦理思想中,“忠”可以作“忠信”“忠恕”“忠敬”“忠直”等解释,但其中“忠信”一定是“忠”德最为重要的内涵。在先秦典籍中,与“忠”联用的道德规范中,“忠信”出现的频率是最高的。“忠”更多地强调“心”,是对己而言,而“信”则是对人的态度、方法和原则。事实上,道德本身就是由内而外的实践精神,是否“忠”,能否“忠”,仅依托于道德内心的萌动还是不够的,必须将内心的道德精神具体化为实践的伦理中。而“信”的引入,恰好实现了这个目标。在具体的人际交往和道德实践中,忠信将忠诚的内在价值不断转化,弱化了"忠诚"的独在性,凸显了更具普遍性的人际伦理意味。因此,忠信是忠诚的外化和延展。

另一方面,"忠"属于狭义的政治伦理范畴。相比社会伦理含义,"忠诚"的政治伦理内涵更为人所熟知,我们可从两个方面来解读中国古代作为政治伦理的"忠诚"。其一,"移孝于忠"。牟宗三先生曾说:"周公制定的礼虽然有那么多,但主要是分成两系,一个是亲亲,一个是尊尊。""亲亲"体现为孝,而"尊尊"体现为忠。《中庸》提到"仁者人也,亲亲为大",可见在儒家思想中,"孝"是人之为人的最低要求,也是最根本的价值体现,而"忠"则是孝的延伸,是孝的提升。"亲亲"体现的"孝"是维护家庭和宗族血缘亲情的基本要求,而"尊尊"体现的"忠"则是宗法等级制度和国家政治秩序的根本保障。"家国同构"是中国古代社会的组织结构特征,家与国无论在组织原则上,还是结构秩序上都具有同一性。"君父"和"子民"这种虚拟的家国血缘关系折射的就是古代"家天下"的父权家长制统治模式,"普天之下莫非王土,率土之滨莫非王臣",与"家天下"的政治结构模式相匹配的,则是"忠孝一体"的伦理意识。"移孝于忠"是中国古代社会政治的必然需求,以孝事亲与以忠事君,二者相辅相成互为表里,共同构成儒家伦理纲常的核心内容。其二,"公忠"还是"私忠"。提起中国古代忠诚观念,很多人会陷入一个误区,脑子里闪现的总会是"君要臣死,臣不得不死"之类,这属于封建帝王专制的"私忠""愚忠"。但除此之外,我国古代忠诚观念中,依然是有"公忠"观念存在的,作为古代政治伦理的忠诚,也经历了由利国到利君的演变过程。例如在春秋时期,"忠"就带有非常明确且强烈的社稷意识,也就是说,对于道德个体而言,社稷共同体的利益是高于任何特定个人利益的,包括君主。同时,忠诚的道德评价标准也不是君主的喜好和态度,而是国家社稷利益。例如《忠经》中就有很大的篇幅用来论述圣君、宰相各阶层人士的忠。孔子强调的"君君、臣臣、父父、子子"其实也是对古代忠诚政治伦理的简明表述,君臣均以忠行事,君臣的关系并非绝对的义务和权力关系,而是双向的对立。正如《论语八佾》中所说:"君使臣以礼,臣事君以忠。"忠诚是独立于关系之外的人人均须遵守的事实,而不是上层对下级控驭的伦理戒条。不过这样的"公忠"观念随着后来秦汉以后的大一统,逐步演化为臣子对君主的绝对服从,思想一统、政治一统、社会一统使得"忠不违君"(《三国志蜀书诸葛亮传》)成为忠诚政治伦理的狭隘解读。在漫长的封建帝制时代,忠诚政治伦理始终存在两大冲突——"忠孝能否两全"和"公忠、私忠",但"孝"为"忠"基础,"忠"为"孝"提升的道德价值追求,以及“天地父子、君尊臣卑”的道德灌输,使得“忠”“私忠”往往优先于“孝”“公忠”。

(二)现代伦理意蕴中的“忠诚”

在对传统儒家“忠诚”内涵进行分析之后,我们发现“忠诚”具有广义社会伦理和狭义政治伦理两个层面的解读。长期以来,我们都秉承取其精华去其糟粕的原则,对“忠诚”道德的不合理成分进行批判。当下,我们应该结合时代发展和社会需求,对“忠诚”予以重新解读。从现代意义上分析,所谓的忠诚,就是指道德主体在对道德客体理性选择的基础上形成的、对归属对象稳定的情感态度和持久的责任行为,是人与人之间、人与社会之间的基本伦理规范。[2]一方面,忠诚是一种道德意识,表现为道德主体强烈的归属感。道德主体只有具备了归属感,才会对归属对象产生精神寄托,才会产生忠的情感,才会自觉自愿地将自身融入归属对象,才会尽心尽力地为了归属对象而承担相应责任。例如政治忠诚,马克思主义的忠诚观包括四个方面的内容:忠诚于党、忠诚于国家、忠诚于人民、忠诚于共产主义事业。这四个方面体现的都是一个马克思主义者对党、国家、人民及共产主义事业强烈的道德情感和责任意识。再如忠诚于婚姻、忠诚于爱情、宗教忠诚等,都体现了主体对归属对象的归属感。当然,这里的归属对象不一定是一个明确的个体,比如忠诚于婚姻,理性的忠诚是对婚姻本质的理解,对婚姻关系的理解,对自身在婚姻关系中的角色的认同,而不是对具体某一个人的忠诚。另一方面,忠诚也是一种道德行为。忠诚是一种道德情感,更是这种情感外化的道德行为。在情感上认同,是尽心,将这种情感外化为具体的行为,是尽力,尽心尽力才可谓忠诚。当然,一个人只是在一时一事上费工夫,只能叫热忱,而不是忠诚,正如毛泽东同志所说的“一个人做点好事并不难,难的是一辈子做好事”。因此,真正的忠诚是一种坚持不懈、始终如一的尽心尽力,是一种持久的道德行为。

二、伦理学维度中的使命

(一)使命是客观的道德要求

“使”在《说文解字》中的解释是“使,伶也,从人吏声”,本义是“命令”。“命”在《说文解字》中的解释是“命,使也,从口从令”,本义是“指派、发号”。“使命”在古代有“命令、差遣”的意思，例如《左传・昭公十六年》:“会朝之不敬，使命之不听，取陵於大国，罢民而无功，罪及而弗知，侨之耻也。”当然，自古以来，“使命”这个词跟外交事业关系密切，使者、使节等都是外交人员的专职代称。“使命”作为一个客观的外在命令，原本不带有过多的感情色彩，亦上升不到道德的层面，但恰恰在中国古代的外交环境中，衍生出了许多与之相关的道德情感因素。例如在外交使节的选拔上，无论是通过募、征、自请的方式，还是指派、举荐的方式，无论最后选拔出的使节是辩士、勇士，还是文武兼备之人，其中非常重要的考核标准就是是否具备良好的道德素养和过硬的政治素质。“天子为其绝远，非人所乐往。”从一定意义上说，那个时候的外交使节就是探险家，外交不仅是智慧和言辞的较量，更需要坚忍不拔的道德品质和勇于冒险、甘愿牺牲的大无畏精神。也正是这样的道德要求，成就了“唐雎不辱使命”“陆贾单骑平南城”“张骞出使西域”“苏武持节牧羊”的奉使佳话。其实，使命所内含的这种道德要求也基于中国传统文化中对道德理想的追求。中国古代仁人志士大都有着深沉的忧患意识和历史使命感。孔子认为“天下无道也久矣”，基于这种忧患现实的使命感，孔子穷极一生，四方游说，为的就是培养“谋道不谋食，忧道不忧贫”的君子。中国古代士人以“修己以安人，修己以安百姓”的天下胸怀和“道远任重”的使命意识，写就的不仅是自身道德理想的追求和道德价值的实现，更成为几千年中华文明最宝贵的精神财富。

(二)使命的前提是道德责任

除去“命令、差遣”之外，“使命”也被解释为“任务”“责任”。“使命”作为外在的客观存在，更多地表现为一种他律性，人们能否顺利去履行、完成它，依靠的则是道德主体对使命的主观意愿，这是一种积极主动的自律的道德责任。一般来说，责任含有责任意识和责任能力两个层面，道德主体的责任意识越强烈，责任能力越大，责任感、使命感越强，完成使命的可能性也越高。因此，责任是使命的前提。中国传统伦理思想史上虽没有形成系统的责任伦理体系，但是责任无论是在人们的道德行为规范、个人道德修养，还是社会制度安排上都作为一个基本的信条贯穿其中，是中华民族精神的血脉。中国传统文化建立在家国同构的血缘宗法等级制的基础上，经济上是自给自足的自然经济，因此，中国传统责任思想依循的线索是从“父慈子孝”“兄友弟恭”的家庭伦理到“仁义礼智信”“推己及人”的人际责任伦理，再到“天下为公”“内圣外王”

“天下兴亡、匹夫有责”的社会责任伦理,真正实现“修身、齐家、治国、平天下”的理想抱负。

西周时期,礼崩乐坏,为了寻求治乱平天下的治世方略,周公提出“以德配天”的主张,以“周礼”来规范人们的道德行为,对上至君王下至庶民都提出了责任要求。中国古代家族本位的社会结构决定了家庭伦理关系与社会稳定发展的直接关联,因此,自古以来中国都非常重视家庭伦理的构建。《尚书》的“五教”、《礼记》的“十义”无一不以家庭伦理为核心,规定着每个成员的人伦角色和责任要求。在人际伦理方面,儒家主张“老吾老,以及人之老;幼吾幼,以及人之幼”,“己所不欲,勿施于人”,这种由近及远、推己及人的思想主张已经朦胧意识到社会角色与责任的关系问题。而墨家主张的“兼相爱,交相利”,宣扬人与人之间和谐平等的兼爱思想,无论个人还是国家都要对人民公共利益负责,把“兼相爱”当作最高的道德准则。在社会、国家层面,范仲淹的“先天下之忧而忧,后天下之乐而乐”、顾炎武的“天下兴亡,匹夫有责”、诸葛亮的“鞠躬尽瘁,死而后已”、林则徐的“苟利国家生死以,岂因祸福避趋之”无一不是中国古代社会以民族、国家利益为重的责任伦理思想的最好体现。另外,中国传统文化中“天人合一”的观念也蕴含着丰富的生态伦理思想,折射出人与自然之间的责任关系。庄子的“物无贵贱”强调人与自然的和谐统一,宋代张载的“民胞物与”从认识论的角度强调人与天下万物都是一体同胞,因此,人不仅要对自己、他人负责,还要对世间万物负责。中国的儒家文化博大精深,它以积极入世的精神,始终激励着众多有志之士追寻道德理想,成就道德人格,将责任感、使命感提升到本体论的高度,真正实现“为天地立心,为生民立命,为往圣继绝学,为万世开太平”。

三、伦理学维度中的奉献

自古至今,奉献精神不是每个人都具备,但几乎每个人都对具备奉献精神的人充满崇敬和尊重。那是因为,“奉献”二字是人类文明的积淀,是人们心灵深处的一种积极的道德认同。那么,究竟什么是奉献精神呢?简单地说,奉献就是指为了正义和真理,为了国家、集体的利益和他人的合理诉求而献出自己的所能,甚至不惜牺牲生命的一种高尚行为和这种行为所体现出来的一种崇高精神。

(一)奉献是中华传统美德

奉献精神是中华民族精神的一个重要方面,有着悠久的历史。中国封建社会的政治经济结构作为一种自然因素,决定了社会的价值导向必然是走向整体主义。所谓整体,就是社稷和国家,即“公”或“公利”。整体精神往往跟义利关系、公私关系息息相关。孔子讲“君子喻于义,小人喻于利”,孟子讲“王何必曰利,亦有仁义而已矣”,这里所说的“义”包含着社会和国家的“公利”的意思。如何成就“义”?需要的就是道德个体的奉献精神。南宋时期的著名民族英雄、爱国诗人文天祥,就是为了实现“杀身成仁”“舍生取义”的道德理想,而表现出不屈不挠的爱国奉献精神。他在《绝笔自赞》中写道:“孔曰成仁,孟云取义,惟其义尽,所以仁至。读圣贤书,所学何事?而今而后,庶几无愧。”他的“人生自古谁无死,留取丹心照汗青”,表现出为了民族整体利益而无私奉献、勇于牺牲的大无畏精神。在中华民族生生不息的历史进程中,像文天祥、苏武、史可法这样的英雄人物不胜枚举,他们的“义举”是民族奉献精神的最好诠释,在不朽的历史巨卷中留下可歌可泣的篇章。

(二)奉献是人生价值的体现

中国伦理思想史上长期讨论的一个重要问题就是人生价值问题,即人为什么活着?人生的意义是什么?《左传》中有所谓:“大上有立德,其次有立功,其次有立言,虽久不废,此之谓三不朽。”“三不朽”成为人生追求的三个不同等级的目标,其最高的境界就是“立德”,“德”通“得”,“内得于己,外得于人”,强调的其实就是自我和他人、社会之间的关系,而人生的价值恰恰就体现在这样的关系中。人的本质并不是单个人所固有的抽象物,其现实性上是一切社会关系的总和。自我并不能孤立地存在,而只能在社会的历史和现实关系中存在,人的自我价值也并不是孤立地自我满足自己需要的价值,而是自我与社会相统一的价值。个人的自我价值,就取决于他满足社会需要的劳动、创造和贡献。贡献大,价值就大,贡献小,价值就小。因此,人之所以为人,就在于人的内在精神世界中融合着社会的需要,奉献、无私奉献是人生价值最大的体现。“如果我们选择了最能为人类福利而劳动的职业,我们就不会为它的重负所压倒,因为这是为全人类所做的牺牲;那时我们感到的将不是一点点自私而可怜的快乐,我们的幸福将属于千万人,我们的事业并不显赫一时,但将永远存在,而面对我们的骨灰,高尚的人们将洒下热泪。”马克思用他的一生诠释着这一道德准则和人生信条。恩格斯也曾说:“意识到自己的利益和全人类的利益一致的人,是一个真正符合‘人’这个字含义的人。”因此,一个真正的人,即一个符合人的本质的人,应该是一个富有责任感和奉献精神的人。

(三)奉献是社会道德发展的内在需求

社会道德建设应以奉献为引导,因为奉献是社会道德建设和发展的内在需求。“人们自觉或不自觉地,归根到底总是从他们阶级地位所依据的实际关系中——从他们进行生产和交换的经济关系中,吸取自己的道德观念。”[3]因此,在社会主义社会中,人们的思想觉悟和道德水平也是各不相同的。罗国杰教授认为,社会主义道德的为人民服务精神和集体主义的原则,在具体的道德要求上,可分为三个层次:一是无私奉献、一心为公、全心全意为人民服务的层次。这一层次是社会主义思想道德要求的最高层次,是一切共产党员、先进分子所力求达到的。二是先公后私、先人后己的层次。这一层次要求每一个人都能自觉地把集体利益、国家利益放在个人利益的前面。三是顾全大局、遵纪守法、热爱国家、诚实劳动的层次。这一层次是对社会主义公民的最基本的道德要求。每个人都有“是什么”和“应当是什么”两个方面,每个社会也同样如此。“是什么”是由历史和现状决定的,是现有状态,“应当是什么”则是循着理想要求而对现有的否定或突破。“道德善”表达的就是这种“应当”,表达的就是人类世界的“应然”价值取向。现阶段,我们还不能要求全体社会成员都做到无私奉献,但“奉献精神”却始终应当是当前社会道德建设的航标,只有这样才能不断提升整个社会个体的道德水平,实现社会道德“善”的应然价值。

【参考文献】

[1]坚持以人民为中心的创作导向创作更多无愧于时代的优秀作品[N].光明日报,2014-10-16(1).

[2]梁涌.社会转型期忠诚问题研究[M].北京:中国文史出版社,2002.

[3]马克思,恩格斯.马克思恩格斯选集:第3卷[M].北京:人民出版社,1995.

拓展培育社会主义核心价值观的有效载体
——大学生思想政治理论网络学习共同体研究

王洁敏①

【摘要】大学生思想政治理论网络学习共同体,是大学生群体依托网络环境,利用开放的学习平台,共享学习资源,在遵循特定学习规则的前提下开展社会性、交互性学习的团体。大学生思想政治理论网络学习共同体的形成与构建为大学生社会主义核心价值观培育提供了有效载体,有助于社会主义核心价值观入脑、入心、入魂。

【关键词】大学生;社会主义核心价值观;思想政治理论网络学习共同体;构建原则

大学生社会主义核心价值观培育旨在"使社会主义核心价值观内化于心、外化于行"[1],即使社会主义核心价值观入大学生的脑、入大学生的心、入大学生的魂。"入脑"是指大学生能够明确把握社会主义核心价值观的基本内容,明确 24 字的社会主义核心价值观的基本内涵。"入心"是指大学生能够在特定场域中感受社会主义核心价值观的内蕴、意义和价值,特别是通过具体实践感受社会主义核心价值观对自身成长和社会发展的积极作用,进而认同并真正接受社会主义核心价值观,使社会主义核心价值观由外在的要求转化为大学生内心认可、尊崇与追求的价值。"入魂"是指大学生能够在特定的时空下感受社会主义核心价值观的民族性与时代性,领悟社会主义核心价值观的文化底蕴。只有入脑、入心、入魂相融互洽,才能真正实现大学生社会主义核心价值观培育的目的。在探讨大学生思想政治理论网络学习共同体(以下简称"共同体")的内涵与特征等基本理论问题的基础上,阐述共同体对大学生社会主义核心

① 王洁敏,北方工业大学马克思主义学院副教授,研究方向为大学生思想政治教育理论与实践。

心价值观培育的重要意义以及构建共同体的基本原则,对于高校思想政治教育工作者延伸、拓展大学生社会主义核心价值观的培育载体及路径具有一定的启示和借鉴意义。

一、大学生思想政治理论网络学习共同体的内涵及基本构成要素

大学生思想政治理论网络学习共同体是指大学生这一特定群体依托网络环境,利用开放的学习平台,共享学习资源,在遵守由学生与指导教师共同制定的学习规则的前提下,开展社会性、交互性学习的团体。其根本目的在于提高大学生群体的思想政治理论素养,促进大学生个体的全面发展。共同体包含学习主体、学习目标、学习资源、学习平台、学习模式五个基本要素(见图1)。

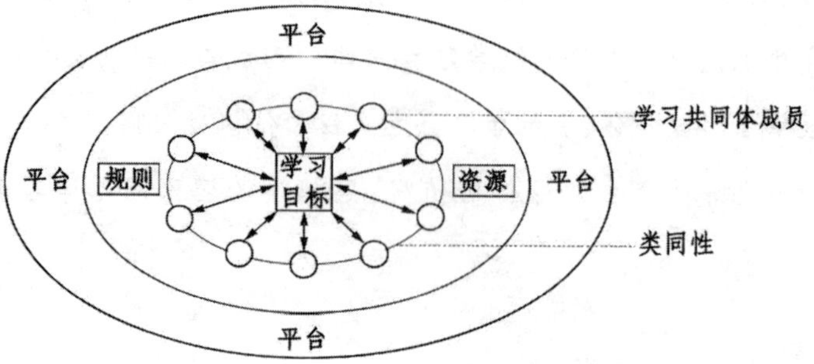

图1 大学生思想政治理论网络学习共同体的基本构成要素

(一)学习主体

共同体的主体主要包括大学生和指导教师。大学生学习主体可以是校内大学生学习共同体,也可以是校际大学生学习共同体;可以是同一年级的大学生,也可以是不同年级的大学生;可以是同专业的大学生,也可以是由多专业学生组成的学习共同体。指导教师学习主体主要包括思想政治理论课专职教师和思想政治理论课所涉相关学科的专家学者。在此需要强调的是,共同体的学习主体必须具备高度的类同性(共同体的主体的社会角色、生活状态必须具有相同或相似性),它是共同体形成、发展并取得学习实效的基础。学习主体的类同性在一定程度上决定了共同体自身的类同性。这是因为,共同体最初的形成和聚集可能缘于学习主体共同的兴趣爱好、相同或相似的专业特长以及共同关注的热点、难点问题等狭义的或具体的类同性。但随着共同体

的发展，共同体成员之间逐渐建立起共同的学习目标和规则，形成了具有共同体自身个性的文化价值体系，学习主体的具体类同性逐渐变成了连接共同体成员的重要特征和属性，成为共同体成员相互理解、相互信任、互为归属的思想基础。

（二）学习目标

整体性和发展性是共同体学习目标的基本特征。所谓学习目标的整体性，是指共同体以发展学生个性、提高学生整体素质为根本目标，对共同体内部的学生进行全面发展教育。学习目标的发展性，是指共同体的各项学习活动要针对共同体成员思想政治理论素养参差不齐的现实差异以及学生的生活和学习经验、知识储备与现实社会生活、社会发展之间存在的脱节问题，有的放矢地制定和确立共同体的阶段性学习目标。总之，共同体的总体目标和阶段性目标的实现离不开学生对思想政治理论知识的学习和掌握这一基础环节，而知识本身又是一种社会性产物，因此，共同体成员获取思想政治理论知识就是一种个体与社会交互作用的过程，也就是个体的社会化过程。在这个过程中，每个共同体成员不仅能借助网络平台提供的交流工具与其他成员交流信息、情感和观念，还能借助各种交流工具与指导教师进行交流和对话，进而实现学生与学生、教师与学生、教师与教师之间的知识共享和知识共建。

（三）学习资源

共同体的学习资源内容丰富、形式多样。从内容上看，共同体的学习资源十分丰富，包括党和国家领导人的重要讲话全文、国内外最新时势动态评析、马克思主义经典著作（电子版）、思想政治理论网络课程音频视频、相关教学软件、学术著作以及各类电子学术期刊。从形式上看，共同体的学习资源也是多种多样的，既可以是文本、图形、图像，也可以是动画、视频、音频，多种多样的资源形式大大增强了思想政治理论内容的表现力，有助于学生以更轻松有趣的方式来获取思想政治理论知识。另外，学习主体还可以直接、及时、有效地从彼此间知识、信息、思想、态度和情感的相互交融中，通过多种多样的学习资源，实现对学习内容的再认识、信息的再处理、思想的再丰富、态度的再澄清及情感的再生成，更好地完成对思想政治理论知识的学习，提升思想政治理论素养。

(四)学习平台

共同体的学习平台除了具有数据库管理、网站管理、信息采集编辑和发布等一般功能外,还具有获取便捷、强交互性的特征。获取便捷主要是指共同体的主体即学生和指导教师可不受时间、空间等因素的限制,通过计算机或手机等网络终端随时随地获取自己需要的各类学习资源。强交互性是指共同体的主体能够通过学习平台实现信息资源的双向传递和交流,这种双向传递和交流既可以是同步方式,也可以是异步方式,即共同体的主体在接收到网络信息以后,可以即时或非即时地作出反馈。为了保证共同体共同学习的有效开展,学习平台的交流协作功能和社会交互功能应更加突出,这是共同体正常运行的前提。如果说技术平台只是共同体的基础平台,那么学习成员之间的交流习惯、交流深度和广度则是共同体的延伸平台,这个延伸平台才是共同体真正的学习平台。

(五)学习模式

学习模式是指共同体要有符合共同体成员学习需要的相对固定的学习规则与方式,以引领学生将自己的部分时间和精力投入共同体的学习之中,同时还要制定出科学合理的学习评估标准和评估原则,用于检验共同体成员的学习时间、精力投入及学习效果。例如,在定期的实地考察学习后,开展社会主义核心价值观等相关主题的讨论,观看教育影片,与道德模范对话,撰写学习心得并进行交流。尽管社会主义核心价值观培育和践行效果的评估很复杂,但共同体还是可以通过在线学习的时间、参与讨论的积极程度、在共同体中的影响力、提交相关作业的数量与质量、参与社会实践的频率与效果等指标来对学生的学习情况和学习效果进行初步的衡量与评估。如果缺少相对固定的学习模式与学习规则,缺乏一定时间和精力的投入,共同体将不可持续且失去其提升大学生思想政治理论素养的目标实质。

对于共同体的构建来说,上述五个基本构成要素相互联系、缺一不可。其中,学习主体是共同体存在的前提,学习目标是共同体存在的根本,学习资源是共同体存在的保障,学习平台是共同体存在的支撑,学习模式是共同体存在的关键。只有五个基本构成要素有机结合、有效融合,才能形成共同体,有效提升大学生思想政治理论素养,增强大学生践行社会主义核心价值观的积极性和主动性。

二、构建大学生思想政治理论网络学习共同体对于大学生社会主义核心价值观培育和践行的重要意义

随着新媒体、自媒体、全媒体的自由开放，多元变幻的社会思潮均借助其迅速传播，享乐主义、个人主义、虚无主义等势必会在一定程度上消解并腐蚀大学生的理想信念和政治追求，影响大学生践行社会主义核心价值观的积极性和主动性。构建共同体是探索大学生社会主义核心价值观培育和践行载体的一种积极尝试，有助于应对大学生社会主义核心价值观培育和践行过程中面临的各种挑战，实现社会主义核心价值观入脑、入心、入魂。

（一）有助于消除沟通障碍、增进师生互动，帮助大学生更好地理解和把握社会主义核心价值观的基本内容，实现社会主义核心价值观入脑

亲其师，才能信其道。社会主义核心价值观入学生头脑，离不开学生对“传道授业者”的认可与信任。这就要求授课教师不但要具备扎实的马克思主义理论功底，还要真正关心和了解学生，即师生间的沟通互动频率和效率要达标。学生若能与教师进行无障碍沟通，特别是与真正了解自己思想状况的教师沟通，往往更容易接受教师所讲授的知识理论。传统思想政治理论课课堂受到学生人数过多等因素的限制，在课堂上，授课教师看似直面学生并与之交流，其实，教师面对的是一个抽象性的群体，该群体的思想、情感和意志在一定程度上遮蔽了个体学生的思想、情感和意志，教师无法也不可能与群体中的每一个鲜活且独特的个体进行深入的交流和沟通，因此无法获取与学生有关的、全面的、有价值的信息，也无法了解每个学生的真实思想状况。另外，即使课堂上教师通过师生交流获取了部分信息，但仍需对这些信息的真实性和准确性进一步认证与分析。因为每个学生都是独立的个体，不排除有些学生出于自我保护而选择从众，也就是说，其在课堂上表达的观点与想法未必是真实的。总之，由于缺乏有效的沟通和深入的了解，教师想要将社会主义核心价值观置入学生头脑也多力不从心。

而在共同体中，情况则有所不同。共同体有人数限制，这就能保证指导教师可以很好地掌握学生的实际情况。另外，共同体基于交互工具软件而构建，师生、生生、师师之间的互动是网状进行的，加上网络沟通和学习不受时间、地点的限制，指导教师可以随时随地与每位学生进行交流，这更有助于增进师生的相互了解，实现师生的有效

沟通。共同体还能全方位地实现师生、生生间的实时交流,有助于学生对社会主义核心价值观形成全面系统的认知。在此基础上,指导教师可以通过典型案例、名家访谈、主题讨论等方式面向学生开展社会主义核心价值观教育,将学生的所思所想引向对社会主义核心价值观相关理论问题的思考和讨论,让学生不受时空与环境的限制而能够随时随地学习。网络特有的图、文、声、像等多种呈现形式具有直观生动的特点,能够帮助指导教师增强教学感染力,提升社会主义核心价值观在新媒体、自媒体、全媒体时代对大学生的吸引力和影响力,让学生真正了解社会主义核心价值观的内涵,使社会主义核心价值观真正进入学生的头脑。

(二)有助于降低学生疏离感、助推价值观践行,促进学生实际体悟社会主义核心价值观的精神内涵,实现社会主义核心价值观入心

对于部分大学生来说,社会主义核心价值观的培育和践行似乎是疏离于他们的真实生活的,社会主义核心价值观的培育和践行似乎仅仅局限于课堂和学校,走出课堂和学校就意味着同社会主义核心价值观“说拜拜”。共同体鲜活且富有生命力,不受时间、地点的限制,因而它始终是学生学习的平台。也就是说,共同体可以延长大学生社会主义核心价值观培育和践行的时限,拓展大学生社会主义核心价值观培育和践行的时空,丰富大学生社会主义核心价值观学习和实践的方式。在此意义上,共同体有助于降低学生对社会主义核心价值观的疏离感。

价值观不会凭空产生,它以人们的生活实践为源泉,更以人们的生活实践为养料来保持生机与活力。价值观也只有在指导人们实践的过程中才能真正完成自己的历史使命,才能让人们将其奉为行动圭臬。要想让大学生真正感受到社会主义核心价值观的可贵,就必须让学生展开具体的社会实践,只有在社会实践中,大学生才能真切地感受到社会主义核心价值观对自身成长和社会发展的积极作用,真正理解社会主义核心价值观的内涵,认同并接受社会主义核心价值观,完成对社会主义核心价值观从文字的表面认识到认可与尊崇的转变,实现社会主义核心价值观由入脑到入心的转化。习近平总书记曾告诫青年大学生:“道不可坐论,德不能空谈。于实处用力,从知行合一上下功夫,核心价值观才能内化为人们的精神追求,外化为人们的自觉行动。”[2]共同体能够充分发挥校内外各种资源的优势,通过不断创建实践教育基地、创新实践教育方式,让大学生在践行社会主义核心价值观的过程中感受、体悟社会主义核心价值观的魅力。

（三）有助于强化青年的群体意识、激发其历史担当，增强大学生对社会主义核心价值观的文化认同，实现社会主义核心价值观入魂

历史发展从来都不是个人的独角戏，它离不开一代又一代符合时代发展要求、代表人类进步方向、勇于承担历史责任的社会群体。今天的中国需要的正是青年大学生这一朝气蓬勃、富有创造性的群体。然而，大学生个体的历史责任感有时会被日常生活的琐碎所牵绊，其生活目的和生活意义也因此局限于零散微小的生活目标。当一定规模的个体结合在一起，并被给予积极有力的引导和培育时，该群体会重拾曾被个体忽视的生活内容和历史思考，焕发出个体所不具备的光彩。共同体可以打破班级、年级、专业甚至学校的限制，让不同班级、年级、专业和学校的学生组成一个规模适中的共同体，共同体成员共同进行思想政治理论学习，进行社会主义核心价值观相关问题的探讨。这将有助于打破传统思想政治理论课课堂的局限，使学生以更开放的视野去看待社会主义核心价值观和思想政治理论学习的意义。更为重要的是，共同体通过营造良好的学习氛围、搭建良好的学习平台，能够激发青年对一些问题的深度思考，特别是师生、生生间的相互交流能够激发出个体的群体意识，使其更好地思考青年与国家和社会的关系，进而明晰青年应有的历史担当。共同体还能不受时空限制，为学生提供足够的思考、互动和实践的条件和空间，使学生将对社会主义核心价值观的学习和践行放置到更广阔的大背景下。既让学生接受思想政治理论课课堂主渠道的教育，也使学生能及时获取到互联网上国内外的最新信息与时评；既能让学生感悟到植根于中华优秀传统文化的社会主义核心价值观的文化底蕴，也能让学生感受到激荡于世界文化交汇大潮中的社会主义核心价值观的时代魅力。共同体使学生在特定的时空下感受到社会主义核心价值观的民族性与时代性，引导学生将社会主义核心价值铸入自己的灵魂，不断提升自我的文化自觉与文化自信。

三、构建大学生思想政治理论网络学习共同体的原则

共同体应在指导教师与学生的共同经营下，遵循交互协作原则和共同发展原则，做到目标合理、人员有素、规划有序、评价有效。唯有如此，共同体才能发挥其助推大学生社会主义核心价值观培育和践行的作用。

(一)交互协作

交互协作主要是指共同体成员要通过协商达成共识,完成知识与意义的建构。该原则以社会建构理论为依据,社会建构理论关注个体的自我建构,也关注个体自我建构过程的社会性。共同体并不是简单地将零散的多个个体组合起来去完成某项特定任务,因而扩大任务的辐射范围和扩大小组的容量规模都不是构建共同体的主要因素,构建共同体的关键因素在于社会取向。成长背景和生活经验的差异使不同个体对知识内容的认识与理解不尽相同,所以每位学习者除了依靠自身经验进行特定的知识建构外,还必须把个体认知与社会互动结合起来,以不断改造和更新自己的知识,尽可能地与世界的本来面目和社会的真实样态相一致,只有这样,个体的学习才更有意义。概言之,个体知识的建构离不开社会环境。共同体要具备明确的面向社会的学习任务和学习目标,具备完成特定学习任务和实现特定学习目标的灵活方式。在学习任务和学习目标的指引下,共同体要在其构建的各个环节依据协作学习理论,营造协作学习氛围,促成协作学习行为,创设协作学习工具,力图消除学生在学习过程中的孤独感,真正为每个学习主体提供一种社会性的学习环境,创设交流、互动、协商的学习平台,提供协作学习、互助学习的机会,优化其协作学习的效果。同时,还应从内因和环境等多角度去考察和研究共同体的发展与变化规律,以更好地发挥共同体的协作性优势,增强培育和践行社会主义核心价值观的效果。

(二)共同发展

共同发展主要是指共同体既注重成员的个人发展,更注重共同体的整体发展,因为整体发展更具根本性、长期性。该原则以合作学习理论为依据,合作学习理论旨在提高学习者的成绩,培育学习者的良好心理素质和社会技能,改善集体心理氛围。该理论认为,组织学习者学习的主要情境包括竞争性情境、个体性情境和合作性情境三种,在具备了面对面的促进交互、积极的相互依赖、有效的人际交往技能等基本要素后,合作学习会在该学习小组中真正实现,这样的合作学习比竞争性学习及个体化学习更有教育意义和实际效果,更有助于学习小组中每位学习者的整体素养的提升。共同体应注重合作学习,在师生之间、生生之间、师师之间建立信息互动和共享机制。在合作学习过程中,指导教师充当咨询者、参与者、管理者、促进者等多种角色,以最佳方式提升共同体的学习效果，让学生更快、更好地接受社会主义核心价值观，提高自身的思想政治理论素养。同时，共同体成员既可以自由畅通地表达自己的观点和看法，也应认真倾听其他成员的观点和意见，不断交流、讨论，最终实现互教互学、共同发展、共同进步。

（三）人员有素

人员有素主要是指共同体的构建人员要专业、敬业。共同体的构建需要思想政治教育领域的专家学者、教师、学生积极参与，这些人员平时都有各自的工作项目和学习任务，参与共同体的构建必然要花费大量的时间与精力，因此，在共同体的构建初期，需要建立一定的激励机制，推动参与建设的人员积极投入共同体的建设工作。如对参与共同体建设的人员，根据其任务分工和贡献大小给予一定的精神和物质奖励。随着建设工作的不断开展，要让大家逐渐认识到构建共同体是一项双赢的工作，专家学者、教师和学生在为共同体内其他成员提供服务的同时，自身也得到了其他成员的反馈和帮助。专家学者可以将自己的研究课题投入共同体的平台，利用共同体的广泛资源开展交互式研究，拓宽研究视域，拓展研究领域。指导教师和大学生在组织学习的过程中，也会不断与共同体内的其他学习者擦出思想火花，获得更多思想启迪。在共同体的构建过程中，组织者要具备“我为人人”的奉献精神，积极推进共同体建设，才会得到“人人为我”的现实回报，共同体的构建才会更加积极有效。

（四）规划有序

规划有序主要是指共同体的构建要做到规划有序。应当在院校范围内成立相应的管理机构和专职部门来对共同体的建设进行宏观规划与整体把握，不仅要有序制定组织建设的总体任务规划，也要制定一定时期内的分步实施计划。可以在同一学科专业内选择师资力量相对较强、科研水平相对较高的院校开展共同体建设，有重点、有计划地稳步推进，最大限度地发挥共同体的整体效益，保证共同体的学生数量和交互频率，为适应信息化条件下大学生终身学习和社会交互学习创造环境。规划有序不仅体现在共同体的构建之初、构建之中，还体现在构建之后。换句话说，共同体的构建规划还应包括学习效果评价这一重要内容。有效的评价能够为共同体的后续发展提供内在的推动力。共同体本身需要有内部规则对指导教师和学生的行为进行约束与评价，同时也需要外部评价的激励与鞭策。因此,需要在研究和探索共同体构建的基础上,本着求真务实、科学有效的原则,建立符合客观规律的评价指标体系并有效实施。

【参考文献】

[1]习近平总书记系列重要讲话读本[M].北京:学习出版社、人民出版社,2016:90.

[2]青年要自觉践行社会主义核心价值观——在北京大学师生座谈会上的讲话[N].人民日报,2014-05-05(2).

社会主义核心价值体系的特殊体现

——谈外交人员核心价值观

姜 琳[①] 宗 敏[②]

【摘要】外交人员核心价值观既是建设中国特色社会主义核心价值体系的重要组成部分，又有着其忠于祖国、外交为民、与时俱进和不辱使命的特定内涵。践行外交人员核心价值观，不仅是落实党的十九大精神的重要内容和新时期党建和思想政治工作的体现，也是培养合格外交人才的重要抓手。要做到热爱祖国与放眼世界的和谐统一，吃苦耐劳与健康心态的和谐统一，继承传统与改革创新的和谐统一。

【关键词】社会主义核心价值体系；外交人员；核心价值观；践行

构建和培育我国外交人员核心价值观，既是建设中国特色社会主义核心价值体系的重要组成部分，又对我国外交外事人才培养起着行为取向、评价标准、评价原则和衡量尺度的作用，对新时期新形势下培养建设一支高素质、复合型、职业化外交队伍起到至关重要的作用。认真研究构建和培育外交人员核心价值观是学习贯彻党的十九大精神的重要内容和新时期党建和思想政治工作的重点课题。在当前继续深入开展"两学一做"活动的重要阶段，对既能够继承优良传统又富有时代精神并体现外交人才培养特色、反映外交人员价值追求的核心价值观内涵进行认真的梳理提炼和调研总结，对新时期外交人才思想政治工作的有效开展和新时期合格外交队伍的构建无疑是有积极意义的。

---

① 姜琳，外交学院基础教学部教授，研究方向为思想政治教育、心理学。
② 宗敏，外交学院心理教研室副教授，研究方向为大学生心理健康教育、思想政治教育、心理咨询与治疗。

一、外交人员核心价值观的普遍内涵

中共中央十六届六中全会通过的《关于构建社会主义和谐社会若干重大问题的决定》指出,马克思主义指导思想、中国特色社会主义共同理想、以爱国主义为核心的民族精神和以改革创新为核心的时代精神以及社会主义荣辱观共同构成社会主义核心价值体系的基本内容。这就说明,作为社会主义核心价值体系组成部分之一的外交人员核心价值观的基本内容也是由以上四个方面组成的。外交人员的核心价值观在这四方面都有它自己特定的内涵,同时在结构上又是一个有机整体,它们相互联系、相互贯通、有机统一,共同构成一个完整的价值体系,其深刻内涵需要我们在外交工作的理论研究和实践过程中认真加以总结。

(一)"马克思主义指导思想"是中国特色社会主义建设事业和新时期外交工作的指导理论,是武装全体外交工作者的科学的世界观和方法论,是外交人员核心价值观中的灵魂

首先,我们所培养的未来的外交人员要能够坚持正确的政治方向,具有坚定的政治信仰,相信并坚持马克思主义对人类社会发展规律的揭示,即人类从原始社会向社会主义、共产主义社会演进的"自然历史规律"以及资本主义必然灭亡和社会主义、共产主义必然胜利的科学结论。尽管社会主义事业在世界范围内和国际舞台上曾经历过曲折,如苏联解体、东欧剧变等,使得国际关系的格局发生了变化,但历史的曲折不能改变马克思主义理论对历史发展总趋势的揭示,中国特色社会主义事业的蓬勃发展雄辩地说明马克思主义是科学的,我们必须始终不渝地在外交人才培养工作中坚持它并把它作为指导思想。

其次,我们所培养的未来的外交人员要能够坚持用中国化的马克思主义理论成果指导新时期中国外交工作的实践。在外交工作中坚持马克思主义指导思想,就是要坚持用马克思主义中国化的理论成果武装自己,创造性地运用辩证唯物主义和历史唯物主义的世界观和方法论分析当今世界局势和今后中国的外交工作实际,能够在错综复杂的国际关系的风云变幻中看清本质、明确方向,在新的国际条件下对中国外交工作的发展规律的认识和把握达到新的理论高度。

最后,我们所培养的未来的外交人员在工作中要能够坚持马克思主义与时俱进的

品格。马克思主义本身一百多年的发展史,就是一部不断发展、完善和创新的历史。中国共产党人坚持把马克思主义的基本原理同中国具体实际相结合,形成了一系列中国化的马克思主义理论成果,指导中国改革开放事业和新时期的外交工作取得了辉煌胜利。随着未来中国进一步的发展和崛起,中国的外交工作将面临更加复杂的国际局势和更大的挑战,只有始终依靠与时俱进的品格,才能够在不断发展的外交实践中,赋予其鲜明的时代精神和创新要求。

(二)"中国特色社会主义共同理想"应该成为全体外交工作者共同奋斗的理想和追求,是外交人员核心价值观中的主题、目标和中心

首先,要深刻理解现阶段强调共同理想的原因和重大意义。理想是一个民族、一个社会的灵魂所系。习近平总书记明确提出,坚定理想信念"是外交人员的根和魂"[1]。这说明了理想对人、对国家、对民族的极端重要性。改革开放以来,中国特色社会主义经济、政治、文化、社会建设所取得的显著成就不但坚定了中国特色社会主义共同理想,而且为共同理想的实现奠定了更加坚实的基础。然而,由于国际上伴随苏联解体、东欧剧变而形成的诋毁、否定社会主义思潮的泛起,也由于国内改革开放深化过程中出现的一些新情况、新问题的影响,中国的外交工作面临新的困难和考验,坚定中国特色社会主义共同理想的任务仍然突出地摆在未来的外交工作者面前。中国特色社会主义共同理想是历史和人民的选择。中国经过新民主主义革命、社会主义革命和建设以及改革开放和社会主义现代化建设的长期实践和探索,走上了建设中国特色社会主义的崭新道路,这是党领导人民实践探索和选择认定的结果,外交工作者应该始终坚持不动摇。

其次,要随着工作实践的发展而不断充实共同理想的内容。中国特色社会主义是外交工作必须长期坚持的共同理想,但它必须随实践的发展而不断充实其内容。党的老一代领导人在不同的历史条件下为这一共同理想的发展都作出了杰出的贡献,并不断充实其内容。毛泽东同志在党的七大政治报告中就指出,中国人民的基本要求就是将中国建设成为一个独立、自由、民主、统一和富强的新中国;党在社会主义初级阶段的基本路线所确立的共同理想是把我国建设成为富强、民主、文明的社会主义现代化国家;党的十六届六中全会进一步把党和全国各族人民的共同理想概括为建设富强、民主、文明、和谐的社会主义现代化国家;而实现中华民族的伟大复兴是党的十九大对

中国特色社会主义共同理想的科学概括。未来的外交工作应紧紧围绕这一最终目标不断地进行理论和实践的探索,并不断地为这一理想的进一步发展和创新做出努力。

(三)"以爱国主义为核心的民族精神和以改革创新为核心的时代精神"是团结、凝聚、激励全体外交工作者自强不息、开拓进取的精神支撑,是外交人员核心价值观中的精髓和精神动力

一个民族,没有振奋的精神和高尚的品格,就不可能自立于世界民族之林。在五千多年的发展历史中,中华民族形成了以爱国主义为核心的团结统一、爱好和平、勤劳勇敢、自强不息的伟大民族精神。外交工作者应该始终高扬以爱国主义为核心的民族精神,视国家和人民的利益高于一切,将荣誉归于祖国,将功绩归于人民,将个人价值融入至高无上的国家利益,高水平地掌握和运用外交政策,高标准地学习和提高外交业务,在国际舞台上坚定地维护和实现中国的国家利益,忠实地履行国家和人民赋予我们的神圣职责。

当今世界,科学技术日新月异、迅猛发展,民族的改革创新能力在综合国力竞争中的地位和作用越来越突出。创新是一个民族进步的灵魂,是一个国家兴旺发达的不竭动力,也是一个政党永葆生机的源泉。提高全民族的自主创新能力,建设创新型国家,是我国的一个战略性的发展目标,而改革创新的时代精神则是外交工作者在外交工作中推动实现这一目标、使我国自立自强于世界民族之林的强大精神动力。只有这样,才能够使我们的外交工作焕发出巨大的创造活力,赋予其与时俱进、求真务实、敢于创新、开拓进取的鲜明时代精神。

(四)"社会主义荣辱观"是用以引导、规范广大外交工作者的思想与行为的道德准则,是外交人员核心价值观中的基础、规范和道德准则

改革开放、发展社会主义市场经济在推动中国经济社会全面进步的同时,也给思想道德领域和社会关系带来了深刻复杂的变化。在这样的历史条件下,外交工作的外部大环境对内部小环境的影响也给外交工作者的思想道德水平和纪律意识提出了更高的要求。外交工作是一个艰巨而又复杂的过程,其间需要处理各种关系和矛盾。无论是处理国与国、人与人还是人与自然之间的关系和矛盾,都需要外交人员具有较高的明是非、辨真假、分善恶、知美丑、晓荣辱的思想道德水平和文明修养,这既是外交工作者普遍应遵守的道德规范,也是外交工作职业发展的必然要求。

外交工作说到底就是做人的工作,在这一过程中实现外交人员的全面发展必须要有道德的引领和保证。外交人员的全面发展直接包括道德素质的提高,而道德素质的提高又对外交人员其他素质的提高起引领和保证作用,进而会直接影响外交工作的开展和提高。以“八荣八耻”为主要内容的社会主义荣辱观,在是非、善恶、美丑、荣辱方面旗帜鲜明地指出了坚持什么、反对什么,倡导什么、抵制什么,为广大外交工作者顺利、有效地开展外交工作提出了鲜明、正确的道德准则和要求。

二、外交人员核心价值观的独特内涵

构建和培育我国外交人员核心价值观,既是建设中国特色社会主义核心价值体系的重要组成部分,对我国外交外事工作起着行为取向、评价标准、评价原则和衡量尺度的作用,又对新时期新形势下培养建设一支高素质、复合型、职业化外交队伍起到至关重要的作用。因此,认真研究外交人员的核心价值观在与社会主义核心价值体系保持一致的同时所具有的鲜明特色和独特内涵就显得尤为重要。

(一)外交人员核心价值观的主要范畴

外交人员核心价值观的主要范畴以周恩来同志提出的“站稳立场、掌握政策、熟悉业务、严守纪律”十六字方针为指导,涵盖以下四个方面的内容:

1.忠于祖国是外交人员的首要素质——“站稳立场”是关键

忠于祖国,就是外交人员必须坚持正确的政治方向,站稳立场,忠于党,忠于国家,忠于人民,忠于职守。《驻外外交人员法》第八条规定,驻外外交人员应当履行的首要义务就是“忠于祖国和人民,维护国家尊严”;第五条规定,驻外外交人员根据职务和工作分工,应当履行的首要职责就是“维护国家主权、安全、荣誉和利益”。所以,忠于祖国是外交人员必须依法履行的义务,也是维护国家主权、利益和尊严的职责所在,更是外交人员的首要素质。忠于祖国这一范畴包含了两个核心词:忠诚与奉献。而外交人员的奉献,既有在高原、高温、疾病肆虐的艰苦条件下的乐观向上和无怨无悔,又有在硝烟弥漫的国度冒着生命危险的坚守岗位和忠诚不渝;既有在复杂尖锐的外交斗争中的大智大勇、披肝沥胆、勇往直前,也有在平凡岗位上的脚踏实地、勤奋工作、淡泊名利,更有在家庭和事业不可兼顾时的舍小家,为国家,弃亲情,就大义……因此,对祖国的忠诚与奉献，绝非空洞的口号，只有内化为价值追求，才能外化为自觉行动。忠诚来自理性的选择，而理性选择的思想基础就是社会主义核心价值观。忠诚与奉献只有与立场坚定统一在一起，与社会主义理想信念以及民族自尊心、自豪感联系在一起，才是经得住风浪考验的。

2.外交为民是“以人为本”的具体体现——“掌握政策”是前提

外交为民，就是外交人员在工作中坚持以人为本，实践为人民服务的宗旨，维护最广大人民的根本利益，使外交工作成果惠及全体人民。新中国外交是人民的外交，人民性是新中国外交区别于旧中国外交和西方资本主义国家外交的最显著特征。进入21世纪以来，随着中国对外开放的广度和深度的不断发展，依法维护我国众多海外机构和人员的安全和合法权益、依法维护广大华侨华人及港澳台同胞的正当权益的案例大大增加了，我国外交工作直接服务于民的范围大大拓宽了。党的新一代领导集体根据国际形势的变化和中国自身发展的需求，提出了“以人为本，执政为民”的思想，而“以人为本，外交为民”无疑是“以人为本，执政为民”理念在外交领域的具体体现，是中国外交内涵的扩展。外交人员要真正做到外交为民，就必须要有大局意识和服务意识，牢牢掌握国家外交工作的方针政策，把握我国外交政策“维护世界和平，促进共同发展”的根本宗旨。只有这样，才能更好地为人民服务，更好地为构建和谐世界作出贡献。

3.与时俱进是外交工作的主要特点——“熟悉业务”是基础

与时俱进，就是外交工作要体现时代性，把握规律性，富于创造性。外交工作有规律可循，存在国际公认的客观标准，这标准就是《联合国宪章》规定的原则，就是为世界大多数国家所接受的“和平共处五项原则”。同时，外交工作也是门高超的艺术，是把原则的坚定性和策略的灵活性紧密结合的艺术。外交工作的与时俱进就是在瞬息万变的复杂局面中想方设法、不遗余力地维护好国家利益，随时把握时代的最强音。外交人员要做到与时俱进，就必须熟悉外交业务，具备多方面的知识结构，必须有优秀的综合素质，包括政治素质、业务素质、自律素质、身心素质等。习近平总书记在2017年驻外使节工作会议上提出：“外交人员既要政治过硬，又要本领高强。”[2]外交人员要做到与时俱进，还必须有创新精神，增强机遇意识和忧患意识。外交人员要进一步加强和改进外交运筹，正确把握机遇和挑战的辩证关系，善于从变化的形势中把握和运用机遇，善于在严峻的挑战中捕捉和运用机遇，不断增强外交工作的前瞻性和主动性。要进一步增强忧患意识,始终居安思危,保持清醒头脑,做到未雨绸缪,充分估计前进道路上种种可以预料和难以预料的困难和风险,切实提高抓住机遇、化解挑战、驾驭复杂局面的能力,不断开创外交工作新局面。

4.不辱使命是衡量外交人员的尺度——“严守纪律”是保障

不辱使命是对中华民族“富贵不能淫,贫贱不能移,威武不能屈”的浩然正气和优良传统的延续和继承,即为了维护国家尊严表现出政治忠贞并出色地完成使命。不辱使命是爱国主义和国家利益至上的集中体现,更具有新的时代内涵。《驻外外交人员法》对外交人员的使命和义务规定了四个方面:一是忠于祖国和人民,维护国家根本利益;二是忠于宪法和法律;三是忠于职守、勤勉尽责,努力完成各项工作;四是恪守各项纪律。外交人员要做到不辱使命,严守纪律是保障。“外交无小事”,外交人员必须严格遵守政治纪律、组织纪律、外事纪律、财务纪律、保密纪律等五大纪律。外交工作授权有限,外交人员就是“不穿军装的解放军”,外交人员只有严守纪律,不断强化自我监督和“慎独”意识,才能经受住各种严重考验,恪尽职守,有所作为,向党和人民交一份满意的答卷。

(二)外交人员核心价值观的践行

外交人员核心价值观的形成、内化和发挥功效需要一个过程,仅依靠外在的理论灌输是不够的,需要在长期的外交工作中不断践行。

1.热爱祖国与放眼世界的和谐统一

爱国主义是外交人员核心价值观的最高体现,因此,外交人员在工作中要始终将祖国利益放在首位,忠于党、忠于国家、忠于人民,始终保持高昂的民族精神。同时,外交人员要具备放眼世界的眼光,有较高的国际意识,积极主动地面向世界,学习汲取世界各国人民创造的一切优秀物质和精神文明成果。只有达到民族意识与国际意识的和谐统一,具备热爱祖国的赤子之心和放眼世界的视野,才能更好地为外交事业作出贡献。

2.吃苦耐劳与健康心态的和谐统一

“谈笑风生化解冲突”的浪漫场景是人们普遍对外交工作的误解,真实的外交工作往往条件艰苦,远离祖国或家乡,经常要忍受孤独,这些都需要外交人员以吃苦耐劳的精神克服自身的困难,以服务于外交事业的大局。但是以大局为重并不意味着要压抑个人的一切需要,机械地完成任务。外交工作说到底是与人交流的工作,能不能保持良好的心态,决定了工作质量的好坏。拥有积极心态的外交人员懂得调节环境的压力,在遇到问题和困难的时候能保持理性的头脑,更积极主动地迎难而上;而不懂情绪调节的人则表现得毛手毛脚,难以做出理性正确的判断。所以,扎实肯干与健康心态相统一,才能做一名优秀的外交人员。

3.继承传统与改革创新的和谐统一

外交人员站在国际舞台上就代表着整个国家,其个人业务能力的高低可能会影响整个外交事业的大局。因此,继承和发扬老一辈外交人的优良传统和经验,重视五种基本功(政治基本功、专业基本功、语言基本功、交流基本功、信息技术基本功)和五种能力(调研能力、办案能力、礼宾能力、谈判能力、创新能力)的培养,主动学习和提高专业技能,在业务上精益求精是对外交人员素质的基本要求。同时,随着世界局势的风云变幻和全球一体化进程的不断深化发展,仅延续传统已不足以应对时代变革的要求,优秀的外交人员还需要具备改革创新的时代精神。只有具备灵活运用资源的能力和更强的整合能力,不断更新观念,善于创造,才能更好地完成祖国赋予的神圣使命。

【参考文献】

[1]习近平接见2017年度驻外使节工作会议与会使节并发表重要讲话[EB/OL].(2017-12-28)[2018-04-05].http:www.xinhuanet.com//photo/2017-12/28/c_1122181913.htm.

[2]习近平接见2017年度驻外使节工作会议与会使节并发表重要讲话[EB/OL].(2017-12-28)[2018-04-05].http:www.xinhuanet.com//photo/2017-12/28/c_1122181913.htm.

我国外交人员核心价值观践行路径探析

钟媛媛①

【摘要】“忠诚、使命、奉献”是我国外交人员的核心价值观，实践是外交人员核心价值观的生命力体现。当前国际形势深刻变化，中国外交处于重要战略机遇期。外交人员要坚定政治信仰，强化使命意识，立志献身外交事业；投身伟大实践，提高履行使命能力；弘扬爱国主义优良传统，提升道德修养。要积极践行外交人员核心价值观，保持我国外交队伍的先进性和科学性，以保证我国外交事业的正确方向。

【关键词】外交；核心价值观；践行

在中国共产党的领导下，新中国外交队伍面对国际风云变幻，坚决捍卫国家最高利益，经受住了各种风浪的考验，圆满完成各项任务，得到了党、国家和人民的充分肯定。但随着国际形势深刻变化，国家间利益竞争和纠葛愈加激烈复杂，非传统安全威胁逐渐占据各国安全的主要内容，东西方在意识形态、价值理念、发展空间等方面的争夺和较量愈加激烈。习近平总书记在 2014 年 11 月 28 日中央外事工作会议上深入分析了世界发展态势和国际格局变化。习近平总书记强调，当今世界是一个变革的世界，是一个新机遇新挑战层出不穷的世界，是一个国际体系和国际秩序深度调整的世界，是一个国际力量对比深刻变化并朝着有利于和平与发展方向变化的世界。中国与世界的关系在发生深刻变化，我国同国际社会的互联互动也已变得空前紧密，我国对世界的依靠、对国际事务的参与在不断加深，世界对我国的依靠、对我国的影响也在不断加深。在这样一个重要战略机遇期，中国外交最大的机遇就是自身不断发展壮大，而这需要全体外交人员积极践行外交人员的核心价值观，保证外交事业正确的方向，

① 钟媛媛，外交学院基础教学部讲师，研究方向为思想政治教育、道德哲学。

保持外交队伍的先进性和科学性,使我国对外工作有鲜明的中国特色、中国风格、中国气派。实践才是核心价值观的生命力,对于外交人员来说,积极践行“忠诚、使命、奉献”的外交人员核心价值观,应注意以下几个方面:

一、坚定政治信仰，强化使命意识，立志献身外交事业

(一)坚定政治信仰

习近平总书记指出:“理想信念就是共产党人精神上的‘钙’,没有理想信念,理想信念不坚定,精神上就会‘缺钙’,就会得‘软骨病’。”习近平总书记的这个比喻高度概括了坚定理想信念的重要意义,科学分析了信仰迷茫的严重危害,进一步强调了加强理想信念对于矢志不渝地为实现中国特色社会主义共同理想而奋斗的巨大作用。作为代表国家利益的外交人员,首先要有坚定的政治信仰,要坚持以马克思列宁主义、毛泽东思想和中国特色社会主义理论为指导,站稳政治立场,坚定理想信念。忠于党、忠于祖国、忠于人民、忠于职守,是外交人员必须坚持的正确政治方向。20世纪50年代初,姬鹏飞、耿飚等10名“将军大使”出任新中国的首批驻外使节,毛泽东同志接见他们时幽默地说:“将军当大使好,好就好在你们出去我们放心,因为你们不会跑。”尽管知道“将军大使”们并不是都熟悉外交,但一句“你们不会跑”表达了对外交人员最首要的要求就是“忠诚”。周恩来同志说过,“世界上每个国家的统治阶级都要挑选最忠诚、最可靠、最有才干的分子来从事外交工作”。因此,忠诚,是外交人员的核心价值观,是外交人员必须依法履行的义务,也是维护国家主权、利益和尊严的职责所在,更是外交人员的首要素质。

(二)强化使命意识

“忠实履行大使的神圣职责,忠于党、忠于祖国、忠于人民,坚决贯彻执行党和国家的外交路线、方针和政策,勤政廉明、克己奉公,为捍卫国家主权和领土完整,维护民族尊严和国家利益,促进世界和平和共同发展,鞠躬尽瘁,不辱使命。”这是驻外大使们在任命及宣誓就职仪式上的誓词。不辱使命,是中华民族的优良传统,也是爱国主义、国家利益至上的集中体现。“沈括刀丛斥强敌”“张骞首通丝绸路”“班超立志抚西域”“杨儒忠心为国土”,这些典故集中体现了中华民族“富贵不能淫,贫贱不能移,威

武不能屈”的浩然正气，诠释了忠贞不屈、不辱使命的中华精神。习近平总书记指出，“越是伟大的事业，往往越是充满艰难险阻，越是需要开拓创新”[1]。“现在，我们比历史上任何时期都更接近中华民族伟大复兴的目标。”[2]在这一关键的历史时期，外交人员更应该不断强化不辱使命的意识，紧紧围绕党和国家的中心工作，从战略和全局的角度，深刻认识履行好使命的重要意义；以高度的责任感和使命感，以过硬的业务水平，为国尽责，为民奉献，始终做到有一根弦紧绷着，有一种使命肩负着，有一片风浪紧盯着，有一声号令等待着，让献身使命的思想在头脑中深深扎根，在关键时刻站得出、冲得上、打得赢，为实现“中国梦”这一伟大事业保驾护航。

(三)立志献身外交事业

奉献，是人们为了实现信仰而采取的真诚自愿的行为。儒家提倡的“以天下为一家，以中国为一人”的思想，表达了个人与社会、国家、天下共生共存、息息相关的密切关系，这种观念使得“奉献”精神更加趋于自觉。“仁者以天地万物为一体”“与国同忧，与国同存”“忧国者不顾其身”体现的正是这种奉献精神。奉献精神是爱国主义民族精神的体现，也是职业道德的核心理念。对于外交领域来说，奉献精神是外交人员最广泛的个人属性，是外交队伍的光荣传统，是全体外交人员持之以恒的精神状态和精神追求，是外交事业深蕴的力量源泉，是外交人员核心价值观的基石。外交工作是党和人民托付给外交人员的神圣职责，外交工作有着不为常人所知、不被常人所理解的困难和挑战，这份崇高而艰巨的事业要求外交人员必须自觉自愿地以奉献精神为支撑，积极践行特别能吃苦、特别能战斗、特别能奉献的光荣传统和职业精神，持之以恒地追求高尚的道德情操。

二、投身伟大实践，提高履行使命能力

(一)投身伟大实践

实践是核心价值观的生命线，说一千道一万，踏踏实实干工作才是硬道理。由于外交工作的特殊性，对于外交人员来说，更应在外交实践生活中积极践行忠诚、使命、奉献的外交核心价值观。中国是一个统一的多民族国家，在对外交往的历史中，涌现出了一批批杰出的外交使者，他们有的远涉荒漠，饱尝艰辛；有的几渡重洋，不畏艰险；

有的奉使被囚,受尽折磨;有的力斥强敌,忠贞不屈……不论是和平友好的使者往来,还是敌国之间的信使交往,一代又一代的外交使者们,令人惊叹和崇敬的是他们的浩然正气和高尚节操,更是他们于逆境中坚忍不拔、于点滴处砥砺前行的实践精神。这种实践精神是外交人员宝贵的精神品格。作为一名外交人员,不论是在国际舞台上折冲樽俎、纵横捭阖,还是身处异国他乡、远离故土同胞,抑或默默无闻、忙碌于日常事务,都要以实践为根本,既要有责任心,又要有平常心,将伟大的理想抱负化作实干的精神,将伟大的事业形成于点滴之中。基于当前的国际形势,外交人员要时刻牢记党和国家的中心任务,高举和平、发展、合作、共赢的旗帜,牢牢把握坚持和平发展、促进民族复兴这条主线,维护国家主权、安全、发展利益,为和平发展营造更加有利的国际环境,为实现"两个一百年"奋斗目标、实现中华民族伟大复兴的中国梦提供有力保障。

(二)提高履行使命能力

实践永无止境,学习永无止境。无论从事何种工作,提高业务能力都是干好工作的前提和基础,外交工作尤其如此。首先,要努力锻炼和提高科学判断形势的能力、把握形势的能力、应对复杂局面的能力、处理突发事件的能力、对外交往的能力以及开展经济外交和公共外交的能力。习近平总书记在2014年的中央外事工作会议上说:"我们看世界,不能被乱花迷眼,也不能被浮云遮眼,而要端起历史规律的望远镜去细心观望。要树立世界眼光,把握时代脉搏,要把当今世界的风云变幻看准、看清、看透,从林林总总的表象中发现本质,尤其要认清长远趋势。"这就要求外交人员具备一种"拨开云雾看本质"的能力和素质。例如"完璧归赵"的蔺相如、"舌战群儒"的诸葛亮,他们制胜的根本并不在于良好的表达能力,而是他们知己知彼、对敌我态势的把握,以及相应的战略目标和渊博的知识。其次,要牢固树立不断学习、善于学习、终身学习的理念,学以致用,用以促学。这其中包括涉外的知识、语言、礼仪、谈判艺术、演讲技巧、文字能力等等。外交是一门科学,也是一门艺术,外交人员要内外兼修,不断提高业务水平、完善知识结构,做各个领域的行家能手,提高不辱使命的能力。最后,要锻造良好的身心状态。外交人员要有渊博的知识、雄辩的口才,同时也要有良好的身心状态。周恩来同志曾说"外交工作既具有高度的政治性,又具有高度的事务性",无论是台前的风度翩翩,还是幕后的默默无闻,外交人员始终都要保持良好的心态去工作,尤其是一些幕后英雄,更应当有甘愿奉献的精神和一丝不苟的严谨工作作风,因为,"外交无小事”。俗话说“身体是革命的本钱”,没有良好的身体素质,外交“文仗”同样是打不好的,王毅部长在往年对外交新干部的寄语中总是要强调“身体素质”这一条,要求年轻人在加班加点之余,坚持体育锻炼,以强健的体魄和健康的心态为外交事业贡献力量。

三、弘扬爱国主义优良传统，提升道德修养

(一)弘扬爱国主义优良传统

习近平总书记在中共中央政治局第十三次集体学习时强调,培育和弘扬社会主义核心价值观必须立足中华优秀传统文化。牢固的核心价值观,都有其固有的根本。抛弃传统、丢掉根本,就等于割断了自己的精神命脉。“忠诚、使命、奉献”是当代外交人的核心价值观,也是中华优秀传统文化的思想精华和道德精髓,展现了以爱国主义为核心的民族精神和以改革创新为核心的时代精神。中华民族的爱国主义传统源远流长,情系故土的爱国情怀、忧国忧民的忧患意识、匹夫有责的使命感、为国奉公的献身精神、谋求自强的创新观念,孕育了一代又一代优秀的中华儿女。外交人员要践行好“忠诚、使命、奉献”的外交人核心价值观,就必须认真学习中华民族璀璨夺目的文化历史,学习中华民族披肝沥胆的革命历史,学习中华民族风云激荡的建设历史,尤其是要深入学习共产党的奋斗历史、新中国建设史和改革开放发展史,不断增进对祖国历史、文化的认知和认同,自觉培育爱国之情和维护民族尊严、精诚报国之心,坚定爱国主义理想信念。

(二)提升道德修养

所谓道德修养,就是社会成员依据一定的道德原则和规范在道德认识、道德情感、道德意志、道德行为等方面所进行的自我教育、自我反省、自我完善,从而锻炼自己的道德品质,提高个人精神境界的道德实践活动。“修养”一词,源出于《孟子》的“修身”“养性”,孟子曰:“存其心,养其性,所以事天也。夭寿不贰,修身以俟之,所以立命也。”中国儒家思想崇尚“内圣外王”,也就是说道德主体要通过自身不断的道德修养来实现“治国平天下”的目标,“内圣”是理想人格的塑造,是长期道德修养的过程。古代伦理思想家们也通过不断的实践研究,总结出很多道德修养的方法,例如,“学圣人”“居敬”“穷理”“内省”“自讼”“省察克治”“静坐”“养心”“积善”等,这些对于今

天的我们依然有着非常积极的意义。外交人员要积极践行“忠诚、使命、奉献”的外交人核心价值观,离不开个体坚持不懈的修养功夫。首先,要立志乐道,学思并进。“立乎其大”“古之成大事者,不唯有超世之才,亦必有坚忍不拔之志”,“立志”是修养的第一步,对外交人员来说,要把中国特色社会主义的共同理想当作自己的最高理想,把党和国家的外交事业作为自己毕生的事业,自觉自愿地奋斗一生。这也是习近平总书记所说的“大德”,立志报效祖国、服务人民,养大德者方可成大业。学思并进对外交人员也是必不可少的修养功夫。孔子说:“学而不思则罔,思而不学则殆。”古人对于学习的看法是,通过不断的学习,能养成良好的德性,学以成性。另外,除去书本知识、专业知识,日常工作生活中的学习也尤为重要,“三人行,必有我师焉,择其善者而从之,其不善者而改之”。外交人员要做个有心人,虚心学习身边榜样,规范言行。其次,克己内省,慎独诚意。见贤思齐,见不贤而自省,克己内省,就是要做到“一日三省”。当前各种腐朽错误思潮不断冲击党员的党性、德性,外交人员能否自觉抵御诱惑,始终保持艰苦奋斗、埋头苦干的优良传统,需要的是对内心那个“志”的坚守,外交人员代表的不是独立个体,而是国家形象,一言一行更应当把握分寸,因此,更应当不断检查自己,完善自我的道德修养。慎独,就是个人在独处的时候,依然能够自觉按照道德原则和规范行事。《礼记中庸》说:“道也者,不可须臾离也,可离非道也。是故君子戒慎乎其所不睹,恐惧乎其所不闻。莫见乎隐,莫显乎微,故君子慎其独也。”众目睽睽,人们的行为自然检点,于无人处,人们往往对自己的要求也会放松,甚至肆无忌惮。慎独的精微之处就在于,要求人们无论在任何场合,都要对道德不离不弃,因此,能够做到“慎独”,说明道德修养已达到比较高的境界。怎样才能达到“慎独”呢?这就需要将外在的道德规范逐渐转化为内心的道德信念,形成一种内在的道德品质,由他律转化为自律。“慎独即不自欺”,对于外交人员来说,首先要认知、认同“忠诚、使命、奉献”这一核心价值观,将“忠诚、使命、奉献”作为自身的一种道德理想和价值追求,才能将这六个字真正内化为一种道德品质,进而内化为自身的道德修养。

【参考文献】

[1]习近平同志在邓小平诞辰 110 周年纪念座谈会上的讲话[EB/OL].(2014-08-20)[2017-08-12].http:www.xinhuanet.com/politics/2014-08/20/c_1112160001.htm.

[2]习近平:在庆祝中国共产党成立 95 周年大会上的讲话[EB/OL].(2016-07-01)[2017-08-12].http:www.xinhuanet.com/politics/2016-07/01/c_1119150660.htm.

传统诚信家训的历史探究及其当代教育启示

武林杰①

【摘要】家规族训作为中国传统道德教化的重要内容，对于传统德性文化的发展和丰富有着重要的推动作用，更是实现古代中国"德治"的一种重要媒介和基础。作为齐家教子的重要训诫，传统家训渗透于社会成员生活的方方面面，特别是在涉及诚信的生活领域，其训诫内容更是浩瀚如烟。正是凭借这些"俗化天下"的诚信家风，中国传统社会诚信风尚的形成才有了坚实的社会基础。面对当代中国失信风气逐步蔓延的社会现状，我们有必要对中国传统优良诚信家规家训进行继承和吸收，并在此基础上结合中国当代诚信教育的现状，实现对它的创造性转化和创新性发展，以促生更具成效的新时代诚信道德教育。

【关键词】诚信家规；蒙以养正；言传身教；诚信教育

在宗法家族制下的中国传统社会，主体德行的养成不仅需要国家意识引导、社会舆论劝诫以及自我修身养性，同时也离不开家规族训的道德教化。正如习近平总书记所指出的，"家风是社会风气的重要组成部分。家庭不只是人们身体的住处，更是人们心灵的归宿。家风好，就能家道兴盛，和顺美满；家风差，难免殃及子孙，贻害社会。广大家庭都要弘扬优良家风，以千千万万家庭的好家风支撑起全社会的好风气"[1]。诚信作为中国优秀传统美德之一，是古代社会成员进行修身、齐家、处世、治国所必需的重要素养。在众多诚信德性培育方式中，传统诚信家训凭借其平民化、生活化以及多样化的教化途径将带有国家意志的伦理纲常渗透于普通大众的家庭生活之中，并辅

---

① 武林杰，首都师范大学马克思主义学院讲师，研究方向为道德教育。

之以家长式的亲情规劝来最终实现对社会成员的诚信道德教化,从而成为古代中国宗法制度下的一种极具特色的诚信道德教化路径。

一、传统道德教化的“家族本位”特征

在以农耕经济为社会经济基础和以“家国一体”的宗法制度为基本社会政治制度的中国传统社会,社会道德教化具有浓厚的“家族本位”特征。

其一,中国传统农业社会相对封闭的地理环境和落后的生产方式,决定了社会成员往往需要以聚族而居的农耕生活方式来实现其生存和发展,并且在长期共同生活的基础上逐步形成了以血缘和亲缘关系为纽带的社会基本单位——家族。中国传统社会虽然经历了几千年的历史兴替、时代沉浮及观念更迭,但是其相对封闭的地理环境和以土地为主要生存资源的客观条件却从未在根本上得到改变,再加之在政治层面“重农抑商”社会政策的实施,使得自给自足式的小农经济生产方式始终作为社会经济基础而存在,客观上推动了家族或族群在传统社会时间和空间上的稳定延续。在这样特殊的社会组织结构之中,个人与家族之间相互依存,个人的成长与发展离不开家族的依托,家族是个人生存和发展的重要基础和平台,包括对于家庭成员在物质层面的保障以及精神层面的寄托。反过来,家族的延续则同样需要个人作为一种媒介,这种延续不仅在于家族后人的繁衍兴旺,同时还在于家族风习和声望的世代传播,即将家族本位的价值航标以道德教化的方式施予家族成员,并规诫其内化于心而外化于行,以实现传续家族道德传统的重任。为了维护家族利益和保障家族延续,家族首领往往会通过制定一系列伦理规则来进行教子、治家,而这些伦理规则经世代继承与传续后便逐渐发展成为稳定的家风、家训,为家族成员德性的培养提供稳定的道德场域,甚至从宏观意义上来说,在家国一体的传统社会结构之中,这种道德场域的优劣很大程度上决定着整个社会风气的好坏。

其二,中国传统道德教化的“家族”本位特征还体现在以父权家长为中心的宗法制度上。“家国一体”的宗法制度不仅在古代中国政治体制、社会组织方面发挥着其特有作用,同时,作为一种社会基本制度,它对于传统社会统治阶层的主流意识渗透同样有着不可忽视的影响。正是其所强调的血缘亲疏关系,才使得中国传统社会的道德教化有着特有的家族本位烙印,如关于内含国家意志的家规族训认同意识以及以家族

为本位的道德思维方式等,为中国传统社会的家训教化提供了隐含式的制度保障。尽管古代家规族训包罗万象,但其核心离不开“明人伦”这一道德焦点,其具体内容则无疑是代表统治阶级意志的“三纲五常”。“三纲”在于言明社会主体在特定关系中的位置与身份,而“五常”则是为社会主体设定具体的道德规范,二者共同作为各种社会关系中不同等级、不同身份的社会主体确立道德培养及教化的目标和方向,是古代中国宗法伦理的基本要义。尤其是对于推崇父权制及孝道的古代宗法社会而言,家族内部成员关系中的伦理责任设定和认同更是构建整个社会道德的首要前提,而这种道德义务的认同与设定,便是通过家族长者依据“三纲五常”和家族现实需求所制定的家规族训来给予不同等级家族成员的严格伦理规范训示。再加之宗法制度对于社会个体道德义务的高度强调,要求社会个体时刻恪守自身的道德责任,特别是对于家国而言,家族成员个体必须绝对服从整个家族集团,将个体道德义务完全融入家族利益,正所谓“父教子亡,子不亡不孝”。由此可知,在传统社会的家训教化过程中,家族成员的道德必须做到对家族长者的绝对服从,这也就意味着“家族本位”观念必然成为整个传统社会道德教化的一个重要特征。

二、传统诚信家训的多样教育内容

传统社会历朝各代的家规之中,蕴含信义精神的家族训诫不胜枚举,显示了在以家族血缘关系为纽带的中国传统社会之中社会成员对于信义的推崇。这些信义家规涉及做人、为官、经商等多个方面,这些不同类型诚信家规的存在极大地丰富了中国传统诚信家训文化。

在为人方面,古人有“君子以言有物而行有恒”[2],这是中国传统社会对于家规的最初记载,通过对于天道和自然规律的解读来对家族成员的为人进行引导,警示后人在社会交往活动之中应注重自己的言行举止,对人应真诚实意,做事应持之以恒,而这里的“恒”便是一种对于自我诚意的表达,间接体现着“信”的含义。北齐颜之推在其《颜氏家训》中告诫自己的后人诚信非一朝一夕,而是要始终保持,不可在自我的信誉显扬之后,就不再信守诺言,因为“唯至诚能胜至伪”[3],即做人应始终保持内心的真诚,而非仅仅限于表面,因为内心是否真诚往往会被他人通过细致的观察而知晓,一旦被他人定义为伪善者,无论其之前获得过多少声望,也都会被毁掉。宋代袁采在其家规族训中更加强调个人履信守约的处事行为方式,提出“有所许诺,纤毫必偿;有所期约,时刻不易,所谓信也”[4],告诫族人对于许下的诺言,一分一毫也要兑现,对于约定的日期,一时一刻也不能更改,无论何时何地都应以诚信立人。传统家规之中除了将诚信定义为言行一致、守信践约之外,同时在诚心正意方面亦有相应的例子,如南宋吕氏家训中载有“若事非顺理,而己之力不及者,则可至诚面却之”[5],要求家族成员在平时的社会交往之中,无论面对何人何事,都应做到问心无愧,以诚相待,即使无法实现诺言,也应坦诚相告。

在政治性的家族之中,其家规往往多含有诚信为官之道。北魏魏收在其家训之中指出“公鼎为己信,私玉非身宝”[6],提醒后人为官时唯有真正为公众谋取福利才会提升其自身的威信,使民众信服。北齐颜之推则告诫其家人为官为将时,即使在生命危难之际,也应做到“行诚孝而见贼”[7],绝不应因危险而放弃自己的职责。北宋名相范仲淹告诫其子弟“汝守官处小心不得欺事,与同官和睦多礼”[8],意指在为官过程中应做到廉洁自律,秉公用权,无论是对同为官员者,还是对百姓,都不可办欺骗之事。而明清名臣曾国藩同样在其家书中对其子孙后代订立“三不”原则,特别是对于那些出仕为官的后人而言,应始终做到“不贪财、不失信、不自是”[9]。需要指出的是,在传统社会,除了部分普通官员注重诚信为官的家风家规之外,亦不乏贤明君王对皇属的诚信教诫。唐太宗在《帝范》一书中明确指出“赏罚又当必信也”[10],告诫皇属在执政时需要做到赏罚必信,奖赏适当,不能言而无信,赏罚不当。康熙皇帝在《庭训格言》中讲到“即理事务,对诸大臣,总以实心相待,不务虚名”[11],要求其后人在处理政务时,应对大臣实心相待,而非追求虚名。

对于以经商为主的家族而言,其诚信家规主要围绕商业活动中的行为规范,特别是到了明清时期,随着商品经济的发展,出现了众多有关经济活动中诚信经营的家规家训。清代赣商吴中孚提出“习商贾者,其仁、义、礼、智、信,皆当教之焉,则及成自然生财有道矣”[12],告诫其族人想要在经商方面有所作为,便需要具备仁、义、理、智、信等德性,做到诚信经营,取之有道。清代名吏汪辉祖既有政治上的成就,同时又因本身的职位而在商业诚信方面有所造诣,并将这些商业诚信规则纳入其撰写的《双节堂庸训》以警示后人,其中的内容不仅谈论到商业诚信的重要性,同时还涉及诚信经商的具体原则。如在关于商业诚信的重要性方面,提出“一事失信,便无事不使人疑”[13],告诫后人在经商兴业过程之中,即便是再小的事情,亦绝不可失信于人,否则在以后的商业经营之中，会始终受到别人的质疑；而在经商原则方面，则提出“以勿欺为要，人能信我勿欺，庶几利有攸往”[14]，认为在实际的经济活动之中，唯有以诚待客，公正公平，才能获得持续的经济利益，但是同时也告诫后人，在利益面前，切不可斤斤计较，否则在这种“以义取利”的文化氛围之中，即使诚信经营，也会被世人看作“计利之人”[15]，而遭不屑。

三、传统诚信家训的独特教育路径

传统诚信家训之所以能够在中国古代社会诚信教育中起到举足轻重的作用，不仅仅是因为其家国一体的宗法社会体制和丰富的诚信家训内容，更为重要的是传统诚信家训独具特色的教育理念，如蒙以养正的启蒙式引导、言传身教的家长式规劝、寓意结合的生活化熏染等。

（一）蒙以养正的启蒙式引导

中国传统家训尤为注重从蒙学时期就通过借助含有诚信思想的家规和蒙学读本来对家庭幼辈进行引导。诚信道德教化从婴幼儿抓起，是中国古代诚信教化的第一个环节，因为作为幼儿来讲，其世界观、价值观形成的第一步往往来自童年最初的记忆，这种记忆会随着整个儿童教育的深入不断被刻画进更为深层次的自我意识之中，并最终在其成长过程之中将这种意识不自觉地融入其外在行为。因此，在中国传统社会，家族长辈往往在其族人尚且年幼的时期便开始对其进行诚信道德的培养，孔子言“孝悌也者，其为人之本欤”（《论语·学而》），再加之“蒙训”的潜在语义有着儒家教育目标、教育原则与教育精神的明确指向，所以，对于家族幼辈的诚信德行养成，家族长者往往更倾向于利用古代社会中的具有启蒙性质的蒙学读本来对其进行引导。如北宋吕本中将其任官期间接触过的众多名臣、名士的见闻感触录成《童蒙训》一书，用来教育吕氏子弟。诚信方面则以刘公待制[16]为例，据记载，“刘公待制器之尝为本中言，少时就洛中师事司马公，从之者二年，临别，问公所以为学之道，公曰：‘本于至诚。’器之因效颜子之问孔子曰：‘请问其目。’公曰：‘从不妄语始。’器之自此专守此言，不敢失坠”[17]，告诫后人无论是研究学问还是做人都应做到“至诚”“不妄语”，并将这种态度始终恪守于心，不应偏废。宋代大儒朱熹编著有《童蒙须知》，旨在告诫儿童如何走上人生的第一步，其中包括衣服、冠履、语言、读书等多方面礼仪。在诚信方面则记有“凡侍长上之则，必正立拱手，有所问，则必诚实对，言不可妄”[18]，指出儿童对于长辈的询问，一定要诚实回答，不能有虚妄之语。诸如此类的蒙学教材包括《童蒙训》《开蒙要训》《太公家教》《十七史蒙求》等，为传统社会的诚信“蒙训”提供了极为丰富的蒙学材料。

（二）言传身教的家长式规劝

传统诚信家训注重家族长辈言传身教、以身示范的榜样效应。正所谓“教者，效也，上为之，下效之”[19]，传统社会家族首领在规劝后代子孙进行道德选择时，唯有自身做到以理服人，以身示范，才能实现对家族成员的道德引导。具体到诚信家训教化方面，则主要通过家族长辈对于诚信家规的践行示范来促使其家族成员对诚信家规的心理认同，特别是那些具有诚德的家族长辈往往会将日常的行为举止结合诚信家规展示给家族幼辈，通过讲解和引导，使其明确什么是正确的诚信言行举止，而家族幼辈亦会通过效仿的方式将这些诚信感知逐渐形成自我的诚信言行规范。在传统社会，家长式的诚信家教规劝之所以能够行之有效，是因为在以家国一体为社会基础构架的宗法社会，家族长者作为一家之长、一族之长，在整个家族之中具有无上的权威性，这种权威性不仅体现在其所具备的家族权力方面，同时亦体现在其对整个家族的价值导向方面。正如颜之推在其《颜氏家训》中指出：“夫同言而信，信其所亲；同命而行，行其所服。”[20]在他看来，幼辈在其成长过程之中，往往更容易相信与其关系亲密之人，亦更愿意接受内心敬佩之人发出的各种指令。然而需要强调的是，幼辈对于这些语言的信服及指令的接受往往需要建立在所相信和敬佩之人必须具备某种权威性，如果缺少这种权威性，双方之间的合作或者管教关系则可能出现某种程度的失效性。正是基于此，在传统社会的家训教化过程中，家族长者可以凭借其家族地位的权威性，使得其他家族成员真正愿意去学习和模仿其言行举止，再加之那些名望家族长辈本身所具备的诚信德性，最终能真正推动家长式诚信规劝效应的实现。

（三）寓意结合的生活化熏染

传统道德教育，尤其是社会主体的自我道德修养，在很大程度上往往过于强调道德理想的崇高性，而缺乏对于道德主体现实生活和情感体验的关照，这就需要道德主体自身必须具备较高层次的道德自觉，而对于大多数普通民众而言，显然无法达到这种层次的道德要求。而家规族训之所以能够起着将传统社会主流诚信文化的内在价值转化为民间话语的桥梁作用，是因为它是一种更为生活化、通俗化的诚信道德教化方式，具有更为广泛的道德实践群体。在中国传统社会，诚信家训的教化往往以现实生活为依托，其道德教化过程往往融合于跟诚信相关的家庭日常生活之中，家族长辈针对睦亲、治家、勉学、立业、为官、处世等人生的方方面面，以家族成员在日常活动中所遭遇和体验的诚信道德问题为教化切入点，结合自身的人生经验或形象的诚信寓言故事对后辈进行晓之以理、动之以情的谆谆劝导，并在诚信道德教化过程中辅以亲情感化和实践历练，从而使得家族后辈能够真正将这些蕴含儒家核心纲常伦理的诚信义理规范内化于心而外化于行，在潜移默化中实现诚信家训教育的生活化熏染。

传统诚信家训正是通过借助通俗的语言、典型的事例以及普及性的蒙学读物，并结合家长式的规劝将诚信道德社会化、民间化、家庭化，最终使"诚信"这一基本道德要求深入人心。

四、传统诚信家训的当代教育启示

当代教育的根本目的在于立德树人。诚信无疑是当代社会美德中的重要内容之一，然而中国时下社会成员欺诈失信的不道德行为层出不穷，这在一定程度上反映了中国当代诚信教育的低效化。为提升当代社会诚信教育质量，我们不能仅仅依赖西方发达国家的先进教育经验，而是需要更加注重继承和发展那些契合中国历史传统、社会风俗以及国民心理的传统诚信教育理念。尤其是对于传统家训诚信教育而言，尽管其作为古代封建社会的产物，不可避免地受到时代性和阶级性的局限，导致其在历史传承过程之中必然伴随着某种消极因素，如对于君王的愚忠思想以及封建等级观念等，但是以"整齐门内，提撕子孙"为宗旨的传统诚信家训所蕴含的众多优秀诚信教育因子不会随着历史的变迁而失去其超越时空的恒常价值，而这些因子的传承无疑是进一步完善中国新时代诚信道德教育的宝贵资源。

（一）当代诚信教育应注重正当性与功利性的相互承接

在中国传统社会，诚信教育往往更为注重诚信道德在本体论意义上的价值正当性,即社会成员对于诚信德性的追求是为了实现“天人合一”状态下的道德圆满,使“人道”能够合乎“天理”的必然性和合规律性,是社会成员内心对于诚信道德的真正服膺。传统家庭诚信教育同样是在这种价值正当性的基础上来对家族成员进行诚信教化,继而保障家族成员能够真正将诚信道德作为一种内在自律原则运用于各种外在的社会行为。中国当前的社会诚信教育,则往往更加强调诚信道德现实的外在功利性,即遵守诚信能够为其带来何种利益,而对于如何使社会成员诚服诚信道德并具有诚信信念,教育却鲜有涉及,从而导致社会成员诚信与否往往取决于该行为能否获取相关的个人利益,而非内心对于诚信道德的真正认同。这就意味着我国当前的诚信道德教育缺乏对于道德理想崇高性的关照,而“道德教育具有高于现实社会的特性,超越现实的道德理想教育是一种合乎社会发展规律的现象”[21]。因此,对于当前中国社会成员诚信道德品行的培育,不能仅在规范论与工具理性层面来进行解构,还需要强化人们对诚信道德正当性的认同,从本体论、规范论与价值理性相统一的新视角全面阐释诚信道德的价值所在,以实现社会成员内心对于诚信道德的真正诚服。

(二)当代诚信教育应注重生活化与情感化的相互融合

传统社会在对家族后代进行诚信教育时,往往将家长的真情实感融入生活化的教育之中,通过以理服人、以情动人让家族成员在日常生活中真切感受到家族长者的殷切教诲,从而使家族成员无论是从情感层面还是认知层面都能够接受相关的诚信道德教化,继而实现内心对于诚信道德的价值认同及外化。对于现代社会而言,社会主体的道德养成同样需要植根于现实生活之中,而中国当前的诚信教育之所以低效化,很大程度上在于教育者往往只是采用填鸭式的简单灌输,与日常生活场景相脱离,这就使得这种教育方式仅仅作为一种完成诚信教育任务的手段而无法使得诚信道德真正进入社会成员的内心世界,最终亦难以实现社会诚信教育的目的。即是说“当前我国社会道德问题如此突出的一个关键性的原因在于,社会推行的道德与人们实际奉行的道德脱节,与深刻变化的社会体制和社会生活不相适应”[22]。因此,中国当代的社会诚信教育不仅应结合被教育者的现实生活细节,以更为“接地气”的方式来使受教育者在熟知的生活情境之中获得诚信道德的认知体验,使社会成员诚信道德德行的养成能够关照真实的生活情境,同时,教育者还应注重利用易于引发共鸣的情感因素来拉近与受教育者之间的心灵距离,因为“人的几种需要中有群体卷入的需要和信任的需要，人们需要感受到自己是人际互动中的一部分，情感则是推动两人互动的几种力量之一"[23]，继而提升其接受诚信教育的主观意愿。

（三）当代诚信教育应注重理论化与实践化的相互结合

传统诚信家训具有极为强烈的实践性，这种实践性不仅表现在这些诚信家训内容几乎都源自家族长者长期的生活实践，同时还表现在家族长者切切实实用这些诚信家训长期指导自身的社会行为，以榜样示范的践行方式来对家族成员进行诚信道德引导。中国当代诚信教育之所以空洞化，很大原因在于教育者往往将诚信教育的完善聚焦于理论层面，将更多的精力放在如何丰富教育内容及增强教育技巧上，而忽视了实践层面的探索，包括教育者自身的实践示范以及受教育者的德行践履。而德性的培养恰恰需要在虚心学习、兼听内省的基础上积极进行躬亲实践、学以致用，从而达到内化成己、独善其身的目的。故而，对于当代社会诚信教育而言，应注重理论与实践的相互支撑，在完善诚信教育理论的同时，积极探寻更多的诚信实践路径。因为"思想政治教育的目的，不能仅停留在观念层面的认知与认同，更在于教育对象具有良好的行为和品德"[24]。这种实践性不仅包括教育者自身的行为示范，增强诚信教育的可信度，避免伪善对于诚信教育的消解，尤其是家庭诚信教育中父母的行为示范效应，因为"家庭是人生的第一所学校，家长是孩子的第一任老师，要给孩子讲好'人生第一课'，帮助扣好人生第一粒扣子"[25]，同时还包括引导受教育者自觉践行，通过切切实实的外在诚信行为来强化诚信美德的内化，实现真知真行、内诚外信、知行合一。

【参考文献】

[1]习近平.在第一届全国文明家庭表彰大会上的讲话[N].人民日报，2016-12-13(1).

[2]黄寿祺.周易译注[M].上海：上海古籍出版社，2001：303.

[3]颜之推.颜氏家训[M].北京：中国华侨出版社，2014：158.

[4]袁采.袁氏世范[M].天津：天津古籍出版社，1995：68.

[5]陆林.中华家训[M].合肥：安徽人民出版社，2001：202.

[6]翟博.中国家训经典[M].海口：海南出版社，2002：115.

[7]颜之推.颜氏家训[M].北京：中国华侨出版社，2014：194.

[8]成晓军.宰相家训[M].武汉：湖北人民出版社，1994：98.

[9]成晓军.宰相家训[M].武汉：湖北人民出版社，1994：176.

[10]唐太宗.帝范[M].北京：中华书局，1985：32.

[11]康熙.庭训格言[M].郑州：中州古籍出版社，2010：2.

[12]徐少锦，陈延斌.中国家训史[M].西安：陕西人民出版社，2003：604.

[13]汪辉祖.双节堂庸训[M].天津：天津古籍出版社，1995：126.

[14]汪辉祖.双节堂庸训[M].天津：天津古籍出版社，1995：112.

[15]汪辉祖.双节堂庸训[M].天津：天津古籍出版社，1995：112.

[16]待制，官名，唐置。唐太宗即位，命京官五品以上，更宿中书、门下两省，以备访问。

[17]翟博.中国家训经典[M].海口：海南出版社，2002：416.

[18]韩锡.中华蒙学集成[M].沈阳：辽宁教育出版社，1993：236.

[19]班固.白虎通德论[M].上海：上海古籍出版社，1990：41.

[20]王利器.颜氏家训集解[M].北京：中华书局，2013：1.

[21]张鸿燕.儒家德育思想的特色及其现代价值[J].首都师范大学学报（社会科学版），2004(6).

[22]江畅，范蓉.论当代中国道德体系的构建[J].湖北大学学报（哲学社会科学版），2015(1).

[23]姜涛.情感认同与社会主义法治文化培育[J].理论探索，2018(1).

[24]王淑芹."思想政治教育"概念的廓清与释义[J].思想理论教育导刊，2018(8).

[25]习近平.在全国教育大会上的讲话[N].人民日报，2018-09-11(1).

儒家个人诚信伦理的价值纬度探究*

袁和静① 金焕玲② 刘 杰③

【摘要】儒家个人诚信伦理旨在塑造个人诚信品格,通过内化儒家诚信价值观和道德准则,以诚信为尺度建立个人与他人的良性互动,协调彼此的人际关系,建立人际信任,以此为契机最终达到以儒家个人诚信伦理规范为支撑,促进经济秩序的良性发展,维系个人与社会的和谐有序关系之目的。

【关键词】个人诚信;诚信伦理;社会关系

伦理学的任务在于分析、评价和发展道德规范的标准和要求以处理和应对现实社会中的各种道德问题,从而总结能够进行个体行为的标准与规范。而伦理作为特殊的社会现象具体体现为伦理价值、伦理规范和伦理秩序三个层面。这三个层面中具有决定意义的是伦理规范,伦理规范是伦理价值的依附载体,同时也是现实伦理秩序形成的必然逻辑结果。20 世纪后半期发生在中国的社会制度变迁深深影响到个人在思想文化层面的伦理观念与价值思维,作为伦理道德的重要范畴——诚信思想在社会运行中的价值地位日益凸显,因为诚信作为立人之本、交往之道、执政之基有其先决性的伦理价值道德品性。正如皮彻姆所说:"在道德生活中,人们考虑最多的常常不是不断地固守原则或规条,而是更倾向于可信的品性,善良的道德感,和依据真实的感情行事。"[1]然而产生、发展绵延两千多年、世代相承的文化积淀——儒家诚信伦理所大力

---

* 【基金项目】本文为金焕玲主持的北京高等学校青年英才计划项目(编号:212714313115)研究成果。

① 袁和静,北京中医药大学马克思主义学院副院长,研究方向为思想政治教育。

② 金焕玲,北京建筑大学马克思主义学院副教授,研究方向为思想政治教育(已故)。

③ 刘杰,北京建筑大学教务处,研究方向为学生思想政治教育。

倡导的“以诚为本”“不诚无物”“无信不立”等伦理观念与道德准则对现代社会有特有的价值和作用。儒家诚信伦理诞生于周室衰微、礼崩乐坏、诚信缺失的春秋局势动荡时期,受社会政治、经济、文化、道德、法律等各方面的影响,对个人的道德标准和规范提出了更高的要求,《大学》认为道德修养需经由格物、致知、诚意、正心、修身、齐家、治国、平天下八个步骤,即后人简称的“八条目”。儒家着重以规范个人诚信为切入点以求达到整个国家的诚信有序。夏威夷大学哲学教授成中英曾指出:“中国儒家伦理道德坚持高度的目标原则,讲理想;坚持高度的责任制原则,讲德性;坚持公利原则,不讲私利;坚持权利原则,注重自我修养。这对社会的协调发展是有很重要作用的。”[2]

汉代许慎编撰的《说文解字》中载:“信,诚也,从人从言会意;诚,信也,从言成声。”[3]按其对诚与信的诠解,两者意义相通可以互释。现代《辞海》对“诚信”的解释是:“遵守诺言,实践成约。”正如张载所言:“诚如信,无私故威。”(《张载集·正蒙·天道》)所以本文对于“诚”与“信”的解释按其相通之意。儒家个人诚信伦理作为儒家思想的基本范畴之一始终贯穿于儒家仁、恕、信、义、诚等伦理规范中,旨在规范个体行为,培养个人健康的交往心态,通过内化儒家诚信价值观和道德准则以诚信为尺度建立个人与他人的良性互动和人际信任,以此为契机最终达到以儒家个人诚信伦理规范为支撑,促进经济秩序良性发展,稳定社会秩序,维系个人与社会的和谐有序关系之目的,促进个体与他人、社会的和谐、有序和统一。笔者认为应从以下几个层面来对儒家个人诚信伦理的价值纬度进行探析:

一、以“仁爱”精神为依托,塑造个人诚信品格

仁即为协调人与人的交往关系,其实质是由人推于己及于物,仁者爱人,“仁爱”精神作为儒家伦理思想的基石支撑着整个儒学思想体系。孔子曰:“能行五者于天下,为仁矣。”“请问之。”曰:“恭、宽、信、敏、惠。恭则不侮,宽则得众,信则人任焉,敏则有功,惠则足以使人。”(《论语·阳货》)可见信是成就仁者的主要因素,个人的诚信品格在其人际交往中至关重要,并且个人只有做到诚实守信才能取信于他人。《论语·述而》中载“子以四教:文、行、忠、信”,孔子把信作为仁教的中心之一。

作为一个伦理范畴,诚信是“内诚于心”和“外信于人”的统一,《礼记·大学》谓

“诚于中，而形于外”。孔子认为：“人而无信不知其可也。大车无輗，小车无軏，其何以行之哉？”（《论语·为政》）他特别强调诚信在人与人交往中的重要性。“輗乃辕端横木，缚轴以驾牛者，軏乃辕端上曲，均衡以驾马者”，用车子的行走离不开輗和軏来比喻做人不能不讲诚信，诚信乃立人之本。孟子也主张：“可欲之谓善，有诸己之为信。”（《孟子·尽天下》）自身确实具有善德称为“信”，诚信才是完美人格的道德体现，“诚者，天之道也；思诚者，人之道也。至诚而不动者，未之有也；不诚，未有能动者也”（《孟子·离娄上》），意涵诚实是亘古不变的自然规律和做人的基本准则。《中庸》第二十六章载：“至诚无息。不息则久，久则徵，徵则悠远，悠远则博厚，博厚则高明。博厚，所以载物也。高明，所以覆物也。悠久，所以成物也。”诚信还属日新月异的修养过程，到了至诚的境界后，仍需要不断地反思求诸己，直至德合天地，达到无为而诚，久而不息，与天之契，则覆万物，与地之契，则载万物，实现人与天地的高度统一才能最大限度地发挥出人的天然本性，最终达到天地化育的境界，体现了“天人合一”的中国传统哲学思维方式。所以个人在具备了“诚”的品格之后，反诚意识也至关重要，“万物皆备于我，反身而诚，乐莫大焉”（《孟子·尽心章句》）。宋代哲学家周敦颐更进一步指出“诚者，圣人之本”“诚，五常之本，百行之源也”[4]，充分肯定了“诚”对于塑造个人品格及为人处事的关键作用，个人只有长期坚持以诚信处世，具有诚信品格才会赢得人们的普遍信赖和尊重，以此为行为准则建立个人和他人的信任交际。

二、以诚信为尺度协调个人与他人的交往关系，建立良性互动

在个人诚信品格逐步确立的同时，还应以诚信为尺度协调好个人与他人的交往关系，所谓“信人者，人恒信之”是人际交往的普遍规律和基本准则。尽管诚信在某种程度上是对于个体严格的伦理道义追求和行为规范，但人作为一种社会性动物总要与他人交往才能获得生存的必要性和可能性。人的本质是“一切社会关系的总和”，“社会关系的含义是指许多个人的合作”。[5]这种合作交往更多地建立在双方互相信任的基础之上，体现为以诚信为伦理准则的双向互动合作。儒家个人诚信伦理特别重视个人与他人的这种诚信交往，“贤贤易色，事父母能竭其力，事君能致其身，与朋友交言而有信”（《论语·学而》）。孟子将人际关系划分为五种，即“五伦”：“父子有亲，君臣有义，夫妇有别，长幼有序，朋友有信。”孔子的学生曾参（著名的七十二贤之一）就特别

重视对“信”的追求和反省,他说:“吾日三省吾身,为人谋而不忠乎？与朋友交而不信乎？传不习乎？”(《论语·学而》)

言而有信,诚信交往是人与人交往的基本桥梁和准绳,也是做君子的基本要求。君子一言,驷马难追,自己说过的话一定要兑现且知耻,否则就会失信于人。应努力做到言必信,行必果,“君子耻其言而过其行”(《论语·宪问》)。应始终保持言语行为的一致性,“始吾于人也,听其言而信其行;今吾于人也,听其言而观其行”(《论语·公冶长》)。所以为仁者要想得到他人的信任支持,一定要出言慎重,不能出尔反尔,做到身体力行和实践认可而不仅仅是言语承诺,这也正体现了仁的修养和道德水准,“古者言之不出,耻躬之不逮也”(《论语·里仁》)。而那些花言巧语、面目虚伪、表里不一的人是可耻的,“巧言令色,足恭,左丘明耻之,丘亦耻之。匿怨而友其人,左丘明耻之,丘亦耻之”(《论语·公冶长》),这种人是得不到他人的肯定和信任的。故孔子云:“狂而不直,侗而不愿,悾悾而不信。吾不知之矣。”(《论语·泰伯》)因此,在个人与他人的社会交往中做到诚实守信是维系双方良性互动的基本法则。随着现代社会的整体推进和不断演化,个人与他人的社会关系也随之复杂多变,为促进个人与他人的健康交往,个人在做到自身信守承诺的同时,还要学会鉴别他人的行为是否真实可靠,值得信任和交往,只有对诚实可信之人做到身体力行和言行一致才能建立双方的信任关系。而对待真正的朋友知己应做到真诚友善交流,正确面对利益冲突,以和为贵和谐相处,坚持一切言行都必须信于义理,也就是所谓的“信义”。孟子所说的“大人者,言不必信行不必果,惟义所在”(《孟子·离娄下》),在此是对人际信任关系的高度升华和概括,是建立在信任基础上的更深层次的道义追求和境界向往。

三、以个人诚信伦理规范为支撑,维系个人与社会的和谐有序

个人诚信伦理的规范和个人诚信品格的形成以及以诚信为尺度建立个人与他人交往的良性互动归根到底是为维系个人与社会的和谐关系服务的,和谐社会的实现需要个人诚信力量的支撑。社会生活领域的伦理关系复杂而繁多,个人与社会的交往更需靠个人诚信伦理来维系。洛克、霍布斯等思想家认为,诚信是政府与社会秩序的主要原则基础,是民主的前提条件,而齐美尔、韦伯等社会学家则认为,诚信是社会组织的黏合剂,是一个社会凝聚力的基础。我国学者焦国成认为“诚信是社会秩序良性运

行的基础”,而“诚信的缺失将是一种社会灾难”。[6]

关于社会生活领域的诚信关系维系,在加强公民个人诚信伦理规范的同时,管理阶层的诚信建设更为关键。“道千乘之国,敬事而信,节用而爱民,使民以时。”(《论语·学而》)执政者讲信用且诚实对待每一件事情,给人民以信心,节省开支爱护子民,以此来赢得民心,此乃治国之道也。“言忠信,行笃敬,虽蛮貊之邦,行矣。言不忠信,行不笃敬,虽州里,行乎哉?”(《论语·卫灵公》)管理阶层若不以诚相待,得不到公民的信任,公民同样不会诚实对待他们。“上好礼,则民莫敢不敬;上好义,则民莫敢不服;上好信,则民莫敢不用情。”(《论语·子路》)为政者只有好善于信才能得到民众的真心实情,因此为维系君民的融洽关系,做到彼此信任是最基本的交往要求。“君子信而后劳其民;未信,则以为厉己也。信而后谏;未信,则以为谤己也。”(《论语·子张篇》)因此王滹南认为“民信之者,为民所信也。民无信者,不为民所信也”[7]。孔子对此的理解则为:子贡问政,子曰:“足食,足兵,民信之矣。”子贡曰:“必不得已而去,于斯三者何先?”曰:“去兵。”子贡曰:“必不得已而去,于斯二者何先?”曰:“去食。自古皆有死,民无信不立。”(《论语·颜渊》)孔子提出“民无信不立”的执政之道和治国之本作为执政者的治国理念是亘古不变的政治法则。

以上主要阐述了儒家个人诚信伦理在为政与治国方面的重要性,而除此之外当前市场经济的发展和经济秩序的维持同样需要个人诚信伦理的支撑。美国学者费兰西斯·福山认为,“信任是社会保持经济持续发展的必要因素”[8]。因为构建和谐社会既需要个人伦理道德的内化,也需要经济条件的支持,社会和谐的核心支柱是社会关系的和谐有序。“近现代市场社会,诚信以契约为基本特征。在这样的社会,商品交换的诚信只能依靠契约与合同,并在法律和制度的保障下得以展开。随着市场经济的发展,诚信规范从潜意识形态发展为显意识形态,并且日趋明朗和具体,成为调节社会关系的最基本最普遍的准则。”[9]并且在中国古代,“儒商”以诚实守信作为经商之道已在历代被传为佳话,而今天受西方市场经济模式和价值思维形式影响的中国商人同样需要“儒商”的诚信品质来维护市场经济的有效运转。而在现实经济状况下,受经济利益的驱动和个人私利观念的支配,一些商人由于利欲熏心而变得急功近利,唯利是图,不信任国家的经济政策甚至想方设法从政策疏漏中“获利”,变成经济发展的附属品和牺牲品,彻底失去了做人最起码的伦理道德底线。假冒伪劣产品遍布海内外致使企业最终趋向萎缩和破产,严重浪费国家资源,损坏国家信誉。受诚信缺失的影响,社会发展本身所需要的健康稳定的经济秩序被打乱,变得混乱而无序。日本现代法学家川岛武宜曾深刻指出:“市民社会的经济是以商品经济的等价交换为媒介的经济。在此交换契约和买卖契约成为整个经济的基础,‘信守承诺’成了整个经济秩序得以维持的最根本的规范。”[10]因此,为促进整个经济秩序的良性发展,降低经济生活的负面影响和成本代价,以儒家个人诚信伦理为社会价值观和道德准则,提高个人修养层次,规范个体行为,建立高度和谐的人际信任和社会认同是现实社会的必然选择和价值取向。

【参考文献】

[1]HURSTHOUSE R.On Virtue Ethics[M].Oxford,1999:1.

[2]许启贤.怎样看待孔子为代表的儒家道德[J].教学与研究,1994(3).

[3]许慎.说文解字[M].北京:中华书局,1963:52.

[4]周敦颐.通书·诚上[M]//黄宗羲.宋元学案.北京:中华书局,1986:482.

[5]马克思,恩格斯.马克思恩格斯选集:第1卷[M].北京:人民出版社,1972:19.

[6]焦国成.关于诚信的伦理学思考[J].中国人民大学学报,2002(5).

[7]程树德.论语集释[M].北京:中华书局,1990:839.

[8]福山.信任[M].彭志华,译.海口:海南出版社,2001.

[9]王泽应.论诚信[N].光明日报,2004-11-23(B1).

[10]川岛武宜.现代化与法[M].申政武,等译.北京:中国政法大学出版社,1994:26.

乡村振兴战略下乡村优秀传统文化的价值再认识

苏　静[①]　戴秀丽[②]

【摘要】在全面实施乡村振兴战略的背景下，乡村优秀传统文化的传承发展面临机遇与挑战并存的局面，因此亟须从思想维度、时间维度、空间维度三个方面对乡村优秀传统文化的价值进行再认识。从思想维度上理解乡村优秀传统文化传承发展的新思路，从时间维度上把握乡村优秀传统文化的历史价值、时代价值和未来价值，从空间维度上对乡村优秀传统文化进行多维价值评判。在实施乡村振兴战略的过程中，要深入挖掘乡村优秀传统文化的经济价值、生态价值和教化价值，进而服务于乡村振兴战略的实施。

【关键词】乡村振兴战略；乡村优秀传统文化；价值

党的十九大报告提出了乡村振兴战略。习近平总书记在2017年12月28日的中央农村工作会议上提出："乡村振兴，既要塑形，也要铸魂，要形成文明乡风、良好家风、淳朴民风，焕发文明新气象。"[1]文化是乡村振兴之魂，而优秀传统文化更是其根脉所在，是乡村振兴的内生动力和精神支撑。中华文明植根于农耕文明，乡村优秀传统文化振兴是从文化方面维护好国家、民族永续发展的根基。但是随着城镇化的快速推进，乡村优秀传统文化的很多重要载体已经消失或者正在消失。面对现代化浪潮，我们亟须对乡村优秀传统文化的价值进行再认识，这既是乡村振兴战略的题中之义，也是使乡村成为现代化的"稳定器""蓄水池"的必然要求，更是中华民族伟大复兴的内在规定。

① 苏静，北京林业大学马克思主义学院讲师，研究方向为思想政治教育、政治哲学。
② 戴秀丽，北京林业大学马克思主义学院教授，研究方向为思想政治教育、生态文明教育。

一、乡村优秀传统文化传承发展面临的机遇与挑战

当前，乡村优秀传统文化传承发展既面临机遇也面临挑战，这要求我们对其价值进行再认识。

（一）从理论层面看，关于乡村优秀传统文化内容和价值的研究还不够系统、全面

国内关于乡村文化的研究可以追溯到20世纪20年代的乡村建设运动，主要代表有晏阳初和梁漱溟。此后，费孝通在《乡土中国》中把中国社会概括为具有乡土性。新中国成立后，特别是21世纪以来，关于乡村文化的研究越来越多，但关于乡村优秀传统文化的研究相对较少，关于乡村优秀传统文化的内容和价值的研究则更少。有学者从理念、制度和知识三个方面来理解乡村优秀传统文化，[2]但未对其进行详细阐述。有学者从“天人合一”的生态观、“乌鸦反哺，羔羊跪乳”的朴素道德观、“出入相友、守望相助、疾病相扶”的良善交往原则、恬淡的人生态度等方面来理解乡村传统文化，[3]但也没有进行详细阐述。近年来，乡村的未来成为很多学者关心的问题，关于乡村文化的价值研究也逐渐被重视起来。有学者从道德教化功能、价值引领作用、乡村振兴之魂、接续优秀文脉的重要途径等方面讨论了乡村文化的价值。[4]有学者着重研究了村落的价值，认为村落具有农业生产价值、生活价值、生态价值、文化价值、教化价值和社会价值，[5]这对乡村优秀传统文化的价值研究具有一定的启发意义。从以上研究可以看出，学界对乡村传统文化的内容、价值进行了相关研究，但是对乡村优秀传统文化内容的阐述还不够，呈现出研究体量小、过于分散的特点。虽然有学者讨论了乡村传统文化的价值，但对其当代性、理论性、系统性的研究还略显不足。显然，对乡村优秀传统文化的价值还需要进行更深入和系统的研究，局部、静止、表象的认识不利于对乡村优秀传统文化价值的挖掘。

（二）从实践层面看，乡村优秀传统文化的传承发展机遇与挑战并存

当前，乡村振兴正处于关键的转型和过渡期。如果对乡村优秀传统文化认识不清晰、不到位，就会出现理解上的偏差或者具象化问题。所谓“具象化”，是指一提到乡村传统文化，就会联想到传统仪式性的内容，而未能深入理解这些仪式背后的深层次

的文化内涵。对乡村优秀传统文化的具象化理解,自然不能充分认识到乡村优秀传统文化的作用,也无法充分发挥其服务乡村振兴战略目标的作用。

当前物质财富更为雄厚,我们可以把许多传统村落的房屋保护起来,可以挖掘各地的非物质文化遗产,通过对传承人的扶持和资助来保护非物质文化遗产,可以将传统的音乐、舞蹈、书画、生产工艺、饮食、服装、风俗、礼仪甚至房屋、区域等一切传统文化作为遗产保护起来。但我们必须认识到,形式的保存甚至翻新无法阻挡乡村传统文化的衰落,因为它们是传统文化的果而不是根。简单地把它们收集、罗列和展示,甚至推荐推广,利用它们作为文化教育和旅游观光的素材,也无法让传统文化真正兴盛起来。这要求我们在乡村文化建设中清楚地认识到,对乡村优秀传统文化的认识既要注重"形",更要注重"魂",要深入挖掘乡村文化载体所蕴含的优秀传统文化内容。具体来看,我们可以从理念、制度和知识三个层面来概括乡村优秀传统文化的内容。从理念上看,乡村优秀传统文化有天人合一、生生不息、耕读传家和尊老爱幼等内容;从制度上看,乡村优秀传统文化有教育制度、宗族制度、救助制度等内容;从知识上看,乡村优秀传统文化有传统节庆日、乡风民俗、传统技艺等内容。只有深入挖掘优秀传统文化内容,才能弘扬其精华。

在乡村振兴战略下,达成这一共识尤为重要和紧迫。没有对乡村优秀传统文化的深入认识和广泛认同,就认识不到乡村优秀传统文化在当代和未来的乡村建设中所具有的价值,更认识不到乡村优秀传统文化在中华民族伟大复兴中所发挥的重要作用。

(三)从价值层面看,乡村优秀传统文化面临价值危机

传统乡村社会正如费孝通所说:"乡土社会在地方性的限制下成了生于斯、死于斯的社会。"[6]但是随着现代化的深入推进,传统乡村社会发生了巨大变化,用一句话来概括就是"乡村社会日益从封闭的、不流动的'熟人社会'走向开放的、大流动的'陌生人社会'"[7],或者"半熟人"社会。环境的变化必然带来乡村优秀传统文化的变化。在与城市文化相碰撞的过程中,乡村优秀传统文化一方面由封闭走向开放,另一方面也逐渐失去自身的载体与基础。

一是乡村优秀传统文化的物质载体受到冲击。长期以来,有这样一种声音:"现在正是我国推进城镇化的关键阶段,在国家层面为什么要提出实施乡村振兴战略?"[8]这种声音所折射的思想是:城镇化必然是城市逐步覆盖农村的过程。近年来,

人们也逐步认识到这种思想的误区，因为即使中国的城镇化率达到 70%，也至少还有超过 4 亿农村人口，因此我们必须把农村建设好。但当前乡村发展面临的实际情况却是其各个方面都受到城市的强势碾压，“乡村文化的生存空间受到了严重挤压，传统乡村文化的载体缺失、老化严重”[9]。在传统乡村社会，农民的生产活动主要围绕农耕生产而进行，乡村文化节日也都是按照农时节气依次展开的，节庆和婚丧嫁娶的活动流程和内容构成乡村文化的传承载体，戏曲歌舞是农民喜闻乐见的文化形式。但是，现在这些载体正在逐渐减少，一些节日活动也流于表面，被现代化的生活方式替代。乡村“空心化”也使得乡村传统文化赖以生存和发展的物质基础条件遭到破坏。

二是乡村传统文化价值观日渐式微。随着现代化的深入发展，消费主义、个人主义、功利主义、物欲主义侵蚀着乡村文化，也对村民的价值选择产生了重要影响，导致传统文化价值观日渐式微。村民更关注自身的物质利益需求，更在乎如何抓住眼前的机遇为自己创造物质财富，而使精神生活无所依托，也使乡村传统文化失去了生存的基础，导致乡村传统文化价值观丧失了在乡村治理中的主导地位。此外，“农村是落后的、城市是先进的”认识误区，更使得村民对乡村传统文化价值观产生认同危机，从而陷入了传统价值观和现代价值观相冲突的尴尬、无序境地。

二、乡村优秀传统文化价值再认识的基本维度：思想维度、时间维度、空间维度

乡村振兴战略对于乡村传统文化发展是一次重大的机遇，但其中也蕴含着危机。一方面，乡村振兴战略为乡村传统文化的振兴提供了平台，为乡村优秀传统文化的创造性转化和创新性发展提供了机会；另一方面，如果对乡村优秀传统文化认识不到位、建设政策不配套，那么无疑会破坏乡村传统文化的根脉。因此，对乡村优秀传统文化的认识，需要“鲜明的国家立场、理性的社会共识、明确的个体担当”[10]。只有这样，才能在实践中保存和发展好乡村优秀传统文化，使其在乡村振兴中更好发挥能动作用。对乡村优秀传统文化价值的再认识，可以从三个维度来看，即从思想维度来理解乡村优秀传统文化发展的新思路，从时间维度来回顾和畅想乡村优秀传统文化的价值，从空间维度对乡村优秀传统文化进行多维价值评判。

(一)从思想之维来理解乡村优秀传统文化发展的新思路

从思想之维对乡村优秀传统文化进行再认识,就是要重新认识乡村优秀传统文化在国家发展进程中所发挥的作用,站在国家战略高度来重新定位乡村优秀传统文化的价值。党的十九大报告提出乡村振兴战略:“要坚持农业农村优先发展,按照产业兴旺、生态宜居、乡风文明、治理有效、生活富裕的总要求,建立健全城乡融合发展体制机制和政策体系,加快推进农业农村现代化。”[11]这是乡村振兴发展的新思路,也是乡村优秀传统文化振兴的新思路。城乡统筹向城乡融合战略的转变,标志着乡村地位的提高,要改变传统“用建设城市的思路改变乡村”的认识。乡村和城市各有各的特点和功能,不能将建设城市的经验简单复制到乡村建设上。乡村建设要有乡村的样子,这是未来新农村建设的总体要求,“要在乡村与城市差异的基础上实现城乡功能的互补,这是城乡融合的真谛所在”[12]。因此,要在这种新型城乡关系背景下研究乡村优秀传统文化的价值。

乡村优秀传统文化和城市文化具有不同的特质。城市文化的特质是更具包容性、融合性、多元性,而乡村优秀传统文化的特质则是更具民族性、地域性、特色性。除此之外,乡村传统文化相对于城市文化更具有自给自足性、可循环性、低碳性,更有助于平和人生态度的培养,这些都是追求美好生活的重要组成部分。显然,乡村优秀传统文化的特质是城市文化无法取代的,所以在实施乡村振兴战略进程中要充分发挥乡村优秀传统文化的这个特质。古人云:“礼失而求诸野。”(《汉书·艺文志》)乡村中蕴含着丰富的优秀传统文化,如上文提到的天人合一、生生不息等理念文化,宗族制度、教育制度等制度文化,传统节庆日、乡风民俗等知识文化,这些优秀文化是我们建设和谐社会、生态文明的宝贵财富。建设和谐社会和生态文明,一定要充分发挥这些优秀传统文化的功能。如果忽视这些优秀文化资源,另起炉灶,只会让乡村文化建设失去根基。因此,为了使乡村优秀传统文化得到更好的传承和发展,我们要深入挖掘乡村优秀传统文化,对其进行再认识,为乡村文化振兴提供依据。

(二)从时间之维来把握乡村优秀传统文化的历史价值、时代价值和未来价值

对乡村优秀传统文化进行时间维度的再认识,就是把握好乡村优秀传统文化的历史价值、时代价值和未来价值,并使三者融会贯通。

首先,认识乡村优秀传统文化的历史价值。当代中国的快速发展已经让许多人忘记了乡村的样子,几十年来的城乡差异,更让很多人有这样一种认识:光鲜亮丽的城市生活代表着进步,平淡甚至贫困的乡村生活代表着落后,进步必定会战胜落后,传统乡村终将被淘汰,因此根本不需要去认识传统乡村的样子。至于传统乡村所具有的文化基因,更易被忽视、无视。现在我们已经逐渐认识到这种思想的误区,因为中华文明植根于农耕文明,而农耕文化又是乡村优秀传统文化的重要组成部分。正如习近平总书记所说:“乡村文明是中华民族文明史的主体,村庄是这种文明的载体,耕读文明是我们的软实力。”[13]正是这些思想文化的传承,才使得中华民族代代相传、生生不息。因此,对乡村优秀传统文化历史价值的认识,有助于保持乡村优秀传统文化的延续性,也有助于其在当代的弘扬。对国家、社会、个体而言,对乡村优秀传统文化历史价值的认识,有助于回答“我们从何而来”这个问题,更有助于重塑文化自信,促进人民群众的文化自觉,实现建设文化强国的目标。不管社会的文化基因如何进化,其核心都是不会变也不能变的。只有坚守乡村优秀传统文化基因,现代乡村振兴才有可能成功,否则会“水土不服”,造成乡村文化建设事倍功半。

其次,立足当下认清乡村优秀传统文化的时代价值。乡村优秀传统文化并没有过时,其对当前乡村文化建设依然发挥着重要作用。正如马克思所说:“人们自己创造自己的历史,但是他们并不是随心所欲地创造,并不是在他们自己选定的条件下创造,而是在直接碰到的、既定的、从过去继承下来的条件下创造。”[14]这也意味着,乡村文化振兴不是对传统文化的完全抛弃,而是要对其进行批判性继承,吸取其精华。乡村文化的德文化、士文化、俭文化等都是我们进行乡村文化建设的宝贵财富。乡村优秀传统文化中的自强不息、守望相助的精神在抗击新冠肺炎疫情中也得到了充分体现,发挥了凝心聚力、汇聚民力的强大作用。要深入挖掘乡村优秀传统文化的思想资源,对其进行创造性转化,使其更好发挥推进新时代新农村文化建设的作用。

最后,要用未来的眼光看待乡村优秀传统文化的价值。乡村优秀传统文化是中华文明的基因库。当前,世界正在从物质繁荣向精神繁荣阶段迈进,社会正在从工业文明向生态文明阶段迈进,中国正在从经济崛起向全面复兴阶段迈进。让乡村优秀传统文化长出新枝、开出新花、结出新果,“发展出能够担负起在后工业时代提升人类文明、支撑中华民族伟大复兴责任的新中华文明”[15],是当前乡村文化振兴过程中重要而长远的任务。当前,人们对保护好乡村优秀传统文化已形成一定共识,国家也投入了大量的人力、物力和财力,取得了一定的成绩。在此基础上,我们还需深入挖掘乡村优秀传统文化在帮助人们追求美好生活中所能发挥的重要作用。

(三)从空间之维对乡村优秀传统文化进行多维价值评判

对乡村优秀传统文化空间维度的再认识,就是把乡村优秀传统文化放在不同场域进行评判。从世界场域来说,中华优秀传统文化是人类文化多样性的重要组成部分,也是人类文化重要的思想资源。经济全球化更让我们深刻认识到,只有尊重文化的多样表述和多样呈现,人类文明才能丰富多样,文化生命力才能延绵不绝、生生不息。中国是一个由农耕文明发展而来的国家,农耕文化是中国传统文化的源头和基础,乡村优秀传统文化根源于农耕文化。正如钱穆所说:“农耕文化的特点在于安、足、静、定。”[16]农耕文化的这个特点使得其自身具有极强的韧性和顽强的精神,使其多次遭遇巨大打击而未灭亡。中华文明历经漫长而曲折的历史,饱经战乱侵扰、天灾人祸而延续至今,是世界上唯一延绵至今的文明,为世界文化的繁荣发展和人类文明进步贡献了自己的力量。美国农业科学家富兰克林 · H. 金在对中国农业进行深入调查和访谈后得出:中国能以简朴的耗费供养密集人群的重要原因,是资源和生命的循环。[17]中国农耕文化所蕴含的循环思想、可持续发展思想为世界农业发展贡献了力量。从国家场域来说,农耕文化所蕴含的农耕智慧是中华文明能够持续发展的重要因素。彭金山认为,农耕文化的内涵是“应时、取宜、守则、和谐”[18],这八个字概括了农耕文化的精华。“应时”是指按节气安排农事活动,“取宜”是指种庄稼要因地制宜,“守则”是指遵守“以农为本、以和为贵、以德为荣、以礼为重”[19]等规则、规范,“和谐”是指爱好和平、重视和合。“应时、取宜、守则、和谐”,就是在“天、地、人之间建立一种和谐共生的关系”[20],这是中华民族延绵不绝的重要精神厚土。从地方场域来说,因地理环境的差异,每个地方会有不同的生活方式和行为习惯,且呈现出不同的文化形态,因此对乡村优秀传统文化的地域性认识,有助于我们因地制宜地推进乡村文化建设。

当前,对乡村优秀传统文化价值的再认识,有助于我们发展和弘扬乡村优秀传统文化。从世界场域来说,“必将为世界文化多样性发展留下宝贵的文化火种,创造更加辉煌的文明范式”[21]。从国家场域来说,对农耕智慧的继承和发扬,也会为中华儿女留下宝贵财富。从地方场域来说,认识到乡村优秀传统文化具有的地域性和差异性,会让乡村文化建设事半功倍。

三、在乡村振兴战略中激活乡村优秀传统文化的价值

在实施乡村振兴战略的过程中,乡村优秀传统文化的经济价值、生态价值和教化价值与乡村振兴的总要求是紧密相连的。通过深入挖掘乡村优秀传统文化的三大价值,可促进乡村产业发展、生态宜居建设、乡风文明建设,提高乡村治理水平,使乡村成为村民的美好家园。

(一)激活乡村优秀传统文化的经济价值,实现产业兴旺

从经济方面来看,优秀文化也是一种生产力,可以促进经济效益的实现。在今天这个文化产业化和产业文化化的时代,乡村振兴战略为乡村文化产业化提供了契机。在此背景下,可以把乡村文化与产业发展结合起来。乡村优秀传统文化和文化产业发展是相辅相成的,"文化既可作为产业的生产资料又是产业创意转化的原动力"[22],而产业发展则为乡村优秀传统文化的传承提供了一条有效路径,使我们拥有了对乡村优秀传统文化的持续记忆。现阶段,乡村经济基础仍然较为薄弱,只有乡村产业繁荣兴旺,才能为乡村优秀传统文化的振兴提供物质基础和生存空间。而乡村产业的兴旺,必然要求深入挖掘当地的特色传统文化,以特色文化支撑产业发展,以产业兴旺带动文化繁荣。"山东潍坊的版画、风筝,天津杨柳青的年画,安徽阜南、山东临沂的柳编,陕北的剪纸,都把传统工艺发展为了现代产业。"[23]当然,实现乡村优秀传统文化的产业化,要遵循文化自身的发展规律,把握乡村文化的特点,形成有地方特色的文化类型,使二者的融合既不失文化本身的特色和功能,又能为文化传承提供有效路径。例如,陕西袁家村根据自己所处地域的特色文化,大力发展旅游业,创建民俗、民风体验街等人文服务业,帮助村民创造了经济价值,实现了生活富裕,落地生根的人文服务产业也成为当地经济可持续发展的最佳途径。

(二)激活乡村优秀传统文化的生态价值,推进美丽乡村建设

从生态建设方面看,乡村优秀传统文化中的"天人合一"生态观对当前生态文明建设发挥着重要作用,也是其重要思想来源。农耕文化"应时、取宜、守则、和谐"的八字内涵所折射的就是人与自然和谐共生的理念。生活在传统乡村的人们有着敬畏自

然、保护自然、利用自然的文化传统,形成了“人法地,地法天,天法道,道法自然”的“天人合一”的生态观。正如费孝通所说:“人同土地结合在一起,生于斯,死于斯。土地生产四季循环不已。”[24] 土地生产循环不已所折射的人与自然融合、协调的“天人合一”的生态观,与当前“绿水青山就是金山银山”的生态文明建设理念相契合,为建设生态宜居的美丽乡村提供了思想资源。乡村优秀传统文化中的“天人合一”生态观,在农业生产上最直观的表现就是因地制宜,即根据土地的“物性”合理安排农业生产。“天人合一”的生态观不仅影响着农业生产,也影响了人们的生活方式和行为习惯,即取之于自然用之于自然的低碳生活,这也是美好生活的题中之义。从外部来说,“天人合一”生态观有助于建设适合人类居住的生态环境和资源条件;从内部来看,“天人合一”生态观“不仅协调了人与自然的关系,也密切了人与人的关系”[25],为当前美丽乡村建设提供了思想智慧。

(三)激活乡村优秀传统文化的教化价值,建设乡风文明

从道德教化方面看,乡村优秀传统文化中的规则、规范和制度约束着人们的行为,是乡风文明建设的重要抓手,并为乡村治理现代化提供了道德支撑。首先,乡村优秀传统文化的习俗规约对人的行为具有潜移默化的作用。传统熟人社会通过居民的长期共处,形成了地方性的习俗和村规民约,对当地居民具有约束和指导作用,能够在潜移默化中让人达事理、辨是非。如乡村的祠堂、家庙通过故事、礼仪等形式,发挥着道德教化的作用。其次,乡村优秀传统文化中的自治教化传统,也为乡村自治提供了重要基础。党的十九大报告提出:“健全自治、法治、德治相结合的乡村治理体系。”[26] 实现乡村自治,最重要的是发挥村民的主体地位,此外还需要“熟人社会、使用共同的资源、维系共同的秩序等条件”[27]。乡村优秀传统文化包含着“德业相劝,过失相规,礼俗相交,患难相恤”(《关中丛书·吕氏乡约》)的乡村治理文化,是实现乡村自治的重要基础。最后,乡村优秀传统文化蕴含丰富的道德资源,如尊老爱幼、勤俭节约、诚实守信、守望相助等传统美德,注重家风家训等优良传统,这些道德资源为有效淳化民风提供了道德滋养,推进了乡风文明建设。

【参考文献】

[1]中共中央党史和文献研究院.习近平关于三农工作论述摘编[M].北京:中央文献出版社,2019.

[2]陈锡文.充分发挥乡村传承优秀传统文化的功能[N].北京日报,2019-02-25(18).

[3]赵建军,胡春立.美丽中国视野下的乡村文化重塑[J].中国特色社会主义研究,2016(6).

[4]龙文军.乡村文化振兴的现实解释与路径选择[J].农业经济问题,2019(12):15-16.

[5]朱启臻.把根留住:基于乡村价值的乡村振兴[M].北京:中国农业大学出版社,2019.

[6]费孝通.乡土中国:修订本[M].上海:上海人民出版社,2013.

[7]范建华,秦会朵.关于乡村文化振兴的若干思考[J].思想战线,2019(4).

[8]陈锡文.充分发挥乡村功能是实施乡村振兴战略的核心[J].中国乡村发现,2019(5):2.

[9]赵建军,胡春立.美丽中国视野下的乡村文化重塑[J].中国特色社会主义研究,2016(6).

[10]索晓霞.乡村振兴战略下的乡土文化价值再认识[J].贵州社会科学,2018(1):6.

[11]习近平.决胜全面建成小康社会夺取新时代中国特色社会主义伟大胜利——在中国共产党第十九次全国代表大会上的报告[M].北京:人民出版社,2017.

[12]朱启臻.把根留住:基于乡村价值的乡村振兴[M].北京:中国农业大学出版社,2019.

[13]中共中央党史和文献研究院.习近平关于三农工作论述摘编[M].北京:中央文献出版社,2019.

[14]马克思,恩格斯.马克思恩格斯选集:第1卷[M].北京:人民出版社,1995:585.

[15]朱启臻.把根留住:基于乡村价值的乡村振兴[M].北京:中国农业大学出版社,2019.

[16]钱穆.中国文化史导论[M].北京:商务印书馆,1994:1.

[17]金.四千年农夫[M].程存旺,石嫣,译.北京:东方出版社,2011:16.

[18]彭金山.农耕文化的内涵及对现代农业之意义[M]//农耕文化与现代农业论坛论文集.北京:中国农业出版社,2009:77.

[19]夏学禹.论中国农耕文化的价值及传承途径[J].古今农业,2010(3).

[20]夏学禹.论中国农耕文化的价值及传承途径[J].古今农业,2010(3).

[21]范建华,秦会朵.关于乡村文化振兴的若干思考[J].思想战线,2019(4).

[22]范建华,秦会朵.关于乡村文化振兴的若干思考[J].思想战线,2019(4).

[23]高瑞琴,朱启臻.何以为根:乡村文化的价值意蕴与振兴路径——基于《把根留住》一书的思考[J].中国农业大学学报(社会科学版),2019(3):108.

[24]费孝通.乡土中国:修订本[M].上海:上海人民出版社,2013.

[25]章爱先,朱启臻.基于乡村价值的乡村振兴思考[J].行政管理改革,2019(12).

[26]习近平.决胜全面建成小康社会夺取新时代中国特色社会主义伟大胜利——在中国共产党第十九次全国代表大会上的报告[M].北京:人民出版社,2017.

[27]章爱先,朱启臻.基于乡村价值的乡村振兴思考[J].行政管理改革,2019(12).

道德理论研究

法治与德治相结合的正当性证成

王淑芹[1] 武林杰[2]

【摘要】法治与德治相结合虽已被确定为建设我国社会主义法治国家所坚持的重要原则，但学界对法治与德治相结合的正当性仍有不同程度的分歧与存疑。因此，法治与德治相结合正当性的证成是推进我国法治社会建设、促进社会全面转型亟须深化研究的一个重要的理论与实践问题。本文从法律与道德价值的同源性与交叉性、法律与道德规范的同宗性与交叠性、法律与道德功能的独特性与互补性，立论法治与德治相结合原则正当性的理论基础。

【关键词】法治；德治；正当性

人是认理与讲理的感性与理性相统一的主体，所以，人追问行为的价值理由，注重事物存在的正当性，以至于只有那些获得"正当性"的事物才易于为人们认同和信奉。"正当性"作为合乎事物内蕴规律或规则的合理性（rationality）、合法性（legality），是社会成员认理与讲理的价值依据。无须赘言，法治与德治相结合原则唯有获得"正当性"，才会得到有效的贯彻和落实。法治与德治相结合原则正当性的证成，需要基于法律与道德关系的内蕴规律，即法律与道德价值的同源性与交叉性、法律与道德规范的同宗性与交叠性、法律与道德功能的独特性与互补性。

一、法律与道德价值的同源性与交叉性

道德和法律虽是人类社会的两种不同调控方式，但它们都源于正义，受正义的引

① 王淑芹，首都师范大学马克思主义学院教授，研究方向为思想政治教育。
② 武林杰，首都师范大学马克思主义学院讲师，研究方向为道德教育。

领。正义是“人类文明的基本共识与人类生活的根本理想”[1]。为了保障与实现正义所追求的人类的美好生活,道德与法律应运而生。在这个意义上可以说,无论是道德还是法律,都是人类基于这种基本共识与根本理想的一种“自我立法”“自我规制”和“自我提升”,所不同的是,二者“立法”生成的路径与规范要求程度及其实现方式有区别。质言之,人类对自身人性完善、美好社会的基本共识与根本理想,是道德与法律产生和存在的根本价值理由和最终目的,也是衡量与检测道德与法律良善性质的根本价值标准。所以,不仅法律有良法与恶法之别,道德也有良善与邪恶之分。确切地说,正义是道德和法律之根。正义既是一种终极的价值追求,也是一种历时态的价值原则,致使不同时代、不同民族的正义观是有差异的。在人类社会发展中,无论正义观如何变化,道德和法律都是在其指引下体现和维护其价值追求。由于道德源于正义,同时正义本身也是一种道德精神和原则,在这个意义上,法律与道德建立起了价值连接关系,即法律在精神与灵魂层面需要获得道德价值的支持。它表明,法律不能离开道德、有悖正义和道德公理,否则,它将会失去存在的价值理由。为此,有些法学家认为,与善性相悖的法律,“严格地和真正地说来就根本不是法律,而宁可说是法律的一种滥用”[2]。所以,在现实生活中,无论是实体法还是程序法都是基于人类的正义精神并为实现正义目标而设计的。正因如此,罗马著名法学家塞尔苏斯说:“法律是善良公正之术。”[3]一言以蔽之,法律不能与良善的道德相背离,否则,它就违背了自身产生的本意与初衷,因此也会失去其存在的正当性。事实上,好的法律不仅要符合程序、合乎社会公共利益,而且也不能背离人发展与完善的本性。故而好的法治本质上是良法善治,而不单单是法律制度体系的健全与强制力的有效性。据此推之,法治与德治相结合的第一要义,是要求法律不能背离良善道德,有悖良善道德精神的法律是恶法,是法律的一种异化形式,是需要尽快修订或废止的。在这个意义上可以说,法律的正当性不单是来自一定社会的法定程序,更在于合乎正义精神和良善道德要求。基于此,当代我国社会的法治建设,绝不只是社会主义法律体系的健全与完备,本质上是如何避免恶法与劣法专横而损害公民权以及危害社会良序的问题。

二、法律与道德规范的同宗性与交叠性

法律是一种后补性的规范体系。人类理性自控能力的有限性、社会利益矛盾冲突

的尖锐性以及道德自身调节力的软弱性等,使得社会正义普遍受到挑战,需要弥补道德不足而产生一种新的社会调节方式,即以强制力为后盾的法律。为此,美国法学家庞德说:“当道德对应受保障的利益无法维持,则就会诉求于法律形式,致使相关的道德理念和原则融入法律。”[4]这表明,在社会治理中,一旦道德难以维系社会正义,道德法律化就成为一种必然,即具有强制力的法律就要补位而上。也正因如此,才有“法律是显落的道德”之说。“那些被视为是社会交往的基本而必要的道德正当原则,在所在的社会中都被赋予了具有强大力量的强制性质。这些道德原则的约束力的增强,当然是通过将他们转化为法律规则而实现的。”[5]上述分析表明,虽然法律规范与道德规范相比,具有明确具体、制裁力强制等特征,但它的规范要求不是另起炉灶自生的规范体系,而是在道德规范范围内圈定和摄取的,即它是把道德中那些最基本的、人人可以做到的行为要求(富勒所说的义务的道德)通过法定程序上升为法律,亦即大家所说的“道德法律化”,由此便形成了“法律是最低限度的道德”之说。在这个意义上也可以说,法律是道德的变体,道德借用法律的外壳实现自己。

有鉴于此,美国法理学家富勒强调要在分清“义务的道德与愿望的道德”两种类型前提下,阐释法律与道德的关系。富勒的这个主张是恰当合理的,因为道德是多元的且规范要求是多层次性的,而法律是一元的且规范要求是唯一的。事实上,“道德法律化”中的“道德”是有严格限定的,不是所有道德,仅是那些可以明确表达的最基本的道德要求。具而言之,法律惯常源于义务性道德要求而不是愿望的道德要求,因为“如果说愿望的道德是以人类所能达致的最高境界作为出发点的话,那么,义务的道德则是从最低点出发。它确立了使有序社会成为可能或者使有序社会得以达致其特定目标的那些基本规则”[6]。无须赘言,法律与道德规范要求的交叠性集中表现在“义务的道德”中。在通常的情况下,“道德法律化”是在坚持“全民性原则、抑恶性原则、非心性原则、缺失性原则”[7]前提下实现法律规范与道德要求的有机融合。显然,道德与法律既是二元的,又是同构的。为了避免歧义,法律与道德相结合所具有的规范同宗性与交叠性,准确地说,主要体现在实体法中。程序法遵循正义精神,一旦被制定往往就具有自身的客观性与独立性,甚至要求排斥干扰程序正义的一些道德情绪而确保其相对独立性。概言之,法治与德治相结合的第二个要义,是要求法律与道德在二元结构中实现法律在道德领域内有限的规范摄取,通过法定程序只把社会中最基本、较为重要的道德要求法律化。

在辩证唯物主义看来,“道德法律化”与“道德非法律化”的界限在历史和现实生活中是绝对性与相对性的统一,需要社会管理者的智慧驾驭。一些国家在制定法律时,不仅要吸纳义务的道德要求,而且也会根据本国文化及其社会价值导向,把“见义勇为”等体现人性光辉和人道精神的一些“愿望的道德”也上升为法律要求,如美国的《善良的撒玛利亚人法》《美国联邦刑法典》等都有保护人们“见义勇为”行为的条款。《善良的撒玛利亚人法》明确规定,在紧急情况下,见义勇为者的无偿救助行为,即使在施救过程中,因救助者缺乏经验或专业知识等给被救助者造成一些伤害,也要免除救助者的一切责任。这种免责的法律规定,在根本上消除了施救者的后顾之忧以及可能产生的各种法律风险和经济责任,有利于弘扬见义勇为的美德。美国法律在扬善的同时也抑恶。《美国联邦刑法典》第八章第三节规定:救人者若被诬告,可反诉原告诈骗罪。《美国联邦刑法典》惩处讹诈者的法律规定,在很大程度上遏制了被救者的以怨报德、嫁祸于人的责任转嫁行为。可见,法律规范与道德规范的交叠范围不是绝对划一的,不同的国家和民族会因本国国情、民情、文化传统等方面的差异而在不同程度上吸纳道德要求。

三、法律与道德功能的独特性与互补性

法律与道德犹如鸟之两翼、车之两轮的比喻是恰如其分的,它体现了法律与道德的分工与合作。事实上,任何一方的缺失,都是一种残缺,并会影响另一方功能和作用的有效发挥,直至引发严重的社会问题,扰乱社会秩序。因为无论是法律还是道德,都有自身“能”与“不能”的优势与短板,二者在功能上具有天然的互补性。道德的“能”,是通过社会教化与濡化、社会舆论与风俗习惯、内心信念与良心等,使社会成员具有道德荣辱感和思想觉悟,并在慎独自律精神的自我约束下,自觉抵制各种不义的利益诱惑而趋善避恶。对于有德之人,道德具有强大的力量与作用,然而,对于那些没有道德良心与信念的人,道德往往难以发挥作用,常常显现出脆弱性与软弱性,而法律规范的确定性、外在强制性,则弥补了道德的抽象性与软弱性。在这个意义上可以说,法律就是为弥补道德的“不能”而产生的一种补位性社会调节方式。正如古希腊哲人柏拉图所言:“如果所有的人都是理性的和有美德的,就不需要法律和国家;一个完全有美德的人是受理性支配而不是受外在法律支配。但是很少有人是完善的,因此有必

要用法律来确保我们的真正善的实现。这样，国家就是因为人性的不完善而产生。”[8]简而言之，弥补道德“不能”的缺陷是法律的使命。所以，道德与法律在调整范围宽窄、规范要求高低、制约程度刚柔、约束方式自律与他律、干预方式滞后与预防等方面是相倚互补的。

法律与道德在调节范围上具有宽窄互补性。道德既管人行，也管人心。道德不仅协调所有的社会利益关系及其矛盾，而且触及人们的心灵和行为动机，即对人们的思想观念、情感信念等精神领域也进行干预，而法律只调整能够进行行为类型设置的那些既涉及人们的重要利益关系又具有社会普遍性的行为类型。因为法律是一种典型的因果关系的行为模式，法律因果关系的确定性与惩罚的后果论特征致使缺乏客观性的因素难以入法。所以，在某种意义上可以说“法律仅与外部行为有关”[9]。正是由于法律不干涉人的内心世界以及行为动机的善恶，只管一部分社会利益关系及其行为，所以，法律无法调节的思想、动机、行为、社会利益关系等都将由道德来协调。在这个意义上，道德对法律的调节范围具有补漏的作用。

法律与道德在规范要求上具有高低层次的互补性。道德要求是多层次的，既有常德，也有美德和圣德，而法律只侧重道德的基本要求，即底线伦理，只有极少数规范会涉及美德伦理的内容，如前面所述的见义勇为等。法律只管社会和人性难以容忍的恶行或严重危害社会秩序的行为。“只有在为了确使个人私域免受他人干涉而必须使用强制的场合，使用强制才是正当的，而在不需要使用强制去保护其他人的场合，则不得使用强制去干涉个人的私域。”[10]具言之，法律对人性和社会秩序兜底，道德则引领人性向上，发挥人的道德主体性，为人的向善能力提供了广阔的空间。道德既禁止人们作恶，又倡导人们为善；法律只禁止人们作恶，一般不要求人们行善，除非对特定行善行为有专门的法律规定。道德的劝善与法律的惩恶相互补充、相得益彰。

法律与道德在制约程度上具有刚柔互补性。道德是一种弱规范性形式，不仅道德原则、规范本身的要求具有抽象性、笼统性，而且对人们的要求也是以劝导、建议、希望、鼓励等方式进行价值引导，做不做善事取决于个人意志，社会成员具有道德选择的自由。正是由于人们有道德选择的自主性、自愿性、自知性，才会有道德责任。为此，恩格斯说：“如果不谈所谓自由意志、人的责任能力、必然和自由的关系等，就不能很好地议论道德和法的问题。”[11]道德自由是道德责任的前提，为人们的向善力提供了广阔的空间。而法律凭借国家强制力，不以个人意志为转移，对人们的行为要求具有必行性。“法律平等地适用于每一个人,同样地约束每一个人,而不论每个人的动机如何。这是法律的核心。”[12]法律作为国家意志和社会理性,不以任何个人意志为转移,一经制定和颁布,无论个人多么不情愿,也要一律遵守,个人没有选择的自由。

法律与道德在约束方式上具有自律与他律的互补性。道德靠社会舆论、个人良心、荣辱感、信念、信仰等形成内在约束力,具有慎独境界和天道义理信念。人们自己主动约束其任性的自利行为或投机行为,尤其是面对利益诱惑,人具有道德定力,能够坚持道德信条,不为非义之利所动,做到洁身自律。法律要求和规定的命令性,是一种外在的社会规制,是一种权威性的社会理性要求,带有强迫性。正是法律的强制性所形成的违法必罚的稳定社会行为预期,使社会成员在法律成本、法律风险的利益权衡中唯恐惩罚失利而守法,完全是一种利导行为方式。值得注意的是,法律以惩罚为核心的外在制约的成效,不是自然而然就有的,而是需要一定条件保障的,即在法律制度健全且违法必究的社会中,法律实现了亚里士多德所说的“矫正性公正”,法律成本大于违法收益,法律对人们牟利投机的企图与行为才会产生钳制作用。事实上,一个民族或国家进步与文明的表现,表层是行为合规则性,人们具有规则意识,但最为根本的是社会上大多数成员具有良知和理性。良知和理性追求的是正义公平公正,法律追求的也是正义公平公正,二者目标一致,但发力点不同,良知与理性是个体的自我修养和自律精神形成的内在约束力,法律是以强制的规定与惩罚为基础的外在约束力。

法律与道德在干预方式上具有补救性与预防性的互补性。道德不仅善化人们的心灵,而且也对人们的行为进行善恶褒贬的评价,因此,道德既禁于将然之前,也禁于已然之后。马克思主义人学理论认为,人的行为是有目的、有意识的能动自觉活动,即人的行为是受思想支配的。基于此,道德对人的教化,就不仅局限在行为的合规上,更注重对人们的一些不良思想动机的引导,以避免危害性后果的发生。所以,道德既管人的外在行为也主人心。与道德的预防作用相比,法律仅禁于已然之后,只对那些已违法的行为进行惩处,即思想层面的不良动机在没有实施行为之前,法律一般无法进行干涉。显然,法律惩治的是犯罪的行为。为此,马克思认为,“惩罚在罪犯看来应该是他行为的必然结果,因而也就应该是他本身的行为。他受惩罚的界限应该是他的行为界限”[13]。法治与德治相结合的第三个要义是,在社会治理中,要发挥好二者各自的独特功能而合力共治,反对随意侵占对方领地的乱作为。事实上,从实践角度来讲,法律与道德功能互补发挥的好坏是衡量社会管理者智慧与水平的重要方面。

孟子曰:“徒善不足以为政,徒法不能以自行。”[14]法律作为成文的道德,是任何社会组织和个体都必须要遵守的行为准绳;道德作为人们内心的法律,是社会心理文化的基石,唯有二者有机结合而互补互济、协同发力而同向共振,达至“法安天下,德润人心”[15],才能在推进国家治理体系和治理能力现代化过程中实现良法善治的和谐社会。

【参考文献】

[1]马克思主义理论研究和建设工程重点教材《法理学》编写组.法理学[M].北京:人民出版社,高等教育出版社,2011.

[2]阿奎那.阿奎那政治著作选[M].马清槐,译.北京:商务印书馆,1963.

[3]陈允,应时.罗马法[M].北京:商务印书馆,1931.

[4]庞德.法律与道德[M].陈林林,译.北京:中国政法大学出版社,2003.

[5]博登海默.法理学——法律哲学与法律方法[M].邓正来,译.北京:中国政法大学出版社,2004.

[6]富勒.法律的道德性[M].郑戈,译.北京:商务印书馆,2005.

[7]王淑芹,曹志瑜.道德法律化正当性的法哲学分析[J].哲学动态,2007(9).

[8]梯利.西方哲学史[M].贾辰阳,解本远,译.长春:吉林出版集团有限责任公司,2014.

[9]庞德.法理学:第二卷[M].封丽霞,译.北京:法律出版社,2007.

[10]哈耶克.法律、立法与自由:第二、三卷[M].邓正来,等译.北京:中国大百科全书出版社,2003.

[11]马克思,恩格斯.马克思恩格斯文集:第9卷[M].北京:人民出版社,2009.

[12]德沃金.认真对待权利[M].信春鹰,吴玉章,译.北京:中国大百科全书出版社,2002.

[13]马克思,恩格斯.马克思恩格斯全集:第1卷[M].北京:人民出版社,1995.

[14]杨伯峻.孟子译注[M].北京:中华书局,2008.

[15]习近平.坚持依法治国和以德治国相结合推进国家治理体系和治理能力现代化[N].人民日报,2016-12-11(1).

道德教育在何种意义上可抵制道德冷漠

袁和静[①]

【摘要】当前“道德冷漠”行为严重刺激社会神经与公众眼球,本文从道德教育层面讨论如何抵制道德冷漠。道德教育能够营造道德氛围,能够克服无意识道德冷漠流弊,能够打造道德自我反思思维,能够重构道德行动动力。

【关键词】道德教育;道德冷漠;道德氛围;道德反思

中国当下社会道德问题已然成为社会普遍热议的焦点问题,社会无德行为和各类病态事件在社会不同领域屡屡发生,如小悦悦事件、“毒食品”事件、复旦投毒事件、厦门纵火案、各类权力腐败案件等,对政府公信力和社会风气产生了严重的负面影响。其中社会道德冷漠问题更引人注目,严重刺激了社会的神经系统与大众的眼球。正如学者龙静云所言,中国的道德状况是一幅“感动与疼痛交织、忧虑与希望同在、主流进步与问题突出并存”[1]的复杂图景。面对道德冷漠现象,有学者认为“道德教育成效的微弱已成为有目共睹的事实”[2],提升道德教育来抵制道德冷漠现象是现实所迫,尤为必要。因此,深层次讨论道德教育的价值和意义问题是本文的核心命题。

一、道德教育能够营造道德氛围

当前道德冷漠事件频发的主要原因在于缺乏良好的社会道德氛围。从全社会来营造贬抑行为之恶和褒扬行为之善的社会道德氛围是现实所迫,只有良好的道德氛围与舆论环境才能形成强大的震撼力和威慑力,使坏人坏事受到集体谴责与惩罚。在道

① 袁和静,北京中医药大学马克思主义学院副院长,研究方向为思想政治教育。

德赏罚制度、社会舆论营造、道德监督机制缺乏全方位保障的情况下,唯有通过道德教育来进一步营造道德氛围。

一方面,道德教育可以从价值观教育和理论文化建构方面塑造道德氛围。如葛晨虹教授所言:“改革开放发展中,社会精神文明和国民素质在许多方面得到了建设和提高,但从整体看,国民素质参差不齐也是一个明显事实,民众价值观和道德水平也存在较大差异。”[3]特别是在市场经济发展过程中,商业文化和功利气息的弥漫,使物欲主义、功利主义、奢华主义、消费主义、个人主义等价值观念充斥整个社会,从而导致社会观念与群体心态发生转变,出现道德冷漠行为。同时,市场文化不仅冲击了价值观导向,也使得理论文化出现错位和缺位现象,理论建设缺乏社会认同根基与情感支柱。因此,可以通过道德教育着重从价值观导向与理论建构方面抓起。

另一方面,道德教育可以通过隐形教育方式营造道德氛围。道德教育不在于集体灌输与外在强制学习,关键在于隐形渗透与贯彻。一般而言,道德观念与理论形态具有较强的理论性、抽象性和概括性,因此,道德教育必须以喜闻乐见的形式扎根于社会教育之中,融入群众生活,切实为大众所接受;道德教育要用简单活泼的大众话语代替深奥的理论表述,逐步增强理论文化的感染力和渗透力,使其化为人民群众的情感、意志和信念,成为人们的自觉追求和自愿行为,从而使道德理论内化为价值观念,外化为自觉行动;道德教育还要有效整合主流媒体、网络媒体以及民间传播等多种方式,以“润物细无声”的形式达到道德理论体系在社会领域中的春风化雨。

二、道德教育能够克服无意识道德冷漠流弊

社会道德冷漠现象的发生与责任分散效应或无意识道德冷漠密切相关。责任分散效应主要是指,当需要帮助的紧急情境发生时,由于有很多人在场,每个人都会认为自己所应承担的责任相应减少。就个体而言,如果只有他一个人在场,他可能会把责任看成百分之百,而当很多人在场时,他会认为责任是大家的,每个人都应承担一份责任,这一现象在心理学上被称为“责任分散效应”。

2011 年 10 月 13 日发生在广东佛山南海黄岐广佛五金城的小悦悦事件中,两岁的小悦悦相继被两车碾压之后,短短 7 分钟内路过的 18 名路人都视而不见,漠然离去,最后一名拾荒阿姨陈贤妹上前施以援手。以责任分散理论来分析,很多人都在场

的情况下，群体的规范和内聚力变得失调，每个人的责任都被分散，大家普遍存在“我不去救，还有别人去救”的心理状态。然而，当大家都认为别人会承担某种责任时，恰恰没人承担。由每个人所共同承担的责任已经不断被细化，甚至有的责任主体已经把本有的道德责任当作漂流瓶而任意丢弃，当社会的不道德事件刺痛民众的神经时，大家纷纷谴责社会，指责当事人，对社会道德状况表示遗憾和焦虑，然而事实却是我们共同承担的责任被不断地肢解、割裂，甚至消解，最终出现的局面就是“有罪过，但无犯过者；有犯罪，但无罪犯；有罪状，但无认罪者”[4]。虽然这种现象的普遍存在带来了集体冷漠的结果，但心理学家认为该事件不能单纯被归因于社会冷酷无情或者道德沦丧。

要克服由责任分散效应带来的无意识道德冷漠，道德教育必须担负起职责，教育社会和民众每个人的责任都是至高和神圣的，是不能转移、无法替代的。个体存在的标准之一就是通过责任来展现的，有些社会的责任是作为人不能随意拒绝与转嫁的。诚如列维纳斯所说：“做人意味着……是我维持着他者，是我应当为他者负责……我的责任是不可转移的，无人可替代。实际上，就是说做人始于我的责任……责任是我独自负有的，是我作为人所不能拒绝的。这种责任是唯一的最高尊严。我是我的唯一标准就是：我是负责任的。”[5]所以，责任教育就成为道德教育的重要使命，当然道德教育或者责任教育不仅靠学校，更需要社会各界共同重视，不断弥补道德教育中的空白点。唯有不断加强责任教育，才能真正克服无意识道德冷漠流弊。

三、道德教育能够打造道德自我反思思维

改革开放以后，我国的社会结构发生深刻变化，最重要的莫过于由“熟人社会”向“陌生人社会”的转变。在“熟人社会”或者乡土社会，每个人都是“从自己推出去的和自己发生社会关系的那一群人里所发生的一轮轮波纹的差序”[6]。在“差序格局”状态中，伦理关系简单明确，大家以自我为中心，以血缘为纽带，形成亲疏有别、爱有差等的伦理秩序。而进入“陌生人社会”以后，社会交往变得复杂，人际信任降低，道德能否实现取决于个人的道德自律和道德反思。因此，“事不关己高高挂起”的律条竟然成为多数人的道德信仰，使得道德资源变得稀缺，人格变得平庸。应该说，每个有道德能力的人都是道德的主体，都应该适时进行道德的自我反思，进行负责任的道德选择，

首先以自我的道德责任标准来衡量自己的所作所为，而不是挥动道德的准绳去任意评论别人的行为，否则道德责任就失去了最基本的道德根基，道德冷漠的存在随之成为普遍。康德说："人，每一个在道德上有价值的人，都要有所承担，没有任何承担，不负任何责任的东西，不是人而是物件。"[7]

道德冷漠者或者是一种无意识行为，或者是将个人与社会隔离，固守在属于自己的狭小圈子里，扭曲社会关系。法国哲学家萨特说过："如果与他人的关系被扭曲了，被败坏了，那么他人只能是地狱。"[8]同样的，自己对于他人而言，也是他人的地狱，因此，道德冷漠不仅仅是对于他人和社会的袖手旁观，同时也是对于自我和人性的冷漠。别尔嘉耶夫认为："人悬于两极：既神又兽，既高贵又卑劣，既自由又受奴役，既向上超升又堕落沉沦，既弘扬至爱和牺牲，又彰显万般的残忍和无尽的自我中心主义。"[9]为此，道德教育的目标之一是打造道德自我反思思维，汇聚正能量，树立新道德榜样，培养能够进行自我反思，"具有理性道德的人，对道德规则的内容、原因和内在价值具有充分的理性认识，对道德基本原则怀有理性热情，并且能够将它们自觉地运用于行为中的人"[10]。主体道德心理的形成，道德行为的践履都以道德自我反思为基础，面临道德情境，感受道德现象，形成道德印象，其中都需要道德思维的加工处理，将道德信念、道德目标、道德规范转化为稳定的道德人格，通过道德判断和推理，树立道德角色，进入道德实践，落实道德行为，杜绝道德冷漠，这便是道德教育的重要价值目标和意义所在。

四、道德教育能够重构道德行动动力

道德冷漠现象并不是现代社会的"标记"，19世纪末，美国传教士明恩浦在《中国人的特性》中，记载过旁观者对落水者见死不救、冷眼旁观甚至趁火打劫的情形。他描述的现象虽不普遍，但也折射了道德冷漠现象存在的长期性。而道德冷漠反映出的主要问题是社会成员缺乏基本的道德行动动力，面临突发情形时，不出手相救而仅充当"看客"，作为漠然的"局外人"，"贵"在不参与。市场化发展所需要的理论原则与价值规范已然无法解释和应对当今道德冷漠状况，逐步产生了信任危机与道德悲剧，更加导致社会群体缺乏基本的道德行动动力。如学者王珏所言，文化多样、利益多元的"后单位时代"集体道德行动呈现出不同于单位制度时代的道德行动逻辑，调查数据表明,单位组织集体道德行动的特征及其规律,具体表现在道德行动方向多元、道德行动动力不足及道德行动能力欠缺上。[11]

为此,道德教育的目标之一就是重构道德行动动力,改变社会集体道德行动动力不足的现状。在古希腊亚里士多德的学说中,道德行动的动力主要来自行动者本身理性思考、情感认同、充分慎思的基础之上,取决于行动者的价值选择。而道德行为要合乎道德要求,行动者必须处于以下情形:"首先,他必须知道那种行为;其次,他必须是经过选择而那样做,并且是因那行为自身故而选择它的;最后,行为者必须是出于一种确定了的、稳定的质量而那样选择的。"[12]亚里士多德的道德学说为当今的道德教育提供了理论指导,为了更好地重构道德行动动力,首先,道德教育必须明确何谓"道德行为",让社会每一个人懂得"道德行为"的必要性和重要性;其次,"道德行为"的选择是自愿的、发自内心的抉择;最后,选择"道德行为"的根本在于培养每个人的道德质量,如通过各种教育形式树立道德良知,坚定道德信仰,培养道德情感,坚守道德底线,牢记道德责任,拥有道德勇气,知晓道德荣辱。唯有如此,才能重构道德行动动力,逐步抵制社会道德冷漠现象。

【参考文献】

[1]龙静云,熊富标.当前我国道德领域的突出问题及其深层原因探析[J].伦理学研究,2003(1):71-77.

[2]肖霞.从道德的功利性看"道德冷漠"的矫治[J].胜利油田党校学报,2007(2):33-36.

[3]葛晨虹."道德冷漠"及社会道德问题思考[J].苏州大学学报,2012(2):31-34.

[4]鲍曼.后现代伦理学[M].张成岗,译.南京:江苏人民出版社,2003:21.

[5]王振林.透视后现代伦理学[J].人文杂志,2004(6):20-23.

[6]费孝通.乡土中国 生育制度[M].北京:北京大学出版社,1998:27.

[7]康德.道德形而上学原理[M].苗力田,译.上海:上海人民出版社,2002:7.

[8]萨特.他人就是地狱:萨特自由选择论集[M].周熙良,等译.西安:陕西师范大学出版社,2003:10.

[9]别尔嘉耶夫.人的奴役与自由[M].徐黎明,译.贵阳:贵州人民出版社,1994:28-29.

[10]彼得斯.道德发展与道德教育[M].邬冬星,译.杭州:浙江教育出版社,2000:210.

[11]王珏."后单位时代"集体道德行动的特征及其规律——基于社会调查的实证研究[J].道德与文明,2010(4):135-139.

[12]亚里士多德.尼各马可伦理学[M].廖申白,译.北京:商务印书馆,2003:9.

论道德冷漠及其纠正

杜　凡①

【摘要】亲社会行为发生的决定性因素包括移情能力、对德福一致的信仰、道德责任感等。道德冷漠产生的主要原因是德福关系失衡、道德规范相对化、道德观多元化、道德共同体归属感衰弱、道德责任分散等。为了纠正道德冷漠，培养亲社会行为，社会要完善德福一致的偿善养德机制，个体要注重移情能力的培养，坚定德福一致的信念。

【关键词】亲社会行为；道德冷漠；德福一致

一、亲社会助人行为的产生

道德冷漠是指对身处困境者缺乏同情、推卸道德责任、拒绝进行援助的道德态度以及行为。亲社会助人行为是“一种有利于他人的助人行为，这种行为不一定给那些施助者带来直接的利益，甚至还可能给他们带来风险”[1]。因此，亲社会助人行为是对身处困境者产生移情，基于内心深处的道德责任，本能地涌起对其施以道德关怀的内在冲动，进而把这种冲动转化为现实的道德救助行动。道德冷漠阻抑亲社会助人行为的产生，是与亲社会助人行为对立的消极性道德表现。

亲社会助人道德人格具有较强的移情能力。移情是对他人情绪的一种复杂的情感和认知反应，一般包括两种：一是“想象他人”，想象其他人如何感知一件事情以及他或她的感受；二是“想象自己”，想象如果自己在那种情景中会有什么样的感觉。强烈的移情可以产生同情，感觉到受助者的苦乐，就像自己的苦乐一样，会使行为人进行

① 杜凡，北京工商大学马克思主义学院副教授，研究方向为中国传统文化。

换位思考，引发亲社会助人行为的动机，所以孟子曰："恻隐之心，人之端也。"(《论语·里仁》)

亲社会助人道德人格相信社会是公正的，"好人好报，恶人恶报"，德福必然一致。当代行为科学用大量的事实证明，引导人们道德行为选择的最根本的动因是行为人对其行为结果的预期，这种预期建立在人们对行为结果的酬赏—代价分析基础之上，认为道德的行为将会受到奖赏，不良行为将会受到处罚。边沁说："自然把人类置于两个至上的主人——'苦'与'乐'——的统治之下。只有它们两个才能指出我们应该干什么，以及决定我们将要怎么做。"[2]所以，个人遵守道德规范的动机要求社会给予一定的功利回报，维持德福一致。对此，爱尔维修看得清楚："道德的力量常常是与人们用以奖赏它的快乐程度成正比例的。"[3]如果这种回报不能在现实中得到，也必须许诺在来世会实现，即使道德义务论者康德，面对德福不一致的局面也不得不借助于上帝的力量，把道德义务论建立在三个著名的公设基础之上：灵魂不朽，上帝存在，意志自由，求助于宗教，求助于灵魂不死，用来世的至善来鼓励人们在德福不一致的社会中去追求美德。对这一点，孟德斯鸠看得真切，"宗教，哪怕是谬误的宗教，乃是人品的最好担保"。

亲社会助人人格具有强烈的道德责任感。功利回报虽然是助人的一种动力，但是，亲社会助人者从事道德活动时并非都仔细权衡了利害关系以后才去做的，有时事情的发生令行为者根本不可能细想，或则知道会牺牲自己的利益甚至生命也会选择帮助他人，表现出强烈的道德义务感。人们在"尽自己的义务并非为了自己得到快乐，甚至不是为了别人的快乐(有时从这义务得利的并非我们喜欢的人)，而是为了使自己'心安'。我们履行了自己的义务，我们才感到心安"[4]。因此，正是出于道德责任，许多人在做了好事却未得好报，甚至还被他所救助的人所诬陷时(康德称之为"苦涩的功德")，并不觉得后悔和抱怨，而是一如既往地去做。每一个社会，每一个历史阶段，都会有一些不为世俗功利所动，一心追求真、善、美，充满德性的人存在；绝大多数人也都有过一些不为个人利害得失的德行义举。亲社会助人者常常会认为："它(义)是绝对命令。社会中的每个人都有一定的应该做的事，必须为做而做，因为做这些事在道德上是对的。"[5]

行为科学认为人们在遇到突发事件采取亲社会的助人行动之前一般要经历以下几个步骤：第一步，行为人必须注意到突发事件，意识到有人需要帮助。日常生活中的人们会忽略或过滤许多身边的事情以避免信息超载,所以,事件突然发生的时候,人们常常在关注自己的事情,并不一定注意并意识到有人需要帮助。如果人们太忙了,以至于无法注意到周围的环境,他也可能不会注意到周围有需要帮助的人和事情。第二步,行为人认为自己有帮助的道德责任。当一个人注意到外部事件,并且认为有人需要帮助时,亲社会助人行为的发生取决于这个人是否认为自己有责任提供帮助,愿意承担行动的责任。人们可能认为遇困者是咎由自取,应该自己负责,或者应该由政府部门提供帮助。第三步,行为人要具备提供帮助的技能。一个愿意承担责任的旁观者,有可能还是提供不了什么帮助,因为他可能不知道如何提供帮助,比如一个会游泳的人会更有可能帮助落水者。第四步,行为人具有较强的道德行动的意志,能克服对潜在消极后果的担忧,最终决定帮助别人。

二、道德冷漠的致因

新中国成立初期的50年代,整个社会洋溢着助人为乐的道德热情,扶困济危、见义勇为的亲社会行为蔚然成风,被誉为新中国道德建设的“黄金时期”。然而,在当下社会转型的过程中,见义不为的看客越来越多,亲社会助人的热情渐渐冷淡。为什么随着物质生活的不断提高,道德冷漠却仿佛日益严重,亲社会助人行为却相对减少了呢?

奖惩机制失衡打破了对德福一致的信仰。一方面,物质报酬对道德行为的补偿不到位。转型时期,政府不能总是及时履行道德义务,导致见义勇为之举常常得不到补偿,英雄往往“先流血,后流泪”,“光荣一阵子,痛苦一辈子”,德福一致的道德奖惩机制严重失灵,“崇高是崇高者的墓志铭,卑鄙是卑鄙者的通行证”却频频成为现实。同时,亲社会道德风险却不断增加,救助一位被车撞的老人有可能被认为是肇事者,追赶小偷致其被车撞死的人可能会卷入法律纠纷,扭曲的德福关系使人们面对道德选择时顾虑重重。另一方面,个人名誉失去了评价载体。社会转型之前,相对静止的传统生活形成了稳定的村落、单位、家属院等熟人道德共同体,这些小规模的道德共同体不仅是成员物质生活资料的源泉,也是其人生价值所寄,用经济、政治、情感纽带把成员紧紧联结在一起,成员之间的赞扬和谴责形成了强大的舆论场,对行为者构成了有效的道德干预,所谓“千夫所指,无疾而终”揭示出熟人道德共同体对于败德行为冷酷而有效的惩罚,道德冷漠是以很难在熟人共同体中发生。但是,伴随迅猛的城市化浪潮,陌生人从四面八方涌入城市,经济实力决定住在一个社区的邻居缺乏联系,社区难以对成员的行为进行有效的评价,舆论丧失了生存载体,道德失去了外界监督。

对道德共同体的归属感下降。首先,腐败和不公正现象导致国家道德形象相对下降,道德共同体的吸引力衰减。推行市场体制的进程不可避免地产生了腐败和暂时的不公正现象,这些改革中的负面产物腐蚀了党和国家的道德形象,使其道德号召力被削弱,人们对国家作为道德共同体的信赖感、归属感产生动摇,道德信念随之动摇,道德积极性受挫。正如孔子所言:“君子之德风,小人之德草,草上之风,必偃。”官风、官德不正,对社会道德有着巨大的杀伤力。其次,社会利益矛盾使人际关系疏远,降低了社会的凝聚力。社会转型衍生出的利益冲突引致了群体与群体之间的隔阂,强势阶层和利益集团为谋取和维护自身利益表现出的职业道德冷漠与霸道行径,不但引发了群体之间的利益矛盾,也不断在穷富、干群、医患、城乡、劳资等群体之间滋生隔阂、冷漠,甚至是敌意,转型以前被强化的阶级友情逐步瓦解,人们之间更加强调公正平等的公民关系。此外,市场经济的等利交换原则不断侵入社会各个领域,泛化成了其他领域的行为准则,使得社会越来越呈现出经济共同体的特征,逐渐失去了互帮互助互爱的道德共同体的功能。

道德规范相对化,道德理想淡化。传统道德规范逐渐受到价值多元化、道德相对主义的影响,道德相对主义肯定道德的复杂性和变动性,主张道德判断从实际出发,尊重道德选择的自主性,因此具有一定的积极意义;但是,道德相对主义否认道德判断的客观标准和普遍有效性,质疑传统道德规范的绝对性,强调道德的特殊性和偶然性,对道德实践产生了越来越严重的消极影响。例如,美国著名神学家 J. 弗莱彻就认为人的行为“没有现成的戒律可供依从,每个人都要依照自己对条件和后果的判断为自己做出道德决断”[6]。这样,相对主义对价值体系的颠覆,导致部分社会成员道德理想虚无化,内在道德信仰被瓦解,崇高的道德人物不再成为受人尊敬、学习的榜样,“躲避崇高”成为“理性的”价值取向。

道德责任感分散是道德不作为的重要原因。人们想当然地认为随着围观者数量的增加,亲社会助人行为的可能性必然增加,因此常常感叹“众多的围观者中没有一个伸手相援的”。行为科学的实验证明,围观者随突发事件的发生和结束忽聚忽散,构成一个“临时性陌生人群体”,每个无身份者都隐匿在群体之中,把临时群体作为屏蔽社会舆论的盾牌。随着围观者数量的增加,道德责任随之发生扩散,如果现场只有一个旁观者,他或她就承担全部责任,如果有两个旁观者,每个人就各自承担50%的责任,旁观者的数量越多,每个人承担的责任就越少。因此,当旁观者的数量增加时,任何一个旁观者提供帮助的可能性反而减少了,即使是那些采取行动的人,在行动之前的反应时间也会比平时长一些(见图1)。

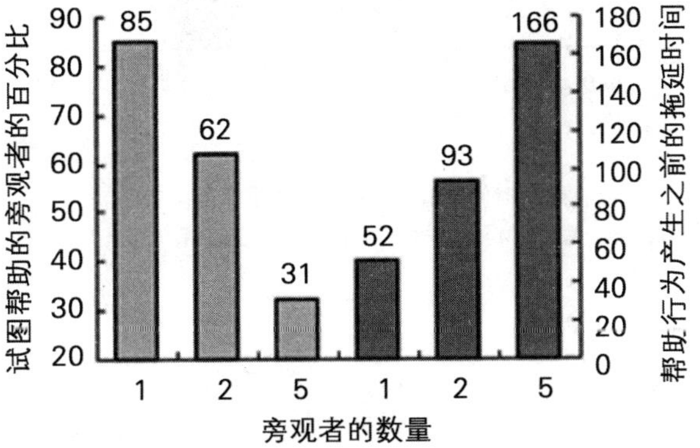

图1　旁观者与伸手救援者之间的数量关系图

资料来源:巴伦,伯恩.社会心理学[M].杨中芳,等译.上海:华东师范大学出版社,2004:393。

道德价值观的多元化也会阻抑亲社会助人行为的产生。人们常常关注亲社会行为人的行为发生原因,往往忽视受困人的个体状况也是影响其是否被救助的原因。由于人们更倾向于救助和自己相似的人,而有着社会所反感的行为和价值观的受困者,被救助的可能性会降低。实验证明,如果陌生人请求路人帮忙拨个电话给其朋友,90%的男性会同意,70%的女性会同意。但是,当人们知道对方的朋友和他是同性恋关系时,只有30%的男性和35%的女性愿意提供帮助。[7] 所以,道德价值的多元化使人们之间的认同更加困难,会阻抑亲社会行为的产生。

紧张的生活节奏使人们无法注意到身边需要帮助的人。改革开放以来,随着市场经济体制的确立,人们承受着日益严峻的竞争压力,时间就是效率,生活节奏越来越快,人们无暇顾及或者注意不到周围需要帮助的人。实验证明,时间的紧迫程度和亲社会行为有着较高的相关性(见图2)。

当被测试者路过一个在门口精神萎靡并不断咳嗽、呻吟的陌生人时,如果被测试者在到达目的地前有充足的时间,能意识到身边发生的突发事件,63%的人会停下来提供帮助,在那些时间刚好的被测试者中,有45%的人提供了帮助,当被测试者被告知他们到达目的地的时间紧迫时,只有10%的人停下来并提供帮助。

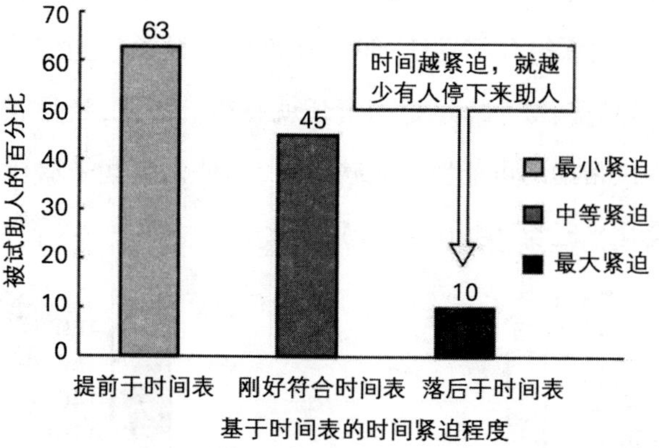

图2　时间紧迫性与社会行为发生的关系图

资料来源：巴伦，伯恩.社会心理学[M].杨中芳，等译.上海.华东师范大学出版社，2004：507。

三、道德冷漠的纠正

针对如何纠正道德冷漠，培养亲社会助人行为，让善心者做出善举，需要保证英雄得到相应的回报，为见义勇为者解除后顾之忧。道德冷漠的纠正，亲社会助人行为的培养必须从个人和社会两方面入手。

培养个体的移情能力。亲社会助人行为产生的第一个因素是移情作用，影响移情的因素有内在生理基因遗传因素和外在后天因素。研究认为，基因遗传因素仅仅起到1/3的作用，外部因素的作用占到2/3，[8]在外部因素中，影响移情的主要是周围的榜样作用。正如荀子所说："可以为尧舜，可以为桀跖，可以为工匠，可以为农贾，在势注错习俗之所积耳。"(《荀子・荣辱》)孩子们通过电视看到亲社会的助人道德模范故事之后，更易于做出亲社会行为。在一个对电视影响的研究中，第一组孩子看了一个营救人的故事，第二组看了一个与亲社会无关的片子，第三组看了一个幽默片段。看完之后，孩子们一起玩游戏，赢家可以获得奖金。游戏中，实验安排这些孩子经过一群饿得乱叫的小狗，帮助它们会失去获奖的机会。孩子们的决定和他们看到的电视片有很大关系。那些看了营救片的孩子更有可能停下来，花更多的时间安慰那些小狗，而观看其他电视节目的孩子则很少停下来。现实中的大人也是如此，在一个实验场地，一位年轻女子(实验助手)的车胎漏气了，她把车停在路边，如果司机们在先前驶过的地方看到过有人帮助一个出了问题的女子，他们更可能停下来帮助这位女子。因此，高尚的道德理想必须在积极健康的舆论环境中培养。当下,网络媒体被西方学者称为与国家的行政、立法、司法相并列的“第四种权力”,成为影响人们思想和行为的重要力量,我们要切实贯彻《公民道德建设实施纲要》,“要坚持以科学的理论武装人、以正确的舆论引导人、以高尚的精神塑造人,以优秀的作品鼓舞人”,发挥媒体的道德建设功能。2007年举行的第一次全国道德模范的评选和宣传活动,推选出一大批令人感动的道德榜样和事迹,引起了民众广泛关注和积极的社会效应,道德教育宣传的重要性正如章太炎所说:“因政教则成风俗,因风俗则成心理。”因此,“广播、电视、报纸、刊物等大众媒体,要坚持团结稳定鼓劲、正面宣传为主,牢牢把握正确舆论导向,满腔热情地宣传两个文明建设中涌现出来的、反映新时期道德要求的新事物、新典型。要利用群众喜爱的名牌栏目,加强对社会普遍关注的道德热点的引导。要积极开展舆论监督,有力地批评背离社会主义道德的错误言行和丑恶现象”(《公民道德建设实施纲要》)。近期,国家广播电视总局对全国电视节目清理整顿,对大量低俗节目叫停的举措就得到了广大观众的支持和赞扬。有学者认为,五六十年代,我国媒体宣传对信息进行筛选与取舍,推出了一大批英雄人物和事迹,确保主流意识形态思想的强大舆论优势,有力地提升了社会的精神风貌,帮助人们树立了崇高的道德理想,这是当下道德教育的宝贵财富。

个人要坚定德福一致的信仰。一般而言,品德和物质幸福具有正相关性,基本上是一致的,但有时候也会出现让人们感慨的有德无福的现象,例如,颜回、雷锋英年早逝,当然这里的“福”主要指物质幸福。但是,这也没有违背德福一致的规律,这是因为,物质幸福的实现并非由品德单独决定,还受到才、力、命、德等内外因素的综合影响。个人努力程度、机遇、理想高低也常常决定理想能否实现,能否得到幸福,一个勤奋、有天赋的运动员,在训练中可能意外受伤;一个将军,可能出师未捷身先死。品德低劣之人一生拥有物质幸福并非他品德低劣的结果,而常常是其他因素所致;同样,品德高尚者一生不能获得物质幸福也常常不是他的品行带来的,而是其他因素引起的。品德只能保证良心幸福,而不能绝对保证物质幸福,所以,品德好的人,要想获得幸福还必须有才、努力、机遇好、理想适度。在其他因素确定的情况下,一个人品德越高尚,他的幸福就越容易实现,德福就越一致。

社会要健全德福一致的偿善养德机制。如果国家和社会能够有效确保每一个人在实施道德行为后得到功利上的回报或惩罚,维护“好人好报,恶人恶报”的道德奖惩机制良性运转,就会促进人们普遍养成遵守道德规范的习惯,久而久之,谋取功利作为遵守道德的原初动机就会逐渐退出行为者的意识。经过人类一代又一代遵守道德—获得幸福的循环生理刺激,道德行为的功利性就会隐匿不彰,而义务、良心则凸显出来。于是,人们就会日益爱好美德,为了遵守规范而遵守规范,最后可以达到为了美德而追求美德的境界,即使偶尔遵守道德规范后不能够得到预期的回报也会坚持遵守道德规范,道德的功利性就转化成道德义务性。功利主义大师穆勒也说:"不特承认在利于达到目的之众多工具中,美德应位居最上,而且也应该承认这样一个心理事实,即美德可以变成从个人来看本身就是福利,此外更无别的目的的东西。"[9] 国家与社会越能满足个人道德动机的幸福回报,保证道德和功利交换的循环顺利进行,个人遵守道德规范就越有可能是义务性、无条件的,人们的道德热情就越高涨,道德冷漠必然相对减少。

对于见义勇为,建立健全保护、奖励机制。政府和社会作为道德义举的最终受益者,要为英雄们今后的生活提供制度性的保障,保障英雄们的基本权益,让英雄们得其应得,让后来者抛却后顾之忧。1991—2004 年,全国已经有 35 个省市制定了自己的见义勇为表彰条例和规定。这些保障机制大大降低了人们对见义勇为结果的顾虑,有利于弘扬正气,克服道德观望现象。但是也应当看到,道德奖惩机制的作用是有限的,道德行为每时每刻发生在社会生活的各个角落,有些道德行为甚至只有道德行为者本人在场,法律和制度无法对社会进行全景监督,不能确保每一次道德行为都能得到配当的功利回报和惩罚。而且,在具体的道德行为中,一些崇高的道德行为是可以预见得不到功利回报的,行为人的牺牲也是无法补偿的。提倡建立德福一致的社会保障机制,并非把功利作为个体道德行为的目的和动机,对于个人而言,德福一致是一种因果关系,不是目的手段关系。

对于见义不为的道德冷漠行为进行适度惩罚。对于某些见义不为行为,政府应谨慎地进行立法惩治,例如,1994 年《法国刑法典》新增一项罪名"怠于给予救助罪",该罪规定,"任何人故意不采取或故意不唤起能够抗击危及人们安全之灾难的措施,且该措施对其本人或第三人均无危险的,处 2 年监禁并课以罚款 20 万法郎罚金"。事实上,在德国、西班牙等国的刑法典中,都有"见死不救罪"。我国目前还没有针对见危不救的法律规定,这使见义不为者有了逃遁的空隙,可以光明正大地推卸自己的道德责任而无须承担任何后果。但是,值得注意的是,道德主体的境遇复杂,当事人的不作为受到多种主、客观情况的影响，或者当事者不具备针对性技能。如果道德被过度法律化，要么在实践中不可避免地会使法律“纸面化”，损害法律的尊严和权威，要么强行入罪，带来道德专制，毁灭道德。所以，外部奖惩机制不是万能的，勉为其难将带来道德上的灾难，对于分外的道德义务，必须由个人在道德理想的指引下，自发自愿完成。

由此可见，纠正道德冷漠，培育亲社会行为，社会承担着维护德福一致的责任，要确保“好人好报，恶人恶报”的信念，增强社会的归属感，成为“道德的社会”；同时，个体要培养自己的道德移情能力，提高自己的道德责任，树立高尚的道德理想，追求人格完善，成为“道德的人”，只有在个人与社会良性互动中亲社会行为才会逐渐增加。

【参考文献】

[1]巴伦，伯恩.社会心理学[M].杨中芳，等译.上海：华东师范大学出版社，2004.

[2]周辅成.西方伦理学名著选辑：下卷[M].北京：商务印书馆，1987：210.

[3]爱尔维修.论精神[M].杨伯恺，译.上海：辛垦书店，1928：116.

[4]何怀宏.底线伦理[M].沈阳：辽宁人民出版社，1998：78.

[5]冯友兰.中国哲学简史[M].北京：北京大学出版社，1985：52.

[6]温克勤.略谈道德相对主义[J].道德与文明，2005(5).

[7]巴伦，伯恩.社会心理学[M].杨中芳，等译.上海：华东师范大学出版社，2004.

[8]巴伦，伯恩.社会心理学[M].杨中芳，等译.上海：华东师范大学出版社，2004.

[9]穆勒.功用主义[M].唐钺，译.北京：商务印书馆，1957：38.

“道德绑架”探析

王洁敏①

【摘要】“道德绑架”是指一方当事人(或第三方)为达到特定目的,利用一定的社会道德规范,以对另一方当事人作出负面的道德评价为手段,迫使其为所不愿为的行为。依照不同标准,道德绑架可作不同类型的划分。道德绑架既是人们谋求特定利益的一种方式,也是社会道德规范的一种被滥用。道德绑架的消解离不开当事人之间利益冲突的化解、社会道德与法律错位的修复以及道德主体权利义务意识的提升。

【关键词】道德绑架;道德主体;道德规范;类型;本质特征

道德是以人的自主性为存在前提的,而“道德绑架”是对人自主性的一种胁迫,这种胁迫使道德绑架呈现为社会道德的异化,即此时道德不仅无法发挥其调节人与人、人与社会之间利益矛盾和冲突的功能与作用,而且连自身的合法性也受到质疑。如果人们不能把握道德绑架的本质,无法认清道德绑架的真相,错误地将其视为促进社会道德发展的方式而不是破坏社会道德共识的重要因素,那么,道德绑架危害的将不仅仅是被绑架的个人,还有整个社会。作为对上述潜在问题的回应,本文对道德绑架的内涵、类型及本质等问题作出阐释,帮助人们正确看待道德绑架,理性从容地看待社会道德现实,更好地认识和践行道德。

一、道德绑架的内涵

“绑架”一词本义是指用强力把人劫走。法律视域下的“绑架”通常是指用非法的

---

① 王洁敏,北方工业大学马克思主义学院副教授,研究方向为大学生思想政治教育理论与实践。

手段,在一定时间和空间范围内限制他人的人身自由,以达到某种目的的一种违法行为。这种违法行为多以暴力形式实现,具有强制性和胁迫性,会对被绑架者造成身体和心灵的双重伤害。道德绑架是指一方当事人(或第三方)为达到特定目的,利用一定的社会道德规范,以对另一方当事人作出负面的道德评价为手段,迫使其为所不愿为的行为。道德绑架一般不会对被绑架者造成身体上的伤害,只对被绑架者的精神、心理和名誉造成损害。

仅以动车让座事件为例。四川达州一位八旬老人李某,准备到成都华西医院看病,因只买到了从达州到营山的座位,到了营山后,老人借坐在旁边的座位上。车到南充后,上来了一位女大学生,她的座位正是老人所坐位子,于是女生把老人"请"了起来。老人的女儿问能否挤一挤,被女生拒绝了。大约 5 分钟后,前面一中年男子将老人让到了自己的位置。老人女儿说了句:"年轻人啊,应该多学学!"结果遭到了女生反击:"我坐自己的位置错了吗?"之后《华西都市报》在微博上发起了一个调查,在一万多被调查者中,有超过半数的人认为,这个女生没有错,还有接近半数的人认为,老人女儿不该说那样的话,有道德绑架之嫌。该事件具备道德绑架成立的各要件,属于道德绑架。

(一)道德绑架以利益矛盾的真实出现为前提

案例中的女生和老人在座位问题上存在利益矛盾,女生把老人请起来,老人就得站着,女生让座给老人,老人就能坐着,这是真实存在且发生的利益矛盾。此后,老人女儿以道德为武器指责女生就是以此利益矛盾为前提的。道德的产生和道德作用的发挥都要以个人与他人、个人与社会间出现利益矛盾为前提。没有了利益矛盾的存在和发生,道德不可能产生,道德绑架自然也不可能出现。

(二)道德绑架实施者以特定社会道德规范为依据

案例中的老人女儿就是依据"尊老"这一社会道德规范来要求女生让座给老人的,也是依据"尊老"这一社会道德规范指责女生的。既有的社会道德规范是道德绑架得以存在的重要支撑,也给道德绑架以美丽外衣。社会道德规范,如"尊老"的道德规范,是几千年来我国人民在生活过程中逐渐形成的对待老人的一种态度和做法,它经世代人们的尊奉和推崇,具有某种权威性、至上性、不可动摇性。

(三)道德绑架实施者权利义务意识淡漠

案例中,老人女儿没有意识到女生坐自己的座位是她的权利,女生没有义务为老人让座。女生让了座,那是无私利他;女生不让座,也并无不妥。在老人女儿看来,年轻人就应当给老人让座,且是无条件的。她只看到了年轻人没有给八旬老人让座,就很自然地运用道德大棒无情地打在女生身上。现实生活中有太多真实的道德绑架案例,从这些案例中不难发现一个共同点,那就是道德绑架实施者权利义务意识淡漠,往往不分时间场合、不分青红皂白地只认道德这一个"理",认为自己倚仗的道德应当全天候且无条件地被践行才对。

(四)道德绑架实施者以道德评价为武器

前面提到,道德绑架出现的根本原因在于当事人间的利益矛盾。道德绑架实施者为解决利益矛盾,可能会先向道德被绑架者提出一定要求,在遭到拒绝后,道德绑架者必定会以道德被绑架者没有践行特定社会道德规范为由对其进行道德指责和道德评价。有时道德绑架者甚至都没有向道德被绑架者提要求这一环节,直接对道德被绑架者作出道德评价。

此时的道德评价具有两个特点:一是看似无懈可击,貌似百分之百正确。案例中老人女儿对女生作出的道德评价就是看似无懈可击的。其中的逻辑是:人们都认可和推崇"尊老"这一良好道德品质和行为,年轻人就应无条件地"尊老",对女生来说就应该为老人让座。然而,女生并没有这样做,因此就是不尊老。女生面对老人女儿看似无懈可击的道德评价无力辩驳,只能委屈流泪。"尊老"的确是我国的传统美德,自然应大力提倡,对于牺牲个人利益践行"尊老"道德规范的人也应大加赞扬,但这并不意味着没有牺牲个人利益为老人让座的女生就该受到谴责。二是呈现为具体的言语表达,即道德评价是以语言为主要载体存在并发挥作用的。就案例来说,老人女儿对女生的道德评价是通过语言这一形式表达出来的。"年轻人啊,应该多学学"这句道德评价的话语,是女生道德品质被指责甚至是被诋毁的方式和载体,道德绑架也因此而存在。试想,老人女儿若没讲出道德评价的话语,女生的道德品质就不会遭到否定甚至是诋毁,道德绑架也就无从说起。

二、道德绑架的类型

(一)以道德绑架实施者是否是当事人为依据的划分

当事人一方实施的道德绑架,即利益矛盾的一方为实现个人利益而对另一方当事人实施的道德绑架。案例中的女生和老人在座位问题上存在利益矛盾,因此女生和老人就是利益矛盾的双方当事人。如果提出让女生让座、指责女生不尊老的人是老人而不是老人女儿,即作为利益矛盾的一方当事人的老人为了实现自己能有个座位的目的而对另一方当事人女生实施了道德绑架,这类道德绑架属于当事人一方实施的道德绑架。

非当事人实施的道德绑架,即第三方为了调解双方当事人的利益矛盾而对其中一方实施的道德绑架。就案例而言,对女生实施道德绑架的并非利益当事人老人,而是老人的女儿,也就是说,老人女儿是作为第三方为了调解女生和老人间的利益矛盾以达到老人有座位的目的而以道德为武器绑架了女生,此类道德绑架就是非当事人实施的道德绑架。

(二)以当事人双方熟悉程度为依据的划分

熟人间的道德绑架。熟人间的道德绑架往往因为彼此太过熟悉,所以当事人不一定能意识到道德绑架的存在,更不用说将其定性为道德绑架。比如,夫妻间、父母子女间、兄弟姐妹间、关系亲密的同学和同事间的道德绑架均属此类。当然,上述几组关系中的道德绑架还可以按照当事人熟悉和亲近程度再作划分。

陌生人间的道德绑架。此类道德绑架一般发生在公共场所,如公交车、火车等公共交通工具上。文中案例就是发生在公共场所陌生人间的道德绑架。女生与老人及其女儿并不相识,加上女生和老人存有利益上的矛盾,且矛盾真实发生,才让老人女儿为了维护老人的利益上演了一出道德绑架戏。

(三)以道德绑架过程中第三方的介入与否为依据的划分

有第三方介入的道德绑架。道德绑架有时会发生在较为私密的空间,有时会发生在公共场所。仅就发生在公共场所的道德绑架来说,除了利益矛盾双方外,一般会有第三方在场。案例中的中年男子将座位让给了老人,这种情况属于有第三方介入的道德绑架。该案例中的第三方即中年男子,在一定意义上是站在道德绑架实施者一方的,因为他的做法无疑为道德绑架实施者老人女儿撑了腰、提了气,让老人女儿占了"理"。尽管中年男子是无意使然,但他的做法也是促成道德绑架的一个重要因素。还有一种情况是,第三方的介入是站在道德被绑架者一方的。试想,案例中车厢内若有人站出来维护女生的座位权利,指责老人女儿的话,就属于有第三方介入且与道德被绑架者在同一战线的道德绑架情形。

无第三方介入的道德绑架。案例中事件发生在动车上,如果老人女儿指责了女生,车上其他乘客都保持沉默无一介入的话,这种道德绑架就属于无第三方介入的情况,即除了道德绑架者和道德被绑架者外,没有第三方明显介入。这里还涉及一个问题,即沉默的第三方其实也是影响道德绑架效果大小的重要条件和因素。试想,道德绑架仅发生在老人女儿和女生两人之间,并无第三方在场的话(正如前面提到的发生在较为私密的空间中的道德绑架),女生不一定会委屈流泪,因为此时女生和老人女儿势均力敌。但案例呈现的是另一种情境,沉默的车厢乘客们就像那位让座的中年男子一样无意中成了老人女儿的"帮凶",让女生感受到了一种无法承受的巨大压力。这压力一方面来自老人女儿对女生作出的不公正但又看似无懈可击的道德评价,另一方面来自车厢内其他乘客对这种道德评价一定意义上的"默认"。在孤立无援、力量对比悬殊的情境下,女生才委屈流泪,女生既为老人女儿对自己作出不公正的道德评价、对自己实施道德绑架感到委屈,还为车厢中的其他乘客无人帮她说句公道话而感到委屈。

(四)以道德绑架有无实际效果为依据的划分

没有实际效果的道德绑架。道德被绑架者在被道德绑架前后均未做道德绑架者所要求之事,道德绑架成立,无附带效果,案例中的道德绑架就属于该类型。老人女儿虽然指责了女孩,但女孩终究没有按照老人女儿所希望的那样做,没有给老人让座或是与老人挤着坐。这时出现的中年男子给老人让了座,老人女儿虽达到了谋求特定利益的目的,但这种目的的达成并不是对女生实施道德绑架的直接结果,而是第三方中年男子的无私利他所致。

有实际效果的道德绑架。道德被绑架者在遭受道德绑架后,迫于压力做了道德绑架者要求而自己却不愿做的事，道德绑架成立，有附带效果。可以假设，案例中的女生因为受不了老人女儿的道德指责，或许更受不了因为老人女儿的指责而在一车厢人面前颜面尽失带来的压力（一车厢人其实也形成了另外一种潜在的对女生的道德压力，尽管这种压力没有明确的表征），最后起身让了座，尽管心里委屈，但还是屈从于了道德绑架，做了老人女儿所希望的事情，这时的道德绑架就属于有实际效果的道德绑架。

三、道德绑架的本质特征

（一）道德绑架是人们谋求特定利益的一种方式

“思想一旦离开利益，就会让自己出丑。”道德绑架一旦离开了利益，就会让自己无所适从。人是社会的人，总要从社会中获取生存和发展资源。道德绑架作为人类特有的一种社会现象，与人的社会性直接相关，也是人获取社会资源的一种方式。无论何种类型的道德绑架，背后都涉及利益问题。道德绑架者实施道德绑架的利益考量大致可分为两类。

一是获取利益。获取利益又分为两种情况：一种是为了获取实际的好处，如案例中的道德绑架者老人女儿为了让老人有座可坐，站在道德高地上，指责女生不尊老。另一种是获取价值感，前面曾提到熟人间的道德绑架类型，比如有些父母对子女的道德绑架。这类父母会反复强调自己在子女成长过程中有过怎样的努力和付出，为了子女做过怎样的牺牲。这类父母的目的或许并不在于子女成人后的物质回报，而是谋求精神层面的子女对他们的充分认可和尊重，即谋求一种价值感。又如前面提到的非当事人实施的道德绑架，即第三方为了调解当事双方的利益矛盾而对其中一方实施的道德绑架。这类道德绑架者试图通过帮助当事人一方获取特定利益，改变当事人双方的利益分配，来凸显个人的价值，这种价值的获取能给道德绑架者带来成就感和满足感。

二是保有利益。案例中的道德绑架者老人女儿若是让老人始终坐在女生的座位上不起来，还以不尊老为由指责要求老人起身让座的女生，此时她的目的就是保有老人的既得利益，让老人始终能有座可坐。比如，孩子在他人车身上乱写乱画遭到车主的批评指责，孩子的家长不但没有制止和教育孩子，反而以孩子小为由指责车主不懂得爱护小朋友以推卸责任。此时孩子家长对车主实施道德绑架的目的在于袒护孩子，保有孩子和自己的利益，不让孩子和自己的利益受损。

(二)道德绑架是社会道德规范的被滥用

规范是指约定俗成或明文规定的标准。社会道德规范属于约定俗成的标准,用以调整个人与个人之间及个人与社会之间的关系。社会道德规范是特定社会对人行为的一种外在约束,也是人对外在约束的一种主动遵从。正如马克思概括和转述康德等人的哲学观点时所说的,道德是人类精神的自律。因此,社会道德规范既有其存在的客观依据,更要有其发挥作用所依赖的主观条件。当社会道德规范处于社会外在约束和个体主动遵从二者形成的适度张力之中时,会被合理运用且能发挥其调节个人与个人及个人与社会之间关系的功能和作用。当社会道德规范失去人的主动遵从而沦为约束和指责他人所倚仗的武器时,则会被滥用。久而久之,人们将质疑并厌恶该社会道德规范,最终的结果将是社会道德规范名存实亡。

案例中,道德绑架者老人女儿倚仗的社会道德规范是"尊老",该规范有其存在的客观依据。首先,从人的繁衍角度来看,没有年长者就没有后来者,因而年长者应受到尊敬。其次,就传统家庭存续层面而言,年长者往往是家庭财富的拥有者和主宰者。至高无上的家庭经济权力和地位决定了年长者在家中应受到尊敬。最后,从人类生存和发展的角度来看,"后喻文化"[1]决定了老人的地位和应得的尊敬。年长者往往具有更多的生存技能,年轻人向年长者学习是保证人类不断生存和发展的必要活动。

除了客观依据之外,社会道德规范还要通过具体的个人头脑转变为个人意志动机后,才能被遵照执行。也就是说,"尊老"这一社会道德规范除了具有客观依据外,其作用的发挥还离不开具体的人的认可、接受和遵从。这是社会道德规范从外在约束内化为个人行为准则的重要一环,也是社会道德规范发挥作用的关键。案例中的道德绑架者老人女儿仅是牢抓社会道德规范的客观性不放,并未关照和尊重道德被绑架者女生的主观意愿,而是将道德规范强加于道德被绑架者。缺少了女生的主动遵从,"尊老"这一社会道德规范会因无法与女生真实内心、个人意志和动机对接而失去生命力,变得教条、空洞,沦为老人女儿指责、约束女生的武器,其调节女生与老人间利益矛盾的功能和作用根本无法实现。

社会道德规范的被滥用还体现在不同层次社会道德规范的错位。美国学者富勒曾将道德分为"愿望的道德"和"义务的道德"。"义务的道德"近似"底线道德",是维护社会秩序的基本规则,"愿望的道德"近似"崇高道德",指向人的较高甚至是最高道德境界。“如果说愿望的道德是以人类所能达致最高境界作为出发点的话，那么，义务的道德则是从最低点出发。它确立了使有序社会成为可能或者使有序社会得以达致其特定目标的那些基本规则。”[2]不难发现，道德绑架者往往凭借的是“愿望的道德”，而非“义务的道德”。“愿望的道德”是无法被当成道德义务的，这是不同层次社会道德规范的错位，属于社会道德规范被滥用的情形。再有，既然“愿望的道德”指向的是人较高甚至是最高的道德境界，那对道德规范的遵照和践履就应该建立在道德主体的自律精神基础上，应该是道德主体的自主性选择，而不应通过外力胁迫来实现。

四、结论

尼采曾说：“用来使人变得道德的一切手段，从根本上说都是不道德的。”[3]尽管这种说法有些片面，但用来描述道德绑架一点也不为过。道德绑架就是一种强迫他人变得道德的不道德行为。马克思曾说：“如果这个人的生活条件使他只能牺牲其他一切特性而单方面地发展某一特性，如果生活条件提供给他发展这一种特定的材料和时间，那么这个人就不能超出单方面的、畸形的发展。任何道德说教在这里都不能有所帮助。”[4]谋求特定的社会利益也好，社会道德规范被滥用也罢，都是特定社会条件下个人自我实现的一种形式。

人们的道德行为和不道德行为都能找到生活层面的依据。但是，这并不意味不道德行为甚至是损害他人利益的行为都可以以生活为借口而得到原谅甚至是认可。鉴于此，人们需要法律和制度，需要明晰法律和道德的区别，避免因二者的混淆造成的相互侵蚀甚至是法律和道德的错位。法律划清了权利和义务的界限，做法律要求的事，不做法律禁止的事可以在一定程度上既维护和实现自己的权益又能保障他人的权益。法律基本能保证人们在利益矛盾的解决中做到公正，保证人们在不完全具备践行道德条件的情况下不损害他人利益而独享自己的利益。制度同样是有效保障道德回归它应发挥作用的时空的重要前提，制度越完备，道德作用的空间相对就越小，道德绑架发生的概率也就越小。

当然，社会中所有的利益矛盾都由法律和制度来解决也不现实，因为社会生活远比人们想象得复杂，法律和制度又总是滞后于现实生活。再者，法律和制度让人感受到的是刻板和严酷，而非灵动和温暖。试想，出于法律和制度规定为老人让座和出于尊敬为老人让座尽管行为表现相同,效果却大相径庭,人们能从后一种行为中感受到暖心的人情味。解决案例中老人和女生间座位矛盾的办法不止一个,其中最便捷、最暖心、成本最低而收益却最大的,是年轻人为老人让座。对老人来说,得以善待;对让座的年轻人来说,尽管不能坐行全程,利益似有缺损,但却能获得他人的赞赏和发自内心的快乐。习近平总书记在主持中共中央政治局第三十七次集体学习时讲到,“法安天下,德润人心”[5]。无疑,我们应崇尚道德,崇尚社会秩序得到法律和制度保障前提下的道德,崇尚让社会交往变得简单、人心得以温暖的道德。

【参考文献】

[1]米德.文化与承诺[M].周晓虹,周怡,译.武汉:湖北人民出版社,1987:8.

[2]富勒.法律的道德性[M].郑戈,译.北京:商务印书馆,2014:8.

[3]尼采.偶像的黄昏[M].李超杰,译.北京:商务印书馆,2009:10.

[4]马克思,恩格斯.马克思恩格斯全集:第3卷[M].北京:人民出版社,1960:296.

[5]习近平主持中共中央政治局三十七次集体学习[EB/OL].(2016-12-10)[2017-02-25].http://www.gov.cn/xinwen/2016-12/10/content_5146257.htm.

现代法治视域下的德治意蕴

王　娟①

【摘要】虽然“依法治国与以德治国相结合”已是我国法治国家建设的重要原则，但目前学界对这一原则仍有存疑，其中，对“德治”内涵的不同理解是导致分歧的重要原因之一。因此，梳理与条陈“德治”的词源本义，概述中国传统儒家“德治”的多重含义，阐述现代法治视域下“德治”特质，具有重要的理论意义和实践价值。

【关键词】德治；道德；法治

“坚持依法治国和以德治国相结合，强调法治和德治两手抓、两手都要硬”[1]，是中国特色社会主义法治建设的一个鲜明特点。但学界对于“德治”内涵至今仍存有争议，影响了法治与德治相结合原则的贯彻落实。为此，廓清“德治”的词源本义，准确解析传统儒家“德治”思想，阐述现代法治视域下“德治”的特质，是贯彻好法治与德治相结合原则的理论前提和基础。

一、“德治”的词源本义

尽管在当前社会中，“德治”作为固定词语搭配已被广泛用于学界与日常生活中，但在古代社会，“德”与“治”是作为两个单独的字被使用的，分别出现于甲骨文和篆文之中。

“德”字在甲骨文中为，可看作由“彳”和“直”组成，前者表示行走的道路与方向，后者由眼睛的象形构成，表示眼睛的直视。后在金文中才加入“心”，其含义转变

① 王娟，北京中医药大学马克思主义学院讲师，研究方向为道德教育。

为按正直的原则去行动。《说文解字》给予“德”更深度的解释：“德，升也，从彳，声□。”[2]此处之升当作登，由登演化，“德”即可作升之意，亦可作得之意，还可用作教导别人之用。《尚书》中则展示了“德”的多重含义：其一，在表述君臣之礼时“德”作升之用，“王义嗣，德答拜”[3]。其二，“德”作美德之用，“惟德惟义，时乃大训”[4]。其三，“德”亦作修德与教导之用，“懋乃后德，交修不逮”[5]。至此，“德”字的词源含义除升之外，皆被沿用至今。

“治”字在篆文中为，左边可看作自然弯曲的水流，右上可看作有规则流动弯曲的水流，右下可看作嘴巴的微微笑意，表现出一种愉悦的状态，可见篆文中“治”已作治水之用。《说文解字》中“治”也与水紧密联系，“治，水出东莱曲城阳丘山，南入海。从水台声”[6]，表示从山东莱州至阳邱山（马鞍山）的河道，经过治理之后并入大沽河，由“胶州之麻湾口入海”[7]的过程。“按今字训理。盖由借治为理”[8]，“治”此时已作治理、管理之意，并被沿用至今。

据考究，“德”与“治”二字首次连用最早出现在以汉代孔安国《尚书孔氏传》为底本而编、唐代孔颖达注疏的《尚书正义》中，即“致行至中信之道，用显明於天下，言圣德治”[9]。此处“德治”之意为称赞文王与武王的“政化平美”[10]。因此，根据“德治”的词源本义，“德治”中的“德”应兼具美德与修德之意，而“德治”可意指通过修德与教导他人习德，将无序混乱的社会治理为具有良好道德的社会。

二、传统儒家“德治”的内涵

中国传统“德治”思想可追溯至夏商周时期，于《尚书·尧典》中就已出现以“德”治理国家的思想，如“克明俊德，以亲九族”[11]。春秋战国时期，百家争鸣，儒家具有鲜明的“德治”思想。在社会治理问题上，孔子推崇道德教化，认为道德优于刑罚，“为政以德，譬如北辰，居其所而众星共之”[12]。荀子认为：“以德兼人者王，以力兼人者弱，以富兼人者贫。”[13]先秦儒家“德治”思想至汉朝时期，由董仲舒等儒家贤士丰富发展。“推明孔氏，抑黜百家”[14]，确立了自成体系的传统儒家“德治”思想，对后来的封建社会产生了深远的影响。

首先，传统儒家“德治”将“德”作为社会的主要治理方式，即“德政”，要求执政者自身有德，其政治措施要有益于民众的利益。一方面，“德”是中国传统社会王权正当性的来源。中国传统社会对于王权正当性的确证,从“君权神授”到“唯德授权”,认为君主有德是获得权力的前提。“皇天无亲,惟德是辅”[15],“上天”对所有人均无偏私,只会辅佐具有德行之人。“王有仁德,天之所奉也”[16],有“德”与否在传统社会中是统治权与王权的来源与依托。另一方面,君主有德是中国传统社会政令顺行的保障,君主之德的示范作用是“德治”的重要内容。“仁政”是传统儒家的核心内容,强调民众只会心服于有德之人,对于强权只会形式屈服,即“人之情,心服于德,不服于力”[17]。民众对于有德君主的政策命令自觉地遵从而行,而无德君主的政策命令,即使“三令五申”,依然难以贯彻落实,即“其身正,不令而行;其身不正,虽令不从”[18]。因此,中国传统社会要求君主达成“内圣外王”的道德修养,充分发挥君王之德对民众的示范作用与安抚民众的作用,既是出于维护王权正当性的目的,也是实现社会上行下效的前提与保障。

其次,传统儒家“德治”将“德主刑辅”作为社会的治理模式。中国传统社会虽然强调“德治”与“仁政”,但其社会治理的模式中依然保有刑罚的方式。春秋战国时期,儒家重视“德”在社会治理中的作用,但儒家认识到社会中依然存在“小人”与困而不学的“下人”,因此,儒家“德治”也并没有完全忽视刑罚,而是将“刑”与“罚”置于“德”与“礼”之下,实行宽严并济的社会治理方式。以刑罚来惩治民众,民众只是惧怕刑罚而不作恶,并未有羞耻之心,以道德和礼教来引导民众,民众则有耻且格,即“道之以政,齐之以刑,民免而无耻;道之以德,齐之以礼,有耻且格”[19]。汉代董仲舒明确将儒家的治理模式界定为“德主刑辅”,即“教,政之本也;狱,政之末也”[20]。他将道德教导作为政事的根本,将刑罚监狱作为政治之末端,道德教导与教化优先于刑罚。随后,唐代魏征也提出了“宽仁立法”的思想,表示只靠严苛刑罚无以治理国家,应将仁义道德优先于刑罚作为治理国家的根本之策。“仁义,理之本也;刑罚,理之末也。”[21]因此,传统儒家“德治”将道德教化置于法治与刑罚之上,推崇通过对民众的道德教导与教化,从而维持良好运行的有序社会。

再次,传统儒家“德治”将“德”作为社会治理的主要内容,即多层次的“德行”要求与规定。传统社会不仅要求“政者有德”,而且整体社会中从上至下均有相应的“德行”要求。一方面,传统社会中不同的社会角色有与之相应的道德要求。民众之德为普遍基础的要求,接受道德教化与引导,习“德”并守“德”即可;君子之德为达至多重的道德修养的要求,如“君子务本,本立而道生”[22]“君子欲讷于言而敏于行”[23]等多重要求,要求君子修养道德并发挥其引领社会风气之能;君主之德为统治阶级的高尚道德修养的要求,需达至"内圣外王"的至高修德标准,发挥其对普通民众的示范与教化作用。另一方面,传统社会以家庭为基本单位,是"伦理本位"[24]的社会,不同的家庭角色也有着相应层次的"德行"要求。正所谓夫义妇顺则夫妇有别,父慈子孝则父子有亲,兄友弟恭则长幼有序,君敬臣忠则君臣有义,即"夫妇有别,父子有亲,长幼有序,君臣有义,朋友有信"[25]。另外,传统社会中家族层面的"孝"的"德行"要求与国家层面的"忠"的"德行"要求紧密联系在一起,"君主之事亲孝,故忠可移于君"[26]。由"孝"至"忠",便体现了传统社会中伦理关系与政治关系融于一体的特殊状态。

最后,传统儒家的"德治"运用道德教与化的统一,通过普遍教育传导道德知识与道德行为的示范教化,实现知识与价值的统一,即"德化"。其一,将"德"的教育融于无形之中,体现在君王之德、为官之德的道德行为示范上。君王如风,民众如草,草随风波动,君王善则民众善,即"子欲善而民善矣。君子之德风,小人之德草,草上之风必偃"[27]。君王之德、为官之德与君子之德主导着社会的道德风气,对民众之德具有典范与引领作用。其二,将"德"作为知识性理论,通过蒙学教育《童蒙须知》等规定使儿童从小就有道德行为的训练,通过教授民众《四书五经》《大学》等使其习得道德性知识与价值的统一,充分发挥儒家"德治"思想中道德优于刑罚理论的引导作用。通过"德"的教导,民众知识性地习得基本的道德规范,培育有耻且格的民众,形成和睦的社会,即"德教洽而民气乐"[28]。其三,将"德"作为"族训""家规"等以伦理为本位的传统社会中不成文约定的重要内容。传统社会中存有专职官职教育王公贵族知晓孝悌、睦友与慈爱,懂得父子与长幼之间的关系,即"庶子之正于公族者,教之以孝弟、睦友、子爱,明父子之义、长幼之序"[29]。每个家族之中亦有"族长"等相应的人员,传授相应的"族训"与"家规",以此实现以家族或宗族为单位的道德教化,形成中国传统社会中独特的"德化"方式。

中国儒家"德治"思想对传统有序社会的建立起了重要的作用,在五千多年的封建专制社会中占据非常重要的位置,也对当前社会留有深刻影响。但是传统社会的儒家"德治"思想缺乏对封建权力与统治者的外在约制,逐渐使圣人与贤人的理想"德治"沦为彻底的"专人之治",也给封建社会的"德治"打上了"人治"的烙印。

三、现代法治视域下的"德治"特质

现代"德治"是在"依法治国"基本方略之下的"德治",是在法治视域之下的"德治”,《宪法》第三十三条规定:“……中华人民共和国公民在法律面前一律平等。……任何公民享有宪法和法律规定的权利,同时必须履行宪法和法律规定的义务。”因此,现代“德治”不同于传统社会“人治”视域下的“德治”,是在公权力被制约与公民权利被保护的前提之下的“德治”,既是道德对法律的价值引领,亦是在尊重现行法律权威性的基础上,充分发挥道德与法律的功能互补作用,实现现代社会的良法善治。

首先,现代“德治”具有道德对法律的价值引领性。法律与道德在其本质上同宗同源,均隶属于社会意识形态,是“人们物质关系的直接产物”[30]。同时,法律作为对道德软约束的一种强制性补充,其律令条文的规则就来源于社会中已形成的基本道德规范,法律本身就具备一定的内在道德性,因此,道德对法律具有价值支配性。现代法治社会并不单单是法律的统治,而是良法善治。法律有好坏之分,良法源于道德的价值引领,良善道德主导法律灵魂,法的概念、价值与理念都不能离开道德,法律一旦背离道德,则会变为恶法,道德保证法律的良善性,良好的法律与道德相结合才能实现良法善治。在制定法律的过程中,道德是法律的价值依归,法律不能逾越道德。因此,我国当前已将社会主义核心价值观融入立法规划与法治建设,保障现行法律条文的良善性,将社会主义核心价值观从观念宣传与倡导落实到具体的行为之上,也充分发挥了法治对道德与良序社会运行的保障作用,实现真正的良法善治。

其次,现代“德治”具有不可逾越的法律界限,是现代法治框架之下的“德治”,与传统社会人治视域下的“德治”具有本质的不同。从法律的角度看,坚持“依法治国”,尊重现行法律的权威性,即只要是程序正当的现行法律,都具有不可侵犯的权威性。《民法典》第十条明确规定:“处理民事纠纷,应当依照法律;法律没有规定的,可以适用习惯,但是不得违背公序良俗。”该条款进一步肯定了法律在民事纠纷中的第一位置,但也肯定了公序良俗的作用。从道德的角度看,在法律的界限之内,适度发挥道德对法律的价值引领作用,呼吁滞后的法律尽快修改与完善,对个案的司法裁判与司法公正提出适度的质疑,从而推进真正的良法善治的实现。正如2018年最高人民检察院发布的四个指导性案例用以“明确正当防卫的‘度’”[31],正是法律进一步“努力让人民群众在每一个司法案件中感受到公平正义”[32]的举措,既维护了现行法律的权威,亦适度发挥了道德的价值导向作用,显示出“依法治国与以德治国相结合”的鲜明特点,促进良法善治的实现。

最后,现代“德治”具有道德规约和法律治理功能互补的特质。现代法治社会中法律与道德缺一不可,法律缺位则无法给予道德底线相应的保障,也会导致道德在社会治理中处于无力状态,道德缺失则无法实现对法律的价值引领,导致无法良法善治。同时,法律与道德在社会中同样有相应的限度,法律扩大化会造成繁杂的机制与机构,增大社会运行成本,道德泛化亦会造成道德绑架法律的现象,破坏原有的社会架构与秩序。因此,现代"德治"是在尊重现行法律的权威性的基础上充分发挥道德的独特性作用。通过道德的知识性教育,加强社会成员的道德素养,培育个体在现代法治秩序之下具备自主自觉遵守社会规范与法律法规的意识,即发挥道德教育在规则意识培育与精神文明建设过程中的重要作用。通过道德的教化,发挥社会风气与榜样示范的引导作用,潜移默化地引领社会成员以道德规范的标准要求自己,自觉弃恶行善。通过道德教育与教化的统一,发挥出道德独特的社会调节作用,营造出良好的道德氛围和社会风气,促使公民具备一定的规则意识与道德自律,更自觉地遵守法律制度与社会规范,保障每个个体在社会中的利益,实现"道德治理的善治目的"[33],建成道德风气良好、社会成员自觉自愿选择道德行为的良序社会。

上述分析表明,"德治"自从夏商周时期出现以来,从传统"人治"视域之下的"德治"发展为现代法治视域之下的"德治",二者之间有本质的不同。现代法治社会的真正建成,既需要尊重法律的权威,亦需要充分发挥道德对法律的价值引领及其独特的社会调节作用,营造良好的道德氛围,逐步实现法律制度完善与公民道德素养兼备的目标,促进中国特色社会主义法治社会的建成,实现"法治与德治共生互促"的关系,以期达至良法善治的目的。

【参考文献】

[1]习近平在中共中央政治局第三十七次集体学习时强调:坚持依法治国和以德治国相结合推进国家治理体系和治理能力现代化[N].人民日报,2016-12-11(1).

[2]许慎.说文解字[M].段玉裁,注.郑州:中州古籍出版社,2006:76.

[3]尚书[M].北京:中国文史出版社,2003:304.

[4]尚书[M].北京:中国文史出版社,2003:311.

[5]尚书[M].北京:中国文史出版社,2003:318.

[6]许慎.说文解字[M].段玉裁,注.郑州:中州古籍出版社,2006:540.

[7]许慎.说文解字[M].段玉裁,注.郑州:中州古籍出版社,2006:540.

[8]许慎.说文解字[M].段玉裁,注.郑州:中州古籍出版社,2006:540.

[9]孔安国.尚书正义[M].孔颖达,注.上海:上海古籍出版社,2007:747.

[10]孔安国.尚书正义[M].孔颖达,注.上海:上海古籍出版社,2007:747.

[11]尚书[M].北京:中国文史出版社,2003:3.

[12]论语[M].杨伯峻,等译注.长沙:岳麓书社,2000:8.

[13]荀子[M].安继民,译注.郑州:中州古籍出版社,2006:246.

[14]班固.汉书[M].颜师古,注.北京:中华书局,2012:2166.

[15]尚书[M].北京:中国文史出版社,2003:265.

[16]新书[M].徐莹,注说.郑州:河南大学出版社,2016:251.

[17]辛妍.文子[M].杜道坚,注.上海:上海古籍出版社,1989:27.

[18]论语[M].杨伯峻,等,译注.长沙:岳麓书社,2000:118.

[19]论语[M].杨伯峻,等,译注.长沙:岳麓书社,2000:8.

[20]苏舆.春秋繁露义证[M].北京:中华书局,1992:94.

[21]吴兢.贞观政要[M].王贵,注.长沙:岳麓书社,1991:199.

[22]论语[M].杨伯峻,等译注.长沙:岳麓书社,2000:1.

[23]论语[M].杨伯峻,等译注.长沙:岳麓书社,2000:34.

[24]梁漱溟.中国文化的命运[M].北京:中信出版社,2016:146.

[25]孟子[M].万丽华,等译注.北京:中华书局,2007.

[26]李隆基.孝经[M].邢昺疏,金良年,校点.上海:上海古籍出版社,2014:72.

[27]论语[M].杨伯峻,等译注.长沙:岳麓书社,2000:133.

[28]班固.汉书[M].颜师古,注.北京:中华书局,2012:1966.

[29]礼记[M].杨天宇,注说.郑州:河南大学出版社,2010:313.

[30]马克思,恩格斯.马克思恩格斯全集:第3卷[M].北京:人民出版社,1960:29.

[31]最高检发布四个指导性案例——明确正当防卫的"度"[N].人民日报,2018-12-20(11).

[32]习近平.决胜全面建成小康社会夺取新时代中国特色社会主义伟大胜利——在中国共产党第十九次全国代表大会上的报告[N].人民日报,2017-10-28(1).

[33]王淑芹,刘畅.德治与法治:何种关系[J].伦理学研究,2014(5).

图书在版编目(CIP)数据

守正与创新：高校思想政治教育理论与实践 / 钟媛媛主编. -- 北京：中国传媒大学出版社，2022.4

ISBN 978-7-5657-3200-3

Ⅰ. ①守… Ⅱ. ①钟… Ⅲ. ①高等学校—思想政治教育—中国—文集 Ⅳ. ①G641-53

中国版本图书馆 CIP 数据核字(2022)第 074485 号

守正与创新：高校思想政治教育理论与实践

SHOUZHENG YU CHUANGXIN：GAOXIAO SIXIANG ZHENGZHI JIAOYU LILUN YU SHIJIAN

主　　编　钟媛媛
副 主 编　武林杰　宗　敏　袁和静　王洁敏
责任编辑　于水莲
封面设计　拓美设计
责任印制　李志鹏

出版发行　中国传媒大学出版社
社　　址　北京市朝阳区定福庄东街 1 号　　**邮　　编**　100024
电　　话　86-10-65450528　65450532　　**传　　真**　65779405
网　　址　http://cucp.cuc.edu.cn
经　　销　全国新华书店

印　　刷　唐山玺诚印务有限公司
开　　本　787mm×1092mm　1/16
印　　张　13.5
字　　数　246 千字
版　　次　2022 年 4 月第 1 版
印　　次　2022 年 4 月第 1 次印刷

书　　号　ISBN 978-7-5657-3200-3/G · 3200　　**定　　价**　68.00 元

本社法律顾问：北京嘉润律师事务所　郭建平